KB107209

최현묵의
공연예술 탐색

최현묵의 공연예술 탐색

2011년 6월 25일 초판 1쇄 인쇄
2011년 7월 1일 초판 1쇄 펴냄

지은이 l 최현묵
펴낸이 l 이철순
디자인 l 손희경

펴낸곳 l 해조음
등   록 l 2003년 5월 20일 제 4-155호
주   소 l 대구광역시 남구 대명2동 1800-6 2층
전   화 l 053-624-5586
팩   스 l 053-624-5587
e-mail l bubryun@hanmail.net

저작권자ⓒ 최현묵, 2011
이 책은 저작권법에 의해 보호를 받는 저작물이므로
저자와 출판사의 허락 없이 인용하거나 발췌하는 것을 금합니다.

ISBN 978-89-92745-26-0 03680
잘못된 책은 바꾸어 드립니다.

최현묵의
공연예술 탐색

해조음

한 편의 공연예술 작품처럼
내 인생도 그렇게 홀연히 사라지리라

내가 대구연극계에 데뷔한 것이 1983년 겨울, 극단 처용의 창단 공연인 『비어 있는 곳으로 부는 바람』이었으니 지금부터 28년 전 일이다. 첫 공연에서 배우로 출연했지만, 그 다음 해 삼성문예상 장막극 부문에 『메야 마이다』가 당선되면서, 극작가의 길을 걷게 되었다. 이후 몇 편의 연극을 연출하고, 학교 교사를 그만 둔 96년부터는 무용 대본 및 연출 작업을 겸했다. 97년부터 대학원에 진학하였고, 이어서 경주문화엑스포를 경험하면서 문화행사 및 이벤트 영역으로 활동 반경을 넓혀 갔다. 그러다가 대구오페라하우스가 개관하던 2003년부터는 음악회와 오페라 연출의 경험을 쌓았다. 이미 96년에 국립극장 오페라 대본 공모에 당선한 바가 있었기에, 음악 연출 작업은 나에게 낯설지 않았다. 그리고 2008년에 공연예술학 박사 학위를 받았다.

공연예술은 단일 장르가 아닌 포괄적 단어일 뿐이다. 그런데 그것을 전공했다는 것이 과연 맞는 말이기나 할까? 그리고 그 특성상 이론만이 아닌, 무대에서 구르고 뛰고, 마음 졸이는, 그야말로 살아있는 경험이 있어야만 가능한 것이 아닌가? 그것은 마치 의사가 되기 위해 이론 뿐만 아니라 수많은 실험 실습 과정이 있어야 하는 것과 같다. 경영학이나 국문학과는 전혀 다르다. 그런데 정말 나는, 우연히, 아주 우연히 그 길을 걸었다. 대학극 경험까지 한다면 거의 현장에서 30년, 이론 공부로 15년을 보낸 셈이다. 거의 200여 편이 넘는 공연예술작품의 대본 및 연출 작업을 하면서.

어느 날 문득 그런 생각이 들었다. 내가 그토록 애를 쓰면 매달렸던 작품들이 한 권의 팸플릿과 추억 속에만 남아 있다는 것을. 그건 마치 일회성의 특성을 가진 한 편의 공연예술 작품처럼 내 인생도 그렇게 홀연히 사라져, 그저 나와 시간을 같이 보냈던 사람들의 추억 속에만 남아 있을 것이라는 것과 같았다. 허무했다.

이번에 출판하는 『최현묵의 공연예술탐색』은 그러한 허무함의 결과물이다. 어쩌면 지난 30년 공연예술 인생에 대한 팸플릿이다. 작가이기 때문에 작품집을 내는 것이 맞지만, 그건 다음으로 미뤘다. 오히려 공연예술 자체에 고민이 담긴 산문들을 모으기로 했다. 그 중 〈연극탐색〉은 이런저런 기회에 썼던 비평문이 주를 이룬다. 몇 편은 『대구문화』,

『한국연극』 등 잡지에 실리기도 했지만, 대다수는 발표를 염두에 두지 않고 그때그때 쓴 글이다. 관극평과 같은 짧은 글은 배제했다. 〈무용탐색〉 중 무용대본에 관한 글은 『한국무용』에 실었던 글이지만 나머지 네 편 역시 발표하지 않고 그냥 써두었던 글이다. 현장 중심의 생각을 정리한 것이기에, 무용 현장에서 나름대로 유용하리라 생각한다.

〈미술탐색〉은 정말 그냥 쓴 글들이다. 믿어지지 않겠지만, 한때 나는 한국미술에 몰입한 적이 있었다. 아마 유홍준의 『나의 문화유산 답사기』의 영향이리라. 사찰마다 불상과 건축 양식, 탑과 불화를 요모조모 살피고 다녔다. 그런 시절에 이 글들은 쓰여졌다. 어디에 발표할 데도 없고, 발표하리란 기대도 없었지만, 그냥 썼다. 전문가들이 보면 엉터리가 있겠지만, 나름대로 공을 들인 것이기에, 별도의 장을 두어 글을 모았다. 굳이 우긴다면, 공연예술이 미술의 영역도 포함하는 것이기에 그 분야에도 관심을 가졌었다는 정도로 이해하면 될 것 같다.

〈지역문화탐색〉은 대체로 각종 잡지에 실었던 글이다. 공연예술의 현장성은 창작자가 사는 삶의 기반에도 관심을 갖게 한다. 내가 이상화나 김충선과 같은 대구를 소재로 한 일련의 작품들을 서울과 대구에서 발표하는 것과 같다. 작품은 소재로 지역성을 띄지만 에세이는 발언으로 지역성을 획득한다. 여기서 발언이란 내가 살고 있는 지역, 좁게는 대구, 넓게는 서울을 제외한 모든 지방에 대한 소망과 기원을 의미한다. 또는 요구사항이다.

　이렇게 정리하고 보니, 한 편의 공연작품 중 1부를 마친 느낌이다. 그리고 잠시의 인터미션을 가진 후, 내 인생의 2부가 시작되리라. 대단원을 향해가는 2부를 맞이하려는 지금, 나는 다시 꿈을 꾼다. 연극, 무용, 오페라, 이벤트 이상의 그 어떤 통합된 공연예술 작품을.

　이 책의 출판을 위해 도움을 주신 (주)둥지 이선희 사장님, 그리고 꼼꼼함과 애정으로 편집과 디자인을 맡아주신 해조음 이철순 대표와 손희경 디자이너에게 감사의 마음을 전합니다. 그리고 가난한 공연예술의 길을 함께한 많은 동료 및 선후배, 그리고 아내에게 한없는 감사와 사랑을 보냅니다. 그대들이 있어 진정 행복합니다.

2011. 6. 20
지산골에서 최현묵

제 ❷ 부 무 용 탐 색

제 ❸ 부 미 술 탐 색

제 ❹ 부 지 역 문 화 탐 색

연극 탐색

제 1 부

80년대 대구연극의 성격

'80년대'라는 말이 주는 무게는 자못 무겁다. '80년 5월'과 '87년 6월'이라는 한국 현대사의 중요한 축이 앞뒤로 떠받치고 있는 '80년대'는 정치적인 현실과 떼어서 생각할 수 없다. 그리하여 대구연극의 성격을 밝히는 데 있어, 그 어느 시대보다 80년대에 대구연극이 어떻게 대응하였는가, 하는 질문과 대답이 중요하다.

물론 대구연극의 성격을 규명함에 있어, 특정 시기만을 대상으로 하는 것에는 문제도 있고 한계도 있다. 그러므로 대구 최초의 극단인 1918년의 「신극좌(新劇座)」, 1931년 「극예술연구회」의 홍해성, 또는 53년부터 57년까지 대구에 있었던 「국립극장」시기 등을 포함하여 논의하는 것이 바람직할 것이다. 그러나 관련 분야의 연구가 미흡하고, 자료 또한 모자라는 상황에서 지나치게 포괄적인 접근을 시도하는 것은 특정 시기만을 대상으로 접근하는 것보다 더 위험할 수도 있다.

그런 까닭에 아직까지 동시대적인 경험을 나눈 바 있고, 그것들에 대한 분명한 의견과 자료가 남아 있는 80년대의 대구연극에 대한 논의를 통해, 특히 정치·사회적인 대응을 통해 주제에 접근하는 것이 더욱 현실적이며 생산적인 논의의 출발점이 될 것이라 판단된다.

80년대 대구연극계의 일반적인 특징 1
〈소극장 연극 시대〉

80년대 대구연극계의 가장 큰 특징으로는 소극장을 중심으로 하였다는 것을 들 수 있다. 80년대에 개관되어 연극이 공연되었던 소극장들을 정리하여 보면, 「소극장 분도」(80년 7월 ~ 81년 7월), 「누리 예술극장」(82년 5월 ~ 83년 5월), 「맥향공간」(83년 12월 ~ 미확인), 「대구예술교육센터」(83년 12월 ~ 미확인), 「아미문화공간」(83년 11월 ~ 미확인), 「비둘기 홀」(84년 12월 ~ 2002년 5월), 「스타 홀」(84년 12월 ~ 현재), 「대백소극장」(86년 5월 ~ 94년 10월), 「대백예술극장」(87년 12월 ~ 88년 5월), 「문화장터 처용」(86년 11월 ~ 88년 6월), 「우리무대 소극장」(86년 12월 ~ 미확인) 등이 있고, 연극 전용 소극장은 아니었으나 「가톨릭근로자회관」에서도 연극이 공연되었다.

그러나 이들 소극장들은 대다수 2, 3년을 넘지 못하고 문을 닫게 되고, 대구 지역 양대 백화점에서 운영하던 소극장만이 오랜 세월 명맥을 유지하게 된다. 80년대 후반과 90년대 초반은 어쩌면 '백화점 연극의 시대'라 불릴 만큼 동아쇼핑센터 내에 있던 「비둘기 홀」과 대백프라자 내에 있던 「대백예술극장」이 대구연극의 산실 역할을 하였다. 이렇듯 소극장을 중심으로 활동하던 대구연극은 90년 5월 「대구문화예술회관」이 완공됨에 따라 서서히 대극장 중심의 연극으로 전환하게 된다.

80년대 대구연극계의 일반적인 특징 2
〈현실 참여 연극의 대두〉

83년 12월, 당시 경북대학교 탈춤반과 연극반 출신들이 중심이 된 「놀이패 탈」의 '내 차라리 계림의 개 돼지가 될지언정'의 공연은 그 당시 대구연극계로서는 의미심장한 것이었다. 기존 기성극단이 정치 현실과 무관한 서구 번역극과 정통극 일색이던 대구연극계에 공동창작이라는 점과 정치 현실을 빗대어 풍자한 마당극 형식의 공연이라는 점은 많은 사람들의 주목을 받기에 충분했다. 이후 「놀이패 탈」은 90년 「극단 가인」으로 바뀌기 전까지 거의 매년 창작 마당극을 한 편씩 발표하여 정치와 관련한 현실 문제를 다뤘다.

이 당시 본격적인 마당극 형식은 아니더라도, 그와 유사한 마당극 형식의 무대극이 공연되기도 했다. 그 대표적인 작품으로 「극단 처용」의 '저승 훨훨 건너가소'와 '터울' 등이 그것이다. 정치적 현실을 정면으로 다룬 것은 아니었지만 계급간의 갈등을 주제로 다뤘다는 점, 마당극의 요소들을 연극의 요소로 차용했다는 점 등을 들어, 어느 정도 현실 참여 형태의 연극으로 분류될 수 있다. 이후 「극단 처용」은 무대극 중심으로 분명한 자기 위치를 정하였으나, 창작극 중심으로 '메야마이다', '한씨연대기', '불가사리', '장산곶 매' 등의 작품으로 현실에 대한 우회적인 발언을 멈추지 않았다.

이러한 계열의 극단과 작품으로는 80년대 후반에 활동했던 「극단 한사랑」의 '비·풍·초·똥·팔·삼' 도 빼놓을 수 없다. 그리고 「극단 떼풀이」의 경우, 비록 서구극을 중심으로 하였지만 나름대로 치열한 실험의식을 바탕으로 한 현실에 대한 발언을 한 극단으로 분류될 수 있고, 「극단 시인」의 경우 역시 창작극을 바탕으로 한 무대극이 중심이 되어, 현실에 대한 관심과 발언의 끈을 유지하였다.

이와 같이 순수 연극 일색이던 대구연극계에 80년대 현실에 대한 풍자와 비판을 기조로 하는 연극의 공연과 연극인들의 교류는 마침내 87년 6월 항쟁 기간에 대구연극인 대다수를 아우르는 '시국선언'으로 이어지고, 90년 10월 「문화장터 처용」에서는 제3회 전국민족극한마당이 펼쳐지기도 했다.

80년대 대구연극계의 일반적인 특징 3
〈대학극 출신들의 등장〉

80년대 초 대구연극계는 그 옛날 대구 국립극장 시절에 연극계에 발을 내딛었던 인물들이 중심이 된 「원각사」, 「대구무대」, 「공간」 등의 극단이 전부였다. 이들은 연극 현장에서 습득된 이론과 실기를 바탕으로 연극을 하고 있었다. 그러나 80년대에 들어 대구 지역 각 대학 연극반 출신들이 기성 연극계에 대거 등장하게 되고, 그들 중 대다수가 아직까지 대구연극계의 대다수를 차지하고 있다. 「극단 처용」의 경우, 아예 대학 연극반 출신들로 구성되어 83년에 창단되기도 하였으며, 「놀이패 탈」도 같은 경우였다.

이 당시 대구연극계에 등장한 인물들을 보면, 이균옥, 김재석, 김사일, 심민자, 김헌근, 박재욱, 최재우... 등(이상 경북대), 최현묵, 한전기, 이송희, 김기동...(이상 영남대), 김태석, 이상원, 문창성, 이동학, 성석배... 등 (이상 계명대), 이강일, 이국희, 김재만...등(이상 대구대), 이재용(서울대) 등이 있다. 이들은 현재까지 대구연극계의 중심이 되고 있다. 특별한 점은 경북대 출신의 대다수가 민족극 계열을 고집한 점이라고 할 수 있다.

이들 대학극 출신들은 대학 시절 다져온 연극에 대한 열정과 연기 능력을 바탕으로 나름대로 새로운 기류를 형성했던 바, 84년부터 시작한 대구연극제의 참가 작품 대다수가 이들에 의한 작품들이었다.

그리고 이들은 기존 대구연극계의 고질적인 병폐였던 양대 인맥간의 갈등과 파벌 싸움에 초월하였던 관계로, 새로운 연극계 질서를 형성하는 데에도 큰 기여를 하였다.

80년대 대구연극계의 일반적인 특징 4
〈연극제용 연극 제작 풍토 시작〉

지방연극의 활성화와 각 지역간의 고른 발전을 기하기 위한 제1회 지방연극제가 83년 부산에서 개최되었다. 이는 5공화국 정부의 지방문화 육성책의 일환으로 시작된 것으로서, 그로부터 이름이 전국

연극제로 바뀌어 현재까지 이어지고 있다.

대구는 1회 지방연극제에 범극단 단일팀으로 참가하였으나, 이후 84년부터는 대구연극제를 개최하여, 대상 수상작을 대표팀으로 참가시키기 시작하였다. 대구연극제 역시 84년부터 시작하여 현재까지 이어지고 있다.

이와 같이 대구연극제에서 전국연극제로 이어지는 연극 제작 네트워크는 그것이 의도한 바, 지역 연극 활성화라는 긍정적인 효과도 있었지만, 그에 못지 않은 부정적인 결과를 빚었다. 그것은 그 이전까지 관의 연극 제작 지원이 절대 없었던 시기에 있어서는 연극인들의 순수한 열정과 희생으로 연극이 만들어졌으며, 그러기에 오히려 자부심과 의욕이 있었다. 그러나 일부 금액이라도 지원받는 시스템이 형성되기 시작하자, 그 지원금 자체만을 목적으로 하는 연극 제작의 풍토가 생겨나기 시작하였다. 그런 탓에 졸속 제작과 예산 남겨먹기와 같은 관행이 생겨나기 시작하였으며, 그러한 관행은 결과적으로 대구연극의 질적 저하를 가져오게 되었다.

연극제용 연극 제작이 빚은 또 하나의 부정적인 측면은 과거 소극장을 중심으로 나름대로 착실한 훈련을 거친 연출자나 배우가 대극장으로 이동하던 관행이 사라지고, 데뷔와 동시에 대극장 연극으로 이행하는 사례가 늘어나기 시작하였다. 그런 관행의 시작은 지역의 소극장들의 폐쇄로 이어졌고, 오히려 연극 종사자들의 감소로 이어졌다.

이러한 점은 순수 예술에 대한 지원정책이 가져다줄 수 있는 예술가들의 의존성을 여실히 보여준 예라 볼 수 있다.

80년대 대구연극계를 통해본 대구연극의 성격

정치·사회적으로 대변혁기였던 80년대 대구연극의 성격을 한 마디로 정의한다면, '새로운 변화가 시작되었으나, 끝내 꽃피지 못한 불가항력의 시기'라고 말하고 싶다. 이는 현실 참여의 연극과 같은 진정성이 넘치는 연극 운동이 시작되고, 대학극 출신들과 같은 참신한 인력들이 대거 연극계로 수혈이 되었지만, 대구연극의 수준을 대폭 향상시키는 데에는 크게 기여하지 못했다.

그러한 이유로는 첫째, 민족극 계열의 연극인과 기성극 계열의 연극인의 결합이 영속적으로 이뤄지지 못했다는 것, 둘째, 90년대와 같은 대량 소비사회로 이행하는 과정에 필요한 각각의 변신이 부족했다는 것, 셋째, 사회운동의 진정성이든 순수예술의 정신이든 연극을 통한 자기 정체성 확인이 부족했다는 것 등을 들 수 있겠다. 그러나 이 모든 이유는 하나의 근본적인 원인에서 시작되는 데, 그것은 연극을 통해서는 어느 누구도 생계 유지를 할 수 없다는 물적 토대의 허약함이다. 이러한 점에서 필자는 '불가항력'이라는 용어를 선택하게 된 것이다.

그러나 개인적으로 90년에 가까운 대구 신극 역사에서 80년대만큼 대구연극이 다양하고 다이나믹한 시기는 없었다고 생각한다. 그 어떤 지원에도 의지하지 않고 열정적으로 자기 목소리를 냈던 연극 작품들과 열악하지만 나름대로 자신들만의 공간을 확보하기 위하여 끊임없이 만들어졌던 그 많은 소극장들... 그런 자기 희생적인 연극

열정의 시기는 그 어느 때도 없었다.

이필동 저 『대구연극사』 연표를 기준으로 80년대 대구에서 공연된 작품 수는 모두 225편이다. 이 중에서 창작극이 142편으로 번역극 83편보다 압도적으로 많은 것으로 나타나 있다. 일반적으로 서구 번역극을 공연하는 우리 연극계 현실로 보아 뜻밖의 결과라고 할 수 있다. 이처럼 창작극을 선호하는 대구연극의 특징은 지역의 전통적인 정서를 반영한다고 볼 수 있다. 그것은 내·외부에 대한 선호도에서 내부를 지향한다는 점이다. 더욱이 지역에 정식으로 등단하여 활동하는 극작가가 한 명임에도 불구하고 창작극 중에서 31편이라는 많은 작품들이 지역의 연극인 혹은 집단창작으로 만들었다는 점을 볼 때, 그러한 특성은 더욱더 드러난다.

이러한 점은 80년대에 뚜렷한 두 흐름을 형성하였던 민족극 계열의 연극과 기성극 계열의 연극의 교류가 전혀 없었다는 것에서도 발견된다. 「문화장터 처용」을 중심으로 한때 교류가 있기는 하였으나, 그 시기 이후 양측의 교류는 진전되지 않았다. 그 원인은 더욱더 세밀하게 분석하여야 할 것이나, 분명한 것은 그러한 흐름은 현재까지 이어지고 있고, 대구연극의 질적인 발전을 위해서는 양측의 적극적인 교류가 있어야 한다는 점이다.

다시 묻노니, 연극이란 무엇인가?
- 제15회 대구연극제를 보고 -

거두절미하고 연극이란 무엇인가? 한심스런 광대놀음인가? 사이비 무당짓거리인가? 아니면 순수예술미학인가? 싸구려 흥행오락인가?

연극론 1장 1절로 들어가고 싶지 않다. 정보화니 세계화니 세계는 변하고 있고, 그 변화는 인간에 대한 탐구조차 남루한 추억담으로 만들고 있다. 산업혁명을 이끌었던 장인의 시대는 가고, 정보혁명을 이끄는 '무서운 아이들'의 시대, 경계와 영역이 모호해지고 심지어 현실과 환상조차 구분이 안 되는 사이버 시대, 그런데 연극은 아직도 19세기적 담론에 갇혀 있다.

지난 4월 8일부터 13일까지 대구연극제가 열렸다. 희곡심사를 거쳐 통과된 4개 단체가 치열한 경쟁을 벌인 이번 대구연극제는 몇 가지 점에서 뚜렷한 희망과 절망을 동시에 보여주었는데, 안타깝게도 희망은 연약한 거품 위에 떠 있고, 절망은 견고한 지층 아래 뿌리박고 있었다.

연약한 희망 하나. 홍보와 기획이 되면 관객은 올 수도 있다는 사실. 이번 행사는 다른 때와 달리 대구KBS가 공동 주최를 맡아주었는데, 그 덕분에 대구연극제는 매일밤 TV매체를 통해 대구 시민들에게 소개되었고, 이에 맞춰 각 극단은 적극적으로 기획에 나섰다. 그런 덕분인지 극장은 관객들로 가득차게 되었고 대구연극은 오랫만에 극장 객석을 가득 메운 관객 앞에서 연기를 할 수 있었다.

연약한 희망 또 하나. 열정을 쏟은 만큼 무대는 빛이 난다는 사실. 이번 연극제는 다른 해와 달리 희곡심사라는 방법을 썼는데, 그 방법과 용어상의 문제점은 반드시 개선해야 할 것이로되, 하여튼 그러한 검증 단계를 통과한 이유 때문인지 각 극단은 나름대로 최대한의 노력과 투자를 아끼지 않았다. 그런 사실은 각 극단이 선택한 작품의 규모에서도 드러났는데, 과거 대구 극단이 총연합해야 가능할 법한 규모의 작품도 있었다. 그러나 역시 중요한 것은 그러한 의욕이 가져온 나름대로의 작품의 질적 상승이었다. 과거처럼 지원금만을 노린 작품이 없음으로 인하여 이번 연극제의 최대 장점 중에 하나인 졸작 부재(?)라는 바람직한 현상이 생겼다.

그러나 이 모든 긍정적인 결과를 자세히 들여다보면 그것이 얼마나 허약한 기반 위에 부유하는, 일종의 거품과도 같은 것인가를 알게 된다. 우선 관객 동원을 보자. 이번 대구연극제가 거둔 성과 중 최대의 것으로 꼽히는 관객 동원의 힘 뒤에는 물론 대구KBS가 있다. 그러나 더 자세히 들여다보면, 여기에는 각 대학 연극 관련학과(혹은 관련과목) 교수들이 있었다. 신학기를 맞이한 각 대학의 연극 관련 교수들은 일제히 학생들에게 대구연극제를 관람하고 리포트를 제출하라는 과제를 냈다. 그리하여 평소에는 극장을 찾지 않던 대학생들이 일제히 극장으로 몰렸는데, 그 수가 어림잡아도 천 여 명이 넘었다. 교수들이 학생들에게 연극을 직접 관람하고 리포트를 제출하라는 것이 잘못되었다는 것이 아니다. 아니, 오히려 권장해야 할 사항이다. 연극이라는 과목이 무대를 경험하시 않고서는 이루어질 수 없는 것이기에, 그 경험이 배우로든, 스텝으로든, 아니면 관객으로든, 어찌 됐든 극장이라는 내밀한 공간에 대한 감각과 느낌을 이해했을 때만이 가능한 것이기에 그렇다. 여기서 말하고자 하는 것은 그 선택의 시기가 이번 대구연극제였고, 또 각 대학의 시기가 하필 이 시기에 동시에 이뤄졌음으로 인하여 발생한 관객 포화상태를 두고 잘못 해석하여 앞으로의 대구연극을 낙관적으로 판단하거나, 혹은 앞으로 연극도 지역방송과 연계만 하면 잘 될 수 있다는 단순한 판단에 빠지지 않을까 하는 우려 때문이다. 연극에서 관객동원이란 결코 홍보나 기획으로 이뤄지는 것이 아니다. 그것은 보조수단일 뿐 근본수단이 아니다.

졸작부재라는 현상도 그렇다. 과거 연극제에서 몇몇 수준 이하의 작품이 공연됨으로써 관객들에게 엄청난 실망감을 주었고, 이로 인해 대구연극에 대한 불신이 깊어졌다는 것은 이미 수차례 지적된 바 있다. 그리하여 어쩌면 이번 연극제에서 거둔 최대 성과는 바로 이 졸작부재일지도 모른다. 적어도 이번 연극제에서는 관객들에게 허탈감과 분노를 느끼게 하는 작품이 없었음으로 해서, 이후 대구연극에 대한 나름대로의 인식변화에 크게 기여할 수 있으리라는 믿음 때문이다. 그러나 이것 역시 자세히 들여다보면 꼬집어 희망이라 하기 망설여지는 점이 있다. 그것은 이번 연극제에 참가한 4개의 극단 모두가 치열한 경쟁을 벌였고, 또 나름대로 투자와 노력을 아끼지 않았다는 점과 관련지어 생각해보면 더욱 그렇다. 즉 대구연극의 한계를 확인하는 자리였던 것이다. 대구연극제를 총평하는 자리에서 거듭 이야기된 말, "C학점도 없었지만 A학점도 없었다." 그 말이 의미하는 바를 곱씹어 보면 알 수 있다. 눈에 띄는 연기자도, 연출도, 미술도, 음악도 없는 연극제, 그저 고만고만한 수준의 연속이었다.

이제 처음에 던진 화두에 매달려보자. 연극이란 무엇인가? 특히 대구에서 연극이란? 아니, 연극을 한다는 행위란 무엇인가? 예술가의 길을 걷고자 함인가? 아니면 흥행을 통해 돈을 벌자는 것인가? 거칠게 결론에 도달하고 싶지는 않지만, 현재 대구연극이 봉착한 수렁같은 절망감과 절벽같은 한계는 바로 이것, 예술인가 흥행인가, 사회적 행위인가 개인적 행위인가, 하는 인식의 부재로부터 출발한다.

인간과 사회에 대한 뚜렷한 의식도 없으면서 괜히 심각하고, 세련된 미감도 없으면서 화려함을 남발하는 대구연극인들의 행위는 자신이 어디에 서 있으며 또 어디로 갈 것인지 정하지 못한 것, 그리고 그 어떤 방향이 옳은가를 아직도 판단하지 못한 미숙한 아마추어리즘과 궤를 같이한다.

아마추어리즘은 연극론의 1장 1절에서 연극에 대한 이해를 구한다. 그러나 진짜 연극인은 자기 자신의 내면으로부터, 또 진지한 반성으로부터 연극이란 무엇인가, 하는 답을 구한다. 그런 답을 구하는 행위, 그것이 필요하다. 대구연극계는.

다양한 연극의 양상을 보여준
97년 목련연극제

1997년 12월 5일부터 28일까지 대구 소극장 페스티벌인 목련연극제가 있었다. 대구 지역 5개 극단이 참가한 이번 목련연극제는 여태껏 취해오던 테마별 페스티벌 형식을 버리고, 실질적인 경연 방식을 취했다. 거칠게 말하자면, 지원금을 공동으로 나눠갖던 방식에서 한 극단으로 몰아주는 방식을 선택한 것이다. 일부 반대가 있었지만, 과거의 방식이 지녔던 문제점, 성의없이 제작되고 또 그로 인해 지역 관객들에게 실망을 주었다는 자책이 공정성의 시비 가능성이나 과열 경쟁의 폐단보다 대구연극에 주는 해악이 더 컸다는 판단 때문이었다. 즉, 공정성 시비는 용서할 수 있으나 성의없는 연극 제작 관행은 용서할 수 없다는 것이다.

그런 까닭인지 이번에 참가한 극단 대다수는 여느 때와 달리 연극 제작에 나름대로 열의를 보였다. 물론 그렇지 못한 극단도 있으나 분명한 것은 열의를 보여주지 못한 극단은 분명 자신의 부끄러움을 다른 극단의 공연을 보면서 느꼈을 것이라는 것이다. 부끄러움을 느끼는 자세, 그것이 있다면 아직 희망은 있다.

제일 먼저 시작한 이송희 레파토리(대표 이송희)의 『콘트라베이스』(파트리크 쥐스킨스 작, 정현효 연출)는 남성 모노드라마로서 콘트라베이스 주자가 느끼는 두 가지 미묘한 감정(악기 속성상 각광받지 못하는 것과 소프라노 여가수를 짝사랑하는 것)을 표현한 작품이다.

모노드라마는 근본적으로 약점을 가지고 출발한다. 극적인 사건의 표현이 불가능하고 다양한 연출이 어렵다는 것이다. 때문에 모노드라마를 공연할 때는 그에 대한 대비가 필요하고, 또 그런 약점을 극복할만한 연기력과 열정으로 무대를 장악해야 한다. 만약 모노드라마의 연기자가 그런 모습을 보여주지 못하고 그저 평범한 연기에 그친다면 관객은 금방 지루해지고 작품에 실망을 느끼게 된다. 그래서 어쩌면 모노드라마는 연극 그 자체보다 연기자의 매력을 보기 위해 관객으로 하여금 극장을 찾게 하는, 그런 스타일의 연극인 것이다.

그러나 이번 이송희의 모노드라마에서는 연기자로서 이송희 특유의 매력을 찾기는 어려웠다. 자타가 공인하는 대구의 연기자인 이송희가 관객에게 어필하지 못한 이유는 무엇일까? 그건 작품이 갖고 있는 바 핵심적인 주제인 콘트라베이스(근본, 바닥, 서민, 외로움)가 소프라노(고음, 상층, 귀족, 화려함)에 가지는 그 미묘한 동경과 질시라는 정반대의 감정을 섬세하게 처리하지 못하고, 그저 이야기 전달자로서 역할밖에 하지 못했다는 데 있다. 거기에다 시종일관 무대 전면을 가로로 오가는 동작선 중심의 무대 활용으로 인하여 깊이 있는 감정의 흐름을 엮어내지 못한, 연출의 책임도 크다.

두 번째 공연은 극단 예전(대표 김태석)의 『에쿠우스』(피터 셰퍼 작, 김종석 연출)이었다. 『에쿠우스』는 15마리의 말의 눈을 찌른 소년 알란과 소년의 정신세계를 추적하는 정신과 의사 다이사트의 이야기다.

모두가 알고 있듯이 이 작품은 다층구조로 되어 있다. 아폴론/디오니소스, 유신론/무신론, 우상숭배/기독교, 성(聖)/성(性)... 등등의 대립항들이 이리저리 엉켜있고, 또 층층히 쌓여 있다. 그래서 이 작품을 공연할 때 우선적으로 필요한 것은, 연출자가 어떤 각도에서 이 작품을 정리하겠느냐 하는 방침이다. 만약 그렇지 못하고 그냥 평범하게 내러티브에 치중하다보면 뭐가 뭔지 모르는 기괴한 연극이 되고만다.

이번 극단 예전의 『에쿠우스』는 그런 면에서 맥을 찾지 못한 것이 아닌가 하는 생각이 든다. 그것은 인물들의 성격에서 즉각 드러나는데 이 극을 이끌어 가는 다이사트의 경우가 가장 대표적이라고 할 수 있다. 이 작품에서 다이사트의 고뇌는 결코 알란의 질병 원인을 알고 싶은 데 있지 않다. 다이사트는 오히려 알란을 통하여 자신을 찾아가는 여정이다. 열정과 광기를 잃어버린 중년 사내의 완고함 속에 파고든 뜨거움, 그 정체를 알고 싶은 것이다. 그리하여 다이사트가 마지막에 내뱉는 "그렇지만 나는 이 어둠에 깊은 경의를 표할 겁니다. 지금은 이 예리한 재갈이 내 입안에 끼워져 있어 도저히 빠져나올 수 없지만 말입니다."라는 대사가 깊은 울림을 갖고 전해오는 것이다. 그런데 다이사트 역의 김태석은 시종일관 정신과 의사다운 억양과 자세로 작품을 이끌었고, 마침내 그는 극의 마지막에 마치 알란의 정신질환이 사회에 있다는 듯 웅변조의 연설로 마무리지었다.

열정으로 가득찬 무대였고, 또 조명과 무대의 활용이 비교적 안정되어 있음에도 불구하고 이번 극단 예전의 『에쿠우스』가 허전한 것은 바로 그것, 감동을 이끌어낼만한 연출의 계산이 없었다는 것이다.

세 번째 작품은 극단 H. M. C(대표 박현순)의 『카덴자』(이현화 작, 박현순 연출)이다. 85년에 공연되어 공전의 히트를 기록한 『카덴자』는 당시 잔혹극적인 요소, 애로티시즘과 새디즘적인 요소, 그리고 또 당시 사회에 대한 역사의식에 대한 질문... 등 다양한 논란을 불러일으킨 작품이다.

"네가 네 죄를 알렷다" 왕이 선비를 고문하며 질문하고, 다시 관객 중 여자(물론 약속된 배우)를 끌어내어 묻는 이 질문, "네가 네 죄를 알렷다" 이것이 이 작품의 핵심이다. 왕위를 찬탈한 자가 오히려 지조를 지키는 자에게 거듭해서 묻는 이 질문과 재촉 속에 당시 관객들은 독재사회 속에 암묵적으로 동의한 시민들의 침묵, 그 죄의 무거움을 절감했던 것이다.

그런데 12년이 지난 97년 대구에서 관객들에게 묻는 "네가 네 죄를 알렷다"는 과연 무엇에 대한 기대일까? 극단 H. M. C의 『카덴자』는 이런 의미에서 과거의 『카덴자』의 충실한 재연에는 성공하였으나 97년의 『카덴자』로 재창조하는 데에는 거리가 있었다. 무대를 장악하고 배우들의 템포를 적절히 조절한 것, 작품에 어울리는 무대미학의 활용, 망나니들의 분장과 의상.... 등등의 면에서는 그 어떤 공연보다 뛰어난 면을 보였지만, 이 공연 역시 다 보고났을 때 느끼는 허전함은 바로 이것, "왜 이 작품이 다시 공연되어야 할까?"하는 질문에 적절히 대답해주지 않았다는 데 있다. 만약 관객으로 설정된 여자배우에 그 어떤 시대적 상징을 부여하였다면 이 작품은 분명, 다른 모습으로 태어날 수 있었을 것이다.

네 번째 작품은 극단 언인무내(대표 한선기)의 『삣대』(막스 프리쉬 작, 한전기 연출)다. 이 작품은 기본적으로 우유부단한 작가가 자신의 아내에게 느끼는 분노와 애정의 미묘한 줄타기를 보여주는 작품이다. 작품 제목의 번역이 '삣대'로 되어 있어, 경박함과 저속함을 주지만, 필립이 느끼는 그 '삣대'가 상징하는 바는 결코 단순하지 않다. 필립의 '삣대', 아니, 분노는 지식인이 갖는 바 무력함(실천하지 않는)의 내재화에 대한 것이고, 또 작가는 그것의 고착화를 냉정하게 고발하는 것이다. 즉 필립의 삣대가 마치 아내의 무시, 혹은 간통 때문에 비롯된 것처럼 보이지만 필립이 진짜 '삣대'가 난 것은 자신이 신청한 합의이혼을 아내가 일방적으로 취소한 것에, 또 자기가 삣대가 난 것에 대한 아내가 아무런 반응도 없다는 사실, 그 자체에 '삣대'가 난 것이다. 즉 교정할 수 없을 정도로 굳어진 고정관념에 도전하고 있는 것이다. 그래서 마지막에 보여지는 필립의 귀가는 단순히 '사랑과 용서'가 아닌, '한계와 절망'이 동시에 암시되어야 했다.

때문에 이 연극은 슬립스틱식의 코미디를 통해서 웃음을 유발시키는 희극이 아니라, 너무나 리얼함으로써 느끼게 되는 쓰디쓴 웃음, 그리고 날카로운 심리묘사, 그런 희극으로 만들어져야 했다. 그럴 때만이 서사극적인 효과와 어우러져 상승효과를 얻게 되고, 또 그로 인해 작품의 주제에 접근할 수 있었다. 그러나 연출자는 이 작품을 밝고 명랑한, 그런 코미디로 이끌어 나가고자 했다. 그러한 선택은 분명히 읽혀졌다. 그리하여 연출자는 주인공 필립의 얼굴에 묘한 분장을 시켰으며, 서사극적인 독백을 스포트 조명 속에 가뒀다. 그렇게 함으로써 어느 정도 극의 흐름을 매끄럽게 하는 효과를 거뒀으나, 작품의 주제를 너무나 평범한 중년남녀의 사랑놀음이라는 데에 귀착시키고 말았다.

마지막으로 공연된 작품은 극단 집시(대표 박갑용)의 『결혼한 여자와 결혼 안한 여자』(김윤미 작, 문창성 연출)이다. 이 작품은 삼십대의 결혼한 여자가 결혼하지 않고 커리어 우먼으로 살아가는 친구와의 관계, 그리고 자신과 남편 관계를 통해보는 여성연극이다.

무대를 양쪽으로 나누어 일상의 공간과 결혼한 여성의 공간으로 설정한 연출 의도가 신선한 듯도 보이지만, 그 양쪽의 무대가 그런 기능상의 이유 외에는 아무 것도 없다는 점이 실망스럽기도 했다. 그 양편 공간 사이의 중앙 무대, 일상과 결혼한 여자가 만나는 바로 그 지점에 대한 연출의 연구가 뒤따라주었다면, 연극은 작가의 상상력 이상의 지점으로까지 도달할 수 있었을 것이다. 그러나 연출자는 결코 그 지점에 대한 탐색이 없었음으로 인하여 더 이상의 진전은 없었다.

그러나 연출자는 극의 흐름을 조절하고, 결혼한 여성의 미묘한 감정을 이끌어 내는 데 비교적 성공하였다. 이런 연출선은 결코 무리하지 않는 연기자들의 고른 연기와 어우러져 극장을 찾은 중년 여성 관객들에게 잔잔한 감동을 주었다. 객석의 불을 켜놓고 시작하여 '분홍신'을 기점으로 연극으로 몰입시킨 점도 좋았다. 그러나 작가가 가지고 있는 편견 혹은 고정관념(결혼한 여자는 자기를 잃어가고, 결혼 안 한 여자는 자기를 찾아간다는 설정)을 아무런 여과장치 없이 그대로 드러낸 것, 그래서 마치 멜로드라마처럼 흘러간 것에 대한 반성과 성찰이 요구되는 작품이었다.

이번 목련연극제에 참가한 다섯 개 극단 모두 나름대로 열심히 작품을 준비하고 노력한 것으로 보여진다. 각각 특색있는 레파토리를 선정한 것도 눈에 띈다. 모노드라마, 잔혹극, 희극, 극장주의식 연극, 여성연극, 이런 모습이 대구관객들에게 어떻게 보였을지는 확인할 수 없지만, 동일한 연극제에서 이러한 다양성은 각각의 극단들이 연극에 대한 연구와 노력을 다양한 방법으로 시도하고 있다는 반증이다. 아직 그 완성도나 작품 해석 등에는 문제가 있다고 판단되지만, 분명 이러한 모습은 미래 대구연극을 희망적으로 보게 하는 단초가될 수 있다. 열과 성의를 다해 참가한 다섯 극단 모두에게 경의를 표한다.

현대 실험극의 무대와 그 의미
- 기교의 실험, 정신의 실험 -

　현대무용이 토슈즈로부터 해방이라면, 현대의 실험극은 전통적 관습으로부터의 해방, 특히 프로시니움 무대로부터 해방이라고 할 수 있다. 고대 그리스의 노천극장으로부터 이어져 내려오던 극장은 여러 면에서 변모를 거듭하다가 마침내 오늘날의 극장 구조라 할 수 있는 프로시니움 극장이 17세기 초에 이탈리아에서 탄생하게 된다. 파르마에 지어진 파네스 극장이 바로 그것이다. 이것은 단순히 극장의 구조라는 측면보다 그로부터 탄생하게 된 연극의 관습들, 예를 들면 삼일치와 같은 것과 밀접한 관계를 맺으면서 연극 발전에 지대한 영향을 미치게 된다. 그러나 19세기 말 낭만주의와 상징주의, 20세기 초 초현실주의와 다다이즘의 영향이 연극에 미치면서 연극적인 관습의 파괴를 낳게 되었고, 그러한 양상은 결과적으로 극장, 특히 무대 활용에서 그 파괴 정도가 두드러지게 나타나게 되었다. 즉 현대연극, 특히 실험극의 탄생과 발전, 그리고 변모는 그 연극적 내용이나 형식과 마찬가지로 극장이나 무대에 대한 개념 정의로부터 활용에 이르기까지 수많은 변모를 겪게 되는 것이다.

이러한 무대 활용의 변모, 특히 현대연극에서 중요한 위치를 차지한 주요 실험연극의 사조, 그리고 그 대표적 연극인의 구체적인 작품을 중심으로, 그 내용과 연극사적인 의미, 그리고 그것이 의미하는 바를 알아보고자 한다. 결론을 서두르는 감이 없진 않지만 진정한 실험이란 절대 기교나 형식의 잔재주를 의미하지 않는다. 진정한 실험이란 인간과 사회, 그리고 정신에 대한 거부할 수 없는 선택이다. 그 거부할 수 없는 운명, 그것이 바로 과거 실험극 선구자들이 걸어갔던 가시밭길인 것이다. 그래서 기교의 실험은 달콤하지만 공허하고, 정신의 실험은 힘들지만 거룩하다.

1. 알프레드 자리 - 『우부대왕』

학자들에 따라서 현대연극의 시작을 1896년 알프레드 자리의 『우부대왕(Ubu Roi)』으로부터 잡기도 한다. 이 작품에서 배우가 출연하여 내뱉은 최초의 대사 "똥을 쌀(merde)"은 그 당시 관객으로서는 굉장히 충격적이었다. 그리하여 그 공연은 관객들의 함성과 고함으로 난장판이 되었고, 그럼에도 불구하고 자리는 그 공연을 사실주의 연극의 전통에 어긋나는 방식으로 끝까지 강행하였다. 그는 언어보다 몸짓을, 분장 대신에 가면을, 무대 장치의 변화보다는 상징적인 신호나 플래카드들을 활용하였고, 무대 배경 역시 사실적인 그림보다는 유아적이고 환상적인 공간으로 구성하였다.

무대 정경은 방의 안팎 그리고 열대와 온대 및 북극이 동시에 공존하는 어린이들의 세계를 나타내 주었다. 관객 반대편 무대 뒤쪽에는 사과꽃이 푸른 하늘 아래 만발하게 피어 있는 것을 볼 수 있다. 또 하늘을 배경으로 닫혀진 조그만 창문과 벽난로가 있다....이러한 무대 한가운데로... 시끄럽고 다혈질적인 인물들이 등장하고 또 퇴장했다. 좌측에는 침대가 그려져 있고, 침대 끝에는 앙상한 나무 한 그루가 서 있으며 그 위로 눈이 내리고 있었다. 우측에는 야자수가 서 있고 문 옆에 해골이 매달려 있었다.

(마가렛 크로이든, 『20세기 실험극』)

이 글에서 보듯 알프레드 자리는 자신의 신념(예술, 문학, 연극에 대한 초현실주의자로서의 반예술적인 태도)을 과시하기 위하여 기존의 연극적 관습에 따른 무대와 전혀 다른 방법을 선택하였던 것이었다. 그러나 아직 그 변모는 무대 위에 있다. 즉 무대와 관객석의 구분을 없애는 데까지는 이르지 않았던 것이었다. 단지 배경과 장치, 대소도구의 상징적인 활용이 보일 뿐이다. 그러나 분명한 것은 그러한 변화도 그 당시로서는 아주 파격적이고 '반자살적인 행위'에 해당되는 것이었다. 그리고 이러한 자리의 무대에 대한 태도는 후에 표현주의 연극에 상당한 영향을 주었다.

2. 아르토

'잔혹연극'의 창시자인 아르토를 가리켜, 흔히 진정한 의미에서 현대실험극의 시작이라고 일컫는다. 그가 발리연극을 보고 받은 영감을 바탕으로 창시한 연극의 잔혹이론은 그후로 그로토프스키, 리빙 씨어터, 피터 브룩... 등에게 많은 영향을 미쳤고, 또 아직까지 그 이론을 바탕으로 한 실험극이 여러 가지 방법으로 시행되고 있다.

연극을 페스트에 비유한 그는 1936년 자신의 첫 선언문에서, 잔혹연극은 "언어, 제스처, 표현의 형이상학을 창조하고... 관객의 죄의식을 불러일으키며, 무대에서 표출되어지는 만큼의 잔인성을 느끼게 하여... 궁극적으로 질서를 창조하고 인생의 가치를 증대시키는 것"이라고 말했다. 이러한 생각을 바탕으로 아르토는 직접 무대에 대해서도 글을 남겼다.

우리는 무대와 강당을 폐기하고, 그 대신 여하한 형태의 칸막이나 벽도 없이 단 하나의 현장에서 벌어지는 행동의 연극이 되게 할 것이다. 연기 동작의 한가운데 자리잡은 관객은 직접적 의사소통에 의해 몰입되고 또한 물리적으로 영향을 입는다. 그리고 이러한 사실로부터 연기자와 관객과 연극 사이에는 직접적인 의사소통이 회복될 것이다. 얼마간 방의 모양 자체에 의해서 이러한 것의 상태가 결정된다.

그러므로 현존의 극장 건축을 포기하고 헛간이나 창고를 택하고, 티벳의 어떤 사원이나 교회 또는 성지의 건축에 사용되었던 공간의 기법에 따라 재건축할 것이다.

이러한 건축 내부는 독특한 비율의 높이와 깊이를 만들어 줄 것이다. 홀은 사면 벽으로 둘러싸여 있고, 어떠한 종류의

장식도 없을 것이다. 관객은 마루에서 그들 주위에서 일어
나는 광경을 따라다니며 볼 수 있도록 만들어 놓은 움직이
는 의자와 홀의 중앙에 앉게 될 것이다. 실제로 보통 의미하
는 대로의 무대가 없다면 방의 네 귀퉁이에서 동작의 전개
를 준비할 것이다.　　　　　　　　　(아르토, 『연극과 그 이중』)

　이렇듯 그가 시도했던 무대와 객석의 파괴는, 다름아닌, 제의의 현
장으로서 공동체 의식을 회복하고자 하는 '연극의 치료 효과'를 위
한 것이었다. 연극을 페스트에 비교하기도 했던 그는, 연극이란 관객
을 감염시키는 것이라고도 했다. 제의든, 페스트든, 아르토에게 연극
이란 배우와 관객이 하나의 목적에 몰입되는 현장을 의미했다. 이상
에서 보듯, 아르토는 오늘날 실험극의 가장 기본적인 요건이 된 무대
와 객석의 파괴, 관객 참여, 즉흥성의 기대... 이로써 아르토는 현대
실험극의 뚜렷한 특징 모두를 보여준 셈이다.
　이러한 이유에서 아르토가 현대연극의 선구자로서 인정되고 있기
는 하지만, 실제 작업에서는 이러한 기법을 기반으로 하는 뛰어난 작
품은 발표하지는 못했다. 그의 유일한 장막극인 『쌍시』는 일반 프로
시니움 무대에서 변형을 가하여 공연한 것이고, 그 작품 역시 이렇다
하는 성공을 거두지는 못했다. 그의 진정한 가치는, 어쩌면 창조자이
기보다 이론가인 측면이 강했다. 그의 이론을 바탕으로 하는 뛰어난
작품은 그가 죽은 1948년으로부터 17년이 지난 1965년 피터 브룩에
의해 공연된 『마라/사드』에서였다. 선구자란, 어쩌면 그런 운명인지
도 모르겠다.

3. 그로토프스키 - 『아크로폴리스』

  '성스런 연극' 혹은 '가난한 연극' 이라고 불리는 실험연극의 주창
자인 그로토프스키가 세계 연극계에 알려진 것은 그의 나이 35살인
1968년 영국 에딘버러 축제에서 공연한 『아크로폴리스』에서였다.

  그는 26살이던 1959년에 폴란드 연극 실험실이라는 단체를 설립
하여, '연극이란 무엇인가?' 라는 질문을 가지고 연극 작업을 하기
시작하였고, 마침내 그는 부르조아의 연극에 대항하는 개념으로 '가
난한 연극' 을 전략적으로 선택하게 되었다. 그는 본질적으로 연극은
텅 빈 무대에 배우와 관객 뿐이면 족하다고 생각했다. 의상, 무대 장
치, 분장, 조명, 음향... 등은 부차적인 것이기 때문에 그는 특히, 배
우의 연기 훈련에 중점을 두었는데, 그가 제안한 얼굴 근육의 가면화
같은 기법은 바로 그로부터 출발한다. 또한 그는 연극이란 배우들이
수년간 훈련과 수양을 통해 준비되는, 일종의 심리적이고 정신적인
수행, 즉 준 종교적인 성격을 갖는다고 생각하였다. 그리하여 관객은
이러한 준 종교적인 행위에 참가하는 예배자라는 뜻에서 '성스러운
연극' 이라는 개념을 제시하기도 했다.

      벽이 까맣게 칠해진 텅 빈 작업장처럼 꾸며진 방으로 된
    '극장' 에 관객 50명만을 입장시켰다. 빈 공간의 중앙에는
    직사각형의 플랫홈이 세워졌고, 그 위에 머리가 없는 인형,
    수레와 쇠부스러기 더미들이 쌓여 있었다. 관객이 좌석을
    찾아가는 동안에 실내는 기이하리만큼 조용했다. '무대' 둘

레에 톱니 모양으로 놓여진 나무 벤치들 때문에 서로 부딪
칠 것 같은 모습이었다.

(마가렛 크로이든, 『20세기 실험극』)

위스피안스키가 1904년에 쓴 원작에는 그래코우 성당의 조각상들
과 그림들이 부활절 전날 밤에 되살아나 구약과 고대 사회의 장면을
재현하는 것이었으나, 그로토프스키는 행위를 제2차 세계대전 중 폴
란드의 아우슈비츠 수용소로 전환하여 인간 존엄성의 몰락을 다루었
다. 결국 그는 서구 사회에서 인간성 혹은 신성의 몰락을 아우슈비츠
라는 장소를 통해 보여주고 있으며, 그 아우슈비츠가 다름 아닌 서구
사회라는 것을 충격적으로 실감(혹은 몰입시키기 위해, 왜냐하면 그
곳은 그가 말한 대로 예배의 장소이며, 예배란 그 의식의 집행자의
행위와 말에 절대 신봉하는 것이기 때문에)시키기 위해 극장 전체를,
또는 무대 전체를 하나의 예배장소와 같이 만들어 감쌌고, 관객들은
그 안에 갇혀 배우들이 전하는 서구 사회의 몰락에 대한 신앙고백을
몸을 떨며 체험해야 했다.

4. 알란 캐프로 – 해프닝

정확히 말하자면, 해프닝은 미술이다. 마르셀 뒤샹이 주창한 개념
미술의 영향을 받고, 50년대 플럭서스 운동의 직접적인 젖줄을 대고
있는 해프닝은 그것이 지향하고자 한 일회성, 즉흥성의 속성으로 인
하여, 현대연극과 조우하게 된다. 존 케이지의 영향을 받은 알란 캐

프로는 1959년 10월 루벤 화랑에서 『6장면으로 이뤄진 18개의 해프닝』을 발표한다. 미술사로 석사 학위를 받은 바 있는 캐프로는 일찍이 '환경미술'이라는 개념을 주장했는데, 환경미술이란 "빛, 소리, 색채 등 다양한 소재와 요소로 관객의 주변 공간(enviroment)을 채워 넣는 예술 형태"라고 밀했다. 이러한 신념이 반영된 것이 바로 『6장면으로 이뤄진 18개의 해프닝』이다.

> 캐프로의 해프닝에 초대된 손님들에게는 지문이 찍힌 카드가 배부되었는데 거기에는 간략한 행위를 지시하는 문구가 씌어 있었다. '성냥을 켜시오'라든지 '마루에 누우시오'와 같은 지시어들은 자연스럽게 관객 참여를 유도하였다. 관객들은 이리저리 방을 옮겨 다니면서 오렌지를 쥐어 짜거나 악기를 연주하는가 하면 샤워를 하는 등의 행위를 하기도 했다. (윤진섭, 『행위 미술 감상법』에서)

이미 연극이다. 극장이 아닌, 화랑에서 공연된 것이지만, 이것은 연극이다. 그것도 50년대 말에서 60년대 초반에 서구 지성계를 강타하고 있던 그 어떤 정신의 반영이 담겨져 있는 연극인 것이다. 그 정신이란 다름아닌, 부르조아화된 기존 예술계에 대한 거부였는데, 그것은 점차 물신화되어가고 있는 사회(심지어 예술, 예술품조차)에 대한 예술가들의 절규였던 것이었다. 그 뿌리는 20세기 초, 초현실주의와 다다이즘에서 기인했던 바, 현대미술과 현대연극, 모두가 20세기 초반에 유행했던 초현실주의와 다다이즘에서부터 출발했다는 사실, 그것이 의미하는 바는 크다.

(카뜨린느 미예, 『프랑스 현대미술』에서)

5. 벡크와 말리나(리빙 씨어터) - 『프랑켄슈타인』

아르토의 잔혹이론에 동양의 신비주의, 요가, 선(禪), 대결정치...
등의 기묘한 결합으로 탄생한 리빙 씨어터는 1951년 쥴리안 벡크와
쥬디스 말리나를 중심으로 하여 뉴욕 북부에서 출발했다. 정치적으
로 급진파에 속했던 이들은 자본주의의 화폐제도와 각종 제도를 거
부하는 행위로서 연극이라는 작업을 선택하였던 바, 이들 사상의 배
경에는 당시 미국을 풍미하고 있던 히피문화나 반전사상 등이 있다.
이들이 본격적으로 주목받게 된 것은 59년 레퍼토리 극단 체제를 갖
추면서부터이고, 이후 이들이 공연한 『감옥』, 『컨넥션』 등에 의하여
이들은 미국 연극에서 더욱더 중요한 위치를 차지하기 시작하였다.
이때가 주로 61년에서 63년이었다. 그러나 이들은 납세의 문제로 극
장이 폐쇄되고 이들은 마침내 유럽으로 가게 되어, 이후 유럽 전역을
떠돌며 공연을 하게 된다. 그후 68년에 미국 예일 대학에서 초청을
받아 공연한 네 편의 작품들 『프랑켄슈타인』, 『안티고네』, 『이제 낙
원으로』, 그리고 기타 신비극 형태의 소품 하나, 이상 네 편의 작품
으로 미국 전역을 논쟁의 열풍으로 몰아넣게 된다.

이 중 리빙 씨어터의 대표작이며 가장 미학적으로(또 반미학적으
로) 성공한 작품으로 꼽히는 『프랑켄슈타인』의 무대를 보면 다음과
같다.

3층으로 된 20피트 높이의 스캐폴딩 속에 15개의 입방체
형의 칸막이로 나뉘어 있는 세트가 뒷배경에 있다. 이 스캐
폴딩은 쇠파이프로 엮은 사각 사다리형의 입방체로서 파이
프, 밧줄, 사다리, 그물로 구성되어 있다...개막 서두에 보였
던 참선의식의 아름다운 순간이 끝나면 집단살해가 시작된
다. 연기자들은 불운의 여배우를 잡아 그녀 머리 위에 그물
을 씌워 관 속에 집어넣는다. 다같이 장례행렬에 끼어서 객
석 쪽의 복도로 내려온다. 그녀는 비명을 지르고 신음하며
관뚜껑을 두드린다...

(마가렛 크로이든, 『20세기 실험극』에서)

　　이 공연에서 사각형의 스캐폴딩은 이 외에도 다양한 용도로 사용
된다. 프랑켄슈타인 박사의 실험실로, 처형장으로, TV화면으로...
이 작품을 통해 벡크는 그의 무정부 평화주의자로서 제도의 악랄함
을, 그리고 아르토의 제자로서 잔혹성을 유감없이 보여준다. 그의 대
형 사각형의 스캐폴딩은 제도 속에 갇힌 인간군상의 모습을 적나라
하게 보여줌과 동시에 그 가공할만한 힘과 권위를 압도적인 느낌으
로 전달해준다. 즉 프랑켄슈타인이 만들어냈던, 의도하지 않았던, 바
로 그 괴물 – 자본주의-이었던 것이었다. 더구나 그 괴물은 관객들
과 함께 있고, 관객은 배우들과 함께 고통을 맛보고, 또 적의를 갖
게 된다. 즉 이제 관객과 배우 사이에 구분은 무의미하고, 연극 공
간은 철저하게 하나가 된다. 아르토의 말처럼, 페스트를 감염시키
는 공간이 되는 것이다. (물론 벡크 일행에게 이 페스트균은 정치적
인 신념이다.)

연극을 평화적 정치투쟁의 도구로 삼았던 벡크 일행의 실험은 70년 1월에 종지부를 찍었다. 그들의 연극 실험은 수많은 찬반논쟁을 불러일으켰고, 해체 이후에도 수많은 추종자들이 그들의 연극을 흉내내어 계속 공연하고 있으나, 그들의 실험은 이제 서서히 그 열기를 잃어가고 있다. 그 이유는 그들의 정치적 구호가 잘못되었는 것인지 미학적 미성숙 때문인지 지금으로서는 분명하게 말할 수 없다. 그러나 분명한 것은 그들의 작업이 선택했던 방식, 연극 공간을 대중을 향한 정치 집회의 장으로 삼은 그들의 연극사적 의미는 결코 퇴색될 수 없고, 또 그 방법은 다른 방식으로 변주되어 기존연극계에 삼투되고 있다는 점이다.

6. 리차드 셰크너 (환경연극) – 『69년의 디오니소스』

1967년에 퍼포먼스 그룹을 창단하여 '환경연극' 이라는 개념을 창시한 셰크너는 그의 논문에서 연극 공간에 대한 새로운 개념을 제시하였다. 방이나 홀, 차고나 다락 같은 모든 공간을 사용하며, 그런 공간을 전체적인 공연 환경으로 전환시켜 관객과 배우를 한데 뒤섞어 공연하는 셰크너는 자신의 연극공간에 대하여 다음과 같이 말한 바 있다.

환경연극의 공간에 관한 것은 단지 공간 사용을 어떻게 끝내느냐 하는 문제가 아니다. 주위에 있는 모든 공간과 함께 시작하라. 그리고 무엇을 사용하고 무엇을 사용하지 않을 것인가. 또 사용한다면 어떻게 사용할 것인가를 결정하라.

(배랭거, 『연극의 이해』에서)

해프닝, 존 케이지, 맥루언, 리빙 씨어터, 인류학 등에 영향을 받은 셰크너는 배우와 관객을 분리시키는 프로시니움 극장의 관습을 과감하게 깸으로써 관객은 관람자이자 참여자가 될 수 있다고 믿었다. 또 나아가 그럼으로써 매 공연마다 새로운 그 자체의 연극 공간을 창조할 수 있다고 믿었다. 그의 이러한 공간 파괴는 원시 제의식에 대한 관심과 관찰에서 나온 것이었다. 그의 이러한 이론이 적용된 것으로는 그 유명한 『69년의 디오니소스』이다. 이 작품에서 그의 무대를 보자.

> 나무탑과 사다리 모양의 미로로서, 그 위로 관객이 기어 올라가 앉도록 되어 있는 환경무대였다. 사다리식의 계단, 널빤지와 마루 위에 조각을 이어 만든, 누빈 천 같이 단정하게 바느질된 여러 가지 색깔의 사각방석들이 널려 있다. 플랫폼, 탑, 사다리들은 제각기 다른 높이와 치수로 균형을 이룬 형태로 만들었고, 호기심을 자극하는 이점을 지녔다. 관객들은 가장 높은 곳으로 기어올라가 관람하는 것을 즐겼다. 사다리가 만들어 준 환경은 관객이 무대 전체를 한눈에 볼 수 있도록 했고 공연 일부가 되는 듯한 느낌을 주었다.
> (마가렛 크로이든, 『20세기 실험극』에서)

결국 셰크너는 자신의 연극을 하나의 축제, 혹은 제의로 생각했으며 공연자는 제의를 주관하는 제사장 혹은 무당으로, 관객은 그 축제에 초대된 공동체의 일원으로 만들었다. 그리하여 연극은 배우와 관객의 일체감을 형성시키는데 주안점이 주어졌으며, 자유롭게 관객이 무대 위의 상황에 개입할 수 있도록 하였다.

그러나 이 축제에 돈을 내고 들어온 관객들은 그들과 같은 공동체의 일원이라는 동질감을 느끼지 못했으며, 배우들 역시 그들이 하는 공연에서 그와 같은 동질감을 느끼지 못했다. 그리하여 공연 중에 관객들이 퇴장하고, 배우들마저 공연을 거부하는 상황에 도달했다. 출연한 여자배우들 중 몇 명이 "나는 늙은 남자와 사랑을 벌이려고 이 공연에 참가하지 않았다"라고 셰크너에게 말하며 그룹을 떠나기도 했다고 셰크너는 말했다.

7. 상업연극에서 실험연극의 수용

1) 피터 브룩

연극에 대한 끊임없는 실험정신으로 인하여 피터 브룩은 흔히 실험연극의 대표주자인 것으로 여겨진다. 분명 그의 연극 경력에는 그와 같은 실험정신으로 점철되어 왔다. 그러나 근본적으로 그는 영국의 부유한 가문 출신으로 옥스퍼드에서 공부한 인텔리이며 브루조아다. 5개국어를 능숙하게 구사하는 그는 26살에 이미 코벤트 가든 오페라단의 연출자가 되었으며, 37살에 로얄 셰익스피어 극단의 연출자로 지명을 받았다. 그때까지 그는 그의 천재적인 재능을 발휘하여 상업 오페라와 연극에서 뛰어난 연출 솜씨를 발휘하여 명성을 쌓았다.

그러나 1964년 RSC로부터 특별 기금을 받고 시도한 새로운 형식의 실험작업(마로위츠와 함께한 콜라쥬 『햄릿』 등...)으로부터 그의 연극 작업은 대전환기를 맞게 된다.

그 중 대표적인 것이 스웨덴 거주의 독일인 극작가 피터 바이스의 『마르키 드 사드 연출로 샤렌든 요양소의 수감사들에 의해 공연된, 마라의 암살과 박해』(이하 『마라/사드』)의 공연이다. 다음의 글이 그러한 점을 잘 말해주고 있다.

> 드디어 브레이트적인 지성과 아르토적 감성의 혼합체이며 음악과 동작, 말과 노래, 자연주의와 초현실주의, 피란델로 풍의 사조와 의식주의가 포함된 하나의 총체연극, 즉 극중 극의 대본이 만들어진 것이다. 이 작품은 브룩의 상업적인 과거와 실험적인 현재의 틀을 이어주며 베케트의 부조리와 브레이트적 기법을 넘어선 세계를 묘사해 준 작품이며, 바이스와 브룩이 연극을 치료제의 개념으로 다루려고 한 의도를 가능하게 해준, 역사와 병리에 근거하여 만든 작품이다.
>
> (마가렛 크로이든, 『20세기 실험극』에서)

그러나 브룩의 이런 실험정신은 이미 작가 바이스의 대본에 이미 담겨져 있는 것이었다. 피터 브룩이 작가 바이스에 대하여 쓴 다음의 글에서 그것을 알 수 있다.

> 브레이트의 분리 방법은 오랫동안 아르토의 직접적이고도 격한 경험이라는 연극관과 서로 상반되는 것으로 여겨겼는

데 나는 이것을 믿지 않는다. 나는 연극이 실제의 인생과 마찬가지로 여러 가지 인상과 판단의 끊임없는 갈등이라 생각하며, 따라서 분리될 수 없는 실상과 환상이 서로 복잡하게 얽혀있는 것이라 믿는다. 바로 이것을 피터 바이스가 이루어냈다. 『마라/사드』라는 제목에서부터 시작하여 연극의 모든 요소는 관객을 강타하여 뼈를 가른 뒤, 얼음물 찜질을 해주어, 관객이 지적능력을 총동원하여 다시 사태를 판단하도록 한 뒤에는 또 세게 걷어차고, 그 다음에 다시 제 정신 차리게 해준다. 브레이트와 같은 방법도 아니고 셰익스피어도 아니다. 하지만 엘리자베스 시대와 같은 방법이고 또 우리 시대의 방법이다. 바이스는 희곡을 무대화하는데 필요한 모든 요소를 적절하게 동원하는 총체연극의 기법만을 쓰는 게 아니다. 그의 힘은 동원된 요소의 양에서 오는 게 아니고, 여러 요소가 서로 강하게 부딪치는 데서 나타난다.

(피터 브룩, 「피터 바이스의 재미」에서)

이후 피터 브룩은 끝없는 연극실험의 길을 걷게 된다. 그리하여 그의 대표적인 성공작인 『한 여름밤의 꿈』(이 작품의 공연장은 체육관처럼 개방된 공간에서 마치 써커스를 하듯 공연되었다.)을 공연하게 되었고, 이어서 그의 실험정신은 극에 달하여 이란과 아프리카를 여행하며 자연 속에서 공연하는 방식을 취하게 된다. 그러나 이런 그의 실험을 위한 행로는 결국 앞서 들었던 실험연극의 주자들과는 근본적으로 다르다. 앞서 예를 든 실험연극의 주자들은 자신들의 정신(세계관)을 증명하는 전략으로 그 방법을 선택하였다면, 피터 브룩의 경우에는 자신의 연극을 증명하기 위한 전략으로 실험을 하고 있는 것이다.

그러나 어찌 됐든 그는 이란 산정(山頂)에서 공연한 『오르가스트』에서 보듯, 자기만의 연극 언어를 얻기 위한 실험의 방향으로 나아가고 있다는 것은 분명히다. 그에게 절대적으로 영향을 준 브레이트, 아르토, 그로토프스키를 뛰어넘고자 하는 그의 실험여행은 그래서 나름대로의 뜻이 있다.

2) 피터 셰퍼

오늘날 전세계적으로 가장 대중적인 극작가로 인정받고 있는 피터 셰퍼의 첫 성공작은 『태양제국의 멸망』이다. 이 작품에서 그는 언어뿐만 아니라 제의, 마임, 가면, 그리고 마술까지 투입된 총체극 양식을 사용하고 있다. 여기에다 그는 시·청각적 이미지, 그리고 상징 도식까지 사용한다. 그러나 그의 이러한 놀랍고도 화려한 테크닉은 이미 앞세대 실험연극인들에 의하여 검증된 다양한 기법들을 절묘하게 배합된 것에 불과하다. 『태양제국의 멸망』에서 보듯 공산주의(잉카)와 개인주의(스페인)라는 도식 속에 충돌은 있은 후, 그 다음의 변증법적인 결론이 없다. 오직 대중이 가지고 있는 안이한 대답을 다시 반복할 뿐이다.

이러한 점은 그의 대표작이라고 하는 『에쿠우스』에서도 드러난다. 종교와 과학, 디오니소스적인 것과 아폴론적인 것, 제의와 신화, 아르토의 잔혹성, 그로토프스키의 가난한 무대, 그로토프스키의 『불굴의 왕자』에서 나온 권투 링과 같은 장면… 등등 이루 헤아릴 수 없을 정도로 앞세대의 실험들을 절묘하게 짜깁기하여 보여주고 있다. 그리하여 관객들은 그 화려함과 짜릿함에 몸을 떨지만 공허하다. 왜냐하면 그러한 총체적 이미지의 제시 이후에 제시하는 타당한 대답이 없기 때문이다. 자기만의 목소리, 가치관, 판단이 없는 무대일 뿐이다.

(크리스토퍼 안네스, 『아방가르드 연극의 흐름』에서)

그러나 그는 세계적으로 성공을 거두었다. 왜? 그것은 앞선 세대의 고통스런 실험의 과실을 절묘하게 배합하여 상품화하는 데 성공했기 때문이다.

8. 오늘날 실험극의 무대

쇠퇴한 듯 보이지만, 60년대와 70년대의 실험 정신을 꾸준히 이어가고 있는 연극인으로서는 아린안 무뉴슈킨, 유젠느 바르바, 루카 론코니, 테데우즈 카토르… 등이 있다. 이들은 제각기 다른 방식으로 연극을 실험하고 있지만, 공통된 것은 무대와 객석의 파괴, 관객 참여, 즉흥성, 제의성…등의 흐름 속에 있다는 것이다. 그러나 이러한 양상이 20세기에 들어서 시작된 현대연극의 실험이 아직 끝나지 않았음을 반증하는 것이고, 예술에 있어 사회적 기능의 유효함을 증명하는 것이기는 하지만, 분명히 주목해야 할 것은, 이러한 반미학의 독설이 '제도적 전환(institutional turnig)'으로부터 결코 자유롭지 못하다는 엄연한 사실이다. 민주화의 상징이었던 마당극이 제도권의 후원으로 세계 마당극 축제를 벌이는 것과 마찬가지로, 오늘날 실험 극이란 어쩌면, 권력의 영역 안에서 한정된 범위 내에서 도전하고 반 항하고 있는 것인지도 모른다. 즉, 이제 신성한 의미에서 실험은 존 재할 수 없게 된 것이다. 이에 반하여, 실험극의 새로운 기수로 각광 받았던 로버트 윌슨이 막대한 지원금을 바탕으로 행했던 일련의 공 연들, 그에 대한 찬사는 다름아닌 현대 실험극의 운명을 여실히 드러 내 주는 대목이다. 이러한 예로는 앞서 이야기한 영국의 피터 셰퍼가 그렇고 미국의 샘 셰퍼드가 그렇다. 그들의 기묘한 타협-내용에서 타협, 형식에서 실험-은 이제 하나의 성공을 보장하는 보증수표가 되고 있다. 피터 브룩의 경우는, 그의 다정한 부르조아 후원자들(주 로 옥스퍼드 출신들)에 의하여 운좋게 실험을 위한 실험을 계속하고 있다.

결국 반미학의 길을 걸어온 현대 실험극 정신의 쇠퇴와 오히려 그 과실을 응용한 상업연극의 번성이 뜻하는 바는 자명하다. 문제는 이 제 주류연극에도 이미 절대적인 영향을 미치게 된 현대 실험연극의 기법들, 특히 이런 무대의 활용을 뛰어넘는 새로운 실험에 도전할 것 이냐, 아니면 그 과실의 절묘한 배합을 시도할 것이냐, 하는 것이다. 천재이면서, 광인이면서, 사상가가 아니라면 선택은 분명하다. 그래 서 한계를 아는 범인은 슬프다.

현대 공연예술의 제도적 전환
- 마당극과 로버트 윌슨을 중심으로 -

1. 서 론

현대 공연예술은 경제적 기반에서 자유로울 수 없는가? 자본주의 네트워크에서 벗어날 수 없는가? 과거 60~70년대 실험극과 미술(프록서스, 대지미술, 키네틱 아트...등)은 이러한 명제에 대하여 명확한 자기선언을 통하여 사회와 자본주의 네트워크에 도전하고 반항하였다. 이들은 기존의 정치, 사회, 예술적 미학 근거 모든 것에 대하여 부정하고 자신만의 예술를 전개하였다. 이러한 현상은 우리 나라에서 일어난 '마당극' 도 일견 같은 맥락 속에 존재한다.

그러나 불과 20년이 넘은 지금 상황은 어떤가? 현대 실험극의 적자(嫡子)인 미국의 연극 연출가 로버트 윌슨과 한국의 마당극을 중심으로 그에 대한 질문과 해답을 얻어본다.

2. 본 론

1. 예술의 제도적 전환이란

예술의 제도적 전환이란 그 어떤 양식의 예술 형태가 원래의 의미와 내용, 그리고 형식이 시간과 공간, 혹은 주변 여건에 따라 그 모습을 바꿔 나타나는 것으로서, 대체로 그것은 의미와 내용이 크게 변질된 채, 형식 논리만 차용되어 전개되는 양상을 일컫는다. 특히 예술과 사회와의 관계가 불화에서 화해, 거부에서 결탁의 모습으로 나타날 때를 가리켜 '제도적 전환(Institutional Turning)'이라고 말한다. 이런 제도적 전환은, 특히 20세기 현대 예술에 두드러진 현상이다. 즉, 1878년 바쿠닌이 무정부주의 저널에 『아방 가르드(L'Avan-Garde)』라는 제목을 붙인 이후, 이 용어는 정치, 군사적인 용어라기보다 예술 용어로 자리잡았고, 특히 실험적인 현대 예술 전반을 지칭하는 의미로 사용되게 되었다. 그러므로 아방 가르드는 그 태생적인 의미로 인하여, 언제나 극단적인 정치적 입장을 배경으로 한, 동시대와 그 이전의 예술적 관습에 대한 거부와 적대감을 주된 기조로 삼고 있었다. 그러나 기존 미학, 혹은 제도에 도전적이었던 아방 가르드는 '파문된 아방 가르드'에서 '투쟁적인 아방 가르드'를 거쳐 '승리한 아방 가르드'에 이르러서는 그 도전과 거부의 대상이었던 기존 제도와 아주 평화로운 화해와 공존을 이루게 되었다.

이런 제도적 전환의 원인으로는 크게 두 가지 측면에서 기인한 것으로 보인다.

첫째, 창작자 입장에서 결국 예술가란 자신의 작품이 누군가에 의하여 향수되어야만 한다는 측면이다. 일반적으로 창조의 매카니즘은 창조-작품-수용의 단계를 거친다. 이러한 매카니즘은 창조의 과정이자 동시에 창조의 완성이다. 만약 예술가의 창조 행위만 있다거나 작품만 있을 때(즉, 향수자의 수용이 전혀 없는 경우) 예술이 완성되었다고 볼 수 없다. 또 어쩌면 예술가란 이미 창조의 과정에서 자신의 작품을 수용할 대상을 염두에 두었을 것이다. 거기에다 예술가는 자신의 창작품이 수용자에 의하여 완전하게, 혹은 또 그 이상으로 평가받기를 열망하는 욕구로부터 결코 자유로울 수 없다. 이런 측면에서 보자면, 현대 예술이 과거의 향수자(중세나 봉건의 귀족이나 패트론)들로부터 벗어나 자율성을 획득하여 도달한 대상, 즉 대중에게 무한정 신뢰를 보내기엔 어려운 점이 많았을 것으로 보인다.

우선 현대 예술의 급진적인 태도를 대중이 수용하기 어려웠을 뿐만 아니라, 일부 급진적인 예술가들이 선택한 자율성이라는 것이 오히려 대중을 배제하는 결과로 나타났기 때문에 그런 태도는 곧 다음 세대에 의해 거부(아방 가르드적?)되었다. 결국 아방 가르드 운동은 다시 자신의 작품을 인정해줄 대상을 찾게 되었고, 그 대상은 바로 일반 대중이 아닌, 교양있는 대중, 혹은 아량있는 기존 제도권이 될 수밖에 없었다.

둘째, 제도의 측면에서 권력이나 돈의 네트워크가 갖는 거대하고도 교묘한 힘의 측면이다. 일단 권력의 측면에서 보자면, 급진적인 문화 이론은 눈엣가시이지만, 또 수용해야 할 대상이다. 그들을 자신의 권력 반경 안에 집어 넣어 오히려 자신의 지배 담론을 확장시킬 수 있다고 믿기 때문이다. 그런 까닭에 그들은 급진적인 예술가를 적당히 개량화하여 자신의 지배 구조 속에 편입시키기를 주저하지 않는다. 그리하여 대형 기념비를 그들로 하여금 제작케 하거나 행사를 펼치게 만든다. 그런 결과, 급진적인 예술가들은 자신의 예술 정신을 담은 기념비를 민들었다고 생각하지만, 오히려 그것은 권력의 지배 이론을 상징하는 기념비로 남게 되는 것이다. 또 돈의 네트워크 측면에서 보자면, 현대 예술이 획득한 자율성이 바로 대중에게 소비된다는 것을 의미할 때, 그 상품소비구조에서 절대 자유로울 수 없다는데 있다. 그런 까닭에 혹자는 창작의 매카니즘을 창조-작품-제도-수용의 네 단계로 나누기도 한다. 즉 작품은 과거 수공업 시대와 달리, 소비자(수용자)를 바로 만날 수 없다는 운명을 말하는 것이다. 이러한 운명에 처한 예술가는 어쩔 수 없이 상품의 가치를 확보하기 위한 선택을 강요받는데, 이 시점에서 창조자는 최초의 정신, 혁명성을 계속 고집할 수 없게 되는 것이다.

결국 현대 예술은 어렵게 획득한 자율성을 포기하거나, 적당히 개량하거나, 아니면 현실과 유리된 채 혁명적인 전복성을 그대로 유지해야 하는 모순적 상황(aporia)에 빠지게 된 것이다. 여기에 상품소비구조 속에 편입되어 있는 예술가의 운명과 권력이 보여주는 교묘한 문화 정책은 그 어떤 선택도 쉽게 할 수 없도록 만들었다. 이러한 현상은 비단 바다 건너 남의 나라 이야기로 그치거나 관념적인 상황만은 아니다. 바로 우리 시대, 우리 예술 현상에도 적용되는 것이다.

2. 세계 마당극 큰잔치

1997년 9월 5일부터 25일까지 약 20일간 서울/경기에서 세계 마당극 큰잔치가 열렸다. 약 20억원의 예산이 소요되는 이 행사는 세계 공연예술 축제의 일환으로 치뤄지는 행사로서, 행사비의 대부분이 경기도의 예산 지원으로 이뤄졌다. 이외 기업체 협찬금, 국고 보조금, 문예진흥기금 등이 약간 있었다. 사업 집행의 전권을 맡고 있는 실행위원 14명은 한국연극협회에서 추천한 7명(정진수, 손진책, 문호근, 공호석, 심재찬, 김방옥, 김아라)과 전국민족극운동협의회가 추천한 7명(임진택, 채희완, 김창우, 김명곤, 임명구, 박인배, 박효선)으로 이뤄졌다.

알다시피 마당극은 '70년대초 유행처럼 번진 대학 탈춤과 그후의 창작 탈춤'에서 시작되어 70년대의 현실문제를 소재로 삼아, 무대극에 반대되는 개념으로, 마당에서 벌어져 온 제반 연행 행위를 가리킨다. 때로 마당극이라는 용어 대신 마당굿이라는 용어가, 또는 민족극이라는 용어가 사용되기는 했지만, 일반적으로 마당극이라는 용어 속에는 원초적 제의성을 강조한 마당굿과 좀더 세련된 양식화를 덧붙인 무대 위의 마당극, 즉 민족극까지를 통털어 마당극이라고 부르는 데 큰 이견이 없다. 그러나 그 이름이 어떻게 불리든 마당극은 그 출발이 '민주화를 위한 투쟁의 열기를 다지고 그것을 집단적 신명으로 복돋우는 우렁찬 독전의 북소리'였고 '싸움의 한복판에서 공연'되어, 마당극은 이미 그 자체로 '저항이요, 투쟁인 이 시대의 싸움굿'이었다. 때문에 70년대 중반에서 80년대 초반에 걸쳐 마당극을 한다는 것은 물론, 마당극을 본다는 것조차 금기의 대상이었다. 이 당시 마당극을 보고나서 "금지된 종파의 비밀예배에 참석한 신도들처럼 이상한 열기에 들떠 있었다"고 증언한 것은 그러한 현상을 잘 나타낸 말이다. 필자 역시 80년대초 대학에서 마당극 같지 않은 마당극(마당극이라고 히였지만 마당극이라고도 할 수 없는 변형된 무대극 형태의 공연)을 할 때조차, 연습은 물론 공연장까지 형사들이 따라다니고, 전투경찰들이 배치된 가운데서 공연해야 했던 경험이 있다.

그런데 이러한 마당극이 축제를 벌이게 된 것이다. 그것도 정부와 기업의 보조금을 받아, 바로 이 나라의 중심부인 서울과 경기에서 한바탕 난장을 벌이게 된 것이다. 더욱이 이 행사에 실행위원을 맡은 전국민족극운동협의회의 7명은 과거 정부로부터 요주의 인물로 지목되었던 인사들이 대다수다. 이런 요주의 인물들이 '전권'을 위임받아 국내 대표적인 마당극 10편과 해외 작품 10편을 선정, 유치, 홍보, 공연, 기록, 그리고 재정의 수입과 지출을 책임지게 되었다.

이런 결과, '그 자체로 저항이요, 투쟁인 이 시대의 싸움굿'은 '21세기 문명의 전환을 예비하는 하나의 문화행동(세계 마당극 큰잔치 기획 의도와 배경)'으로 모양을 바꾸게 되었으며, 슬로건도 '민주화'라든가 소외당한 사람들의 삶이 아닌, '자연으로 돌아가자, 미래로 나아가자, 문화로 돌아가자.'라는 지극히 애매모호하고 관념적인 방향성을 갖게 되었다. 이로 인하여 마당극은 이제 과거와 같은 투쟁성과 선동성을 잃고, 그 형식만 남아 대중 앞에 보여지게 되었다. 즉 세계 마당극 큰잔치의 기획 의도를 밝힌 글에서 "마당극은 우리 민족의 연회 전통에 바탕을 둔 고유의 연극 양식과 정신을 이어받아 새롭게 창조한 현대의 야외 현장극이다"라고 선언한 내용만이 과거 70년대의 마당극 흔적을 발견할 수 있는 유일한 내용이다. 그런데 그것은 마당극을 형식만으로 정의내린 것에 불과하다. 마당극의 본질이 되었던, 투쟁성, 선동성을 밝힌 글은 어디에도 없다.

3. 마당극의 제도적 전환 이후의 과제

마당극이 희미한 추억과 명망에 기대어 정부 보조금을 받은 축제의 장으로 넘어간 이후 마당극의 미래는 어떻게 될 것인가? 이제야말로, 이 시대의 가장 역동적인 자생 문화 운동의 표본인 마당극의 새로운 방향과 방법을 모색해야 할 시기인 것 같다. 마당극이 대상으로 삼았던 민족현실(반외세, 분단극복, 통일), 민주화, 농민, 노동자, 도시빈민, 공해, 여성 등의 문제가 아직 가시지 않고, 오히려 교묘해지고 정교해진 이 시대에, 그에 맞는 새로운 내적 논리의 마당극이, 그리고 새로운 창작 논리를 가진 마당극이 출현해야 할 때인 것이다.

그러기 위해서 마당극의 첫째 원리인 '마당'의 개념을 중심으로 생각할 수 있다. 즉 마당, 그 자체에 더욱 집중하는 방법과 또 하나는 그 마당의 개념을 더욱 확대하는 것이다. 그리하여 그 전자의 방법은 현실 문제에 직면한 바로 그 자리, 공장이나 농촌 현장, 혹은 교육이나 환경 파괴 현장에서 마당극을 펼치는 것이다. 이는 이미 마당극의 탄생 때부터 실행해오던 기본적인 전략이기도 하다. 그러나 과거 그것이 이념적인 투쟁 목표를 감춘 의도적인 접근 방식일 경우가 많앗다. 그런 까닭에 농촌이나 노동자, 도시 빈민들에게 완전히 다가가지 못하고, 때로는 그들로부터 기피되는 경향마저 있었다. 이제는 오히려 그들 문제, 그 자체에 집중하여 마당극을 발전시켜야 할 것이다. 이는 주로 과거 마당극 중심세대가 아닌, 현세대의 몫일 것이다. 그리고 후자의 방법으로, 마당의 개념을 확대하여 미당극을 풍성하게 발전시키는 방향은 주로 과거 마당극의 중심 세대였던 사람들에 의해 이뤄져야 할 것으로 보인다. 이들은 과거 마당극의 창작 경험을 바탕으로 광범위한 대중을 설득할 수 있는 새로운 마당극 형식을 창조해야 할 것이다. 때로 그것은 서구식 극장조차 마당의 개념으로 확대시켜야 한다. 이는 단순히 마당극 형식의 확대가 아닌, 마당극이 담고 있던 내용의 선진성을 더욱 확대·확산시키는 데에 진정한 의미가 있는 것이다.

또 새로운 마당극을 모색함에 있어 고려해야 할 사항은 그 물적인 토대를 어떻게 형성시킬 것인가 하는 문제다. 과거 마당극이 그 물적 토대를 공연자 중심의 추렴 내지 품앗이로 이뤄져 있다면, 앞으로의 마당극은 그 물적 토대에 대한 새로운 접근이 필요하다. 이는 과거 마당극의 주역들이 생존 그 자체를 위해 마당극의 현장을 떠나거나 기존 상업화된 무대극으로 투신하는 것을 볼 때, 영구적인 물적 토대 구축이 절대 필요하다. 그것이 비록 자본주의적 상품소비구조 형식이 될지라도 말이다.

그러나 꼭 잊지 말아야 할 것이 있다. 그것은 마당극의 생명이라고 할 수 있는 풍자와 신명의 정신을 잊지 않는 것이다. 자칫 잘못하면 풍자가 가벼운 웃음으로, 신명이 광기로 변질될 수 있음을 명심하고,

그 기본의 정신이 손상되지 않도록 경계를 게을리 하지 않아야 한다. 그 옛날 마당극의 풍자 대상이 더욱 교묘해지고 정교해진 이 시대에 요구되는 것은 더욱더 날카롭게 풍자의 칼날을 가는 것이다. 대상 그 자체를 어르고 놀리는 것만이 아닌, 그들의 조작된 이미지, 혹은 상징의 허구를 깨는 풍자의 칼날이 필요하다. 신명 역시 버릴 수 없는 마당극의 유산이다. 우리 민족 심상 저변에 깔린 이 신명의 원리를 통해 우리는 오늘날 우리가 가진 문제를 유효적절하게 전달할 수 있고, 또 공동의 의식으로 발전시켜나갈 수 있는 가능성이 있다.

'마당극은 애당초 완결된 외국의 어떤 모델이나 이론을 이식하거나 모방한 것이 아니고 지금, 이곳의 마당판에서 벌어진 공연 경험이 축적되면서 태어난 새로운 연극' 이니만큼 그 발전 가능성 여부 역시 지금, 여기에 사는 우리에게 달려 있는 것이다.

4. 돌아온 탕아에게 융숭한 대접을 - 로버트 윌슨

1896년 알프레드 자리의 『우부 대왕』 공연에서 배우가 뱉은 첫마디-"똥을 쌀(merde)"-로부터 시작한 현대연극의 길고도 혼돈스런 여행은 이제 끝난 듯 보인다. 간간히, 그 후배 탕아들에 의하여 또다른 여행이 시도되지만 그 옛날처럼 요란하거나, 또 주목을 끌지는 않는 것 같다. 오히려 귀향한 탕아들이 부모의 유산을 받아, 한번도 집 밖으로 나간 적이 없는 자식보다, 더 풍족한 생활을 영위하고 있는 듯 보인다. 물려받은 유산말고도 여행을 통해 얻는 다양한 경험이 있으므로, 돌아온 탕아의 신나고 풍요로운 삶은 당분간 계속될 듯 하다. 안정되고 풍요로운 집안에 머물며.

탕아가 돌아오자, 기뻐한 것은 부모 뿐만이 아니었다. 이웃과 그 마을의 영향력 있는 세도가 역시 돌아온 탕아를 환영하고 후대하였다. 그리하여 탕아는 과거의 잘못을 적당히 참회하며 과거 자신이 버렸던, 혹은 거부했던 집안의 관습과 예의를 인정하기 시작했다. 그리하여 이제는 그/그녀는, 누가 뭐래도 한 집안의 어엿한, 다음 세대를 이어갈 아들 딸이 되었다.

60년 전후의 시기로부터 70년대 중반까지 세계 연극은 탕아들의 반항이 절정에 오른 시기였다. 캐프로와 머스 커닝햄의 해프닝, 주디스 말리나와 줄리안 벡크의 리빙 시어터, 그로토프스키와 폴란드 실험극단의 가난한 연극, 조셉 체이킨과 펠드만의 오픈 시어터, 리차드 셰크너의 환경연극... 그들 모두 연극의 아방 가르드 적자(適者)로서의 기질을 유감없이 발휘하였다. 그러나 그들은 곧 대중의 외면, 전복 대상의 상실, 거대해진 자본주의의 위(胃腸)... 등으로 해산하거나 해체되었다. 겨우 남아 있는 몇몇은, 말 그대로 '살아남은 자의 슬픔' 속에서 살고 있을 뿐이다.

그러나 가출하였지만 재빨리 집으로 돌아온 몇몇, 즉 피터 브룩, 피터 셰퍼, 샘 셰퍼드, 아리안느 므누슈킨, 하이네 뮬러, 로버트 윌슨... 등은 그 어느 때보다 화려한 각광을 받으며 대대로 내려오는 가업을 더욱더 번창시키고 있다. 이 중에서도 특히 로버트 윌슨은 현대 예술이 그토록 파괴하려고 하였던 '아름다움의 미학' 그대로를 가지고 집안의 번창에 기여하고 있다.

1971년, 미술과 건축으로 학위를 받은 텍사스 태생의 로버트 윌슨 (당시 29세)은 춤과 동작에 의한 치료법에 반응을 보인 정박아들을 위해 자신이 여가시간을 활용하여 봉사를 시작했다. 춤은 그에게 항상 관심의 대상이었고, 어린이들과 일한 결과로 그는 춤과 연극에 모든 시간을 다 바치기 위해 그림을 중단했다. 곧 그는 세 편의 긴 작품을 만들었다. 그 중 하나가 3시간짜리 『벙어리의 눈짓(Deafman Glance)』이었다. '침묵의 연극' 스타일인 그의 연극은 언어에 의존하기보다 무대 공간을 움직이는 거대한 그림들로 구성된 일종의 꼴라주였다. 사람, 인형, 가면을 쓴 형상들, 종이에 풀먹여 만든 동물들, 진짜 동물들, 식물, 건축 구조 및 여러 가지 동작들과 물체들로서 매우 느린 속도로 무대 위에 동시에 병치되어 나타났다가 사라졌다. 그리하여 그 효과는 '예술의 세계와 반(半)의식적이며 해시시 (hashish)한 마리화나의 희미한 세계 속으로 들어가는 듯' 한 느낌을 주었다. 이러한 특성으로 인하여 그는 '신-초현실주의자' 라는 말을 듣게 되었다. 즉 1919년부터 약 20년간 유럽을 휩쓸었던 전위적인 예술 운동이었던 초현실주의는 '경험의 경계를 넘어서려고 애썼으며, 현실을 본능적이고 잠재적인 꿈의 경험과 융합시켜서 논리적이며 실재하는 현실, 그 자체를 바라보는 시각을 확장시키려' 했다. 그들은 단순한 꿈의 재생산이 아닌, '논리적으로 상관이 없는 대상들을 암시적으로 병치해 꿈의 특정한 감성적 특질을 전달' 하려는 '비논리적 병치의 방법' 을 사용했었는데, 바로 로버트 윌슨이 연극에서 그와 같은 방법을 사용한 것이다. 그리하여 그는 '만화경적이긴 하지만 산발적인 것이 아니라 매우 조심스럽게 계획' 하여 '복잡하면서도 아름다운 공간 구성', '정교한 조명 계획, 풍성한 의상과 분장' 등을 무대 위에서 실현시켰다. 그런 까닭에 그의 연극은 '신화, 환상, 종교와 문학의 세계에서부터 상징적인 형상들을 상기시키도록 도안·설치되었고, 그 순간마다 한 폭의 유명한 그림, 조각품, 고대건축의 벽화를 보는 것' 같은 효과를 내었다.

미술학도 출신답게 로버트 윌슨은 자신의 연극 작품에서 예외없이 '회화적이고 시각적인 시도를 했고, 그것을 설명하기 위해 '내폐적(autistic)'이라는 용어'를 썼다. 그리고 그는 1960년대 미국의 '예술가 연극'에서 영향을 받기도 하였는데, 예술가 연극은 잭슨 폴록의 액션 페인팅과 쿠르트 슈비터스의 다다주의 콜라주를 결합시켜 발전시킨 연극 형태였다. 이런 연극적 실험들은 또 존 케이지의 영향을 받은 것이기도 했는데, 바로 존 케이지의 불확정성(indeterminacy) 원리가 바로 그것이다. 그런데 이것 역시 다다에 그 원천을 두고 있다. 그래서 윌슨과 함께 작업하는 작곡가 케이지의 후예인 필립 글래스라는 사실은 그리 놀랄 일이 아니다.

이후 로버트 윌슨은 『카 마운틴과 가르데니아 테라스』(72년 이란의 쉬라즈 페스티벌에 출품되어 7일 동안 약 268시간에 걸쳐 공연됨), 『빅토리아 여왕을 위한 편지』, 『황금의 창』, 『알세스티스』, 『4중주』, 『내란:나무는 베어 넘어졌을 때 가장 잘 잴 수 있다』(84년 올림픽을 위해 제작된 것으로 20시간이 걸리는 작품, 그러나 올림픽 때는 일부분만 공연되었음), 『리어 왕』... 등이 있다. 이 기간 동안 윌슨은 주로 유럽에서 독일인 극작가 하이너 뮐러와 작업을 했으며, 미국의 마약문화 이미지들을 일본 연극의 테크닉과 결부한 작품을 만들었다. 그런 까닭에 그는 80년대 후반에는 주로 일본의 노와 가부끼에서 훈련받은 일본인 무용수, 일본인 의상 디자이너 등과 함께 작업을 했다.

그러나 윌슨의 작업은 어떤 기준으로 봐도 반연극에서 주류로 옮아 갔다. 그의 작업은 점점 더 복잡해지고 돈이 많이 드는 무대를 요구했다. 1984년 올림픽 예술제에서 『내란 : 나무는…』의 전막이 공연되지 못한 것은 단순히 오랜 시간이 걸려서가 아니라 무대를 제작하는 데만도 250만 달러가 필요했기 때문이었다. 이후 그는 오비상, 구겐하임 연구비, 록펠러 재단 지원금 등을 받아 유럽의 여러 도시에서 작품의 부분부분을 나누어서 공연하였다. 이처럼 윌슨의 공연은 대형 무대, 수많은 무대 기호, 다양한 예술 매체를 이용하는 총체적이고 종합적인 연극이 되었고, 그런 공연을 성사시키기 위해 여러 기관으로부터 재정적인 지원을 받았다. 그리하여 마침내 그는, "윌슨과 뮬러, 므누슈킨의…. 아방 가르드 운동의 특징이었던 애초의 무정부주의는 고급예술로 변형되고 있다"는 평가를 받게 되었다.

흔히 예술적 매체는 그 자체가 중요한 것이 아니라, 그것이 사용되는 사회나 역사적 맥락에서 파악되어야 한다고 한다. 즉 예술적 매체란 단순히 예술 작품을 완성시키는 데 필요한 재료, 혹은 작가의 특성을 드러내는 것을 넘어 작가가 세계를 해석하는 전략이나 상징인 것이다. 이런 의미에서 윌슨이 사용한 수많은 무대 요소, 그리고 그것들이 만들어낸 볼거리(spectacle)는 분명 또다른 해석을 요구한다고 볼 수 있다. 그와 같이 아방 가르드 연극의 전통 위에 서 있던 선배들, 예를 들면 그로투프스키는 '가난한 연극'을 주장하면서 다음과 같이 말했다.

> 연기자들은 안면근육으로 가면을 만들어 낼 수도 있고 수
> 레 하나를 가지고도 관이나 침대, 벤치 등으로 사용할 수 있
> 다. 색깔 있는 옷으로도 결혼 예복, 수의, 관복 등으로 쓸 수
> 있는데 분장, 소도구, 의상이 왜 필요하단 말인가? 연기자들
> 의 손과 발이 현악합주 같이 대위법적으로 사용되거나 화음
> 으로 사용될 수 있다. 고정된 물체의 둘레를 연기자가 움직
> 일 때 클리이그 조명 하나만으로 충분히 그림자나 움직임의
> 뉘앙스를 표출할 수 있는데, 구태여 조명이나 음악이 무슨
> 소용이 있겠는가? 연기자가 섬세한 교향악단처럼 말하고 노
> 래하고 속삭일 수 있는 것은 물론이며 연기자들 자신의 몸
> 이 리듬을 지닌 언어를 갖고 있는데 왜 일상적인 언어나 전
> 통적인 단어에만 제한되어야 하는가? 연기자들과 관객이 보
> 다 직접적인 소통을 할 수 있는데 전통적인 장치가 무슨 필
> 요가 있는가? 신화나 고전도 현대적인 각도로써 다시 해석
> 될 수 있는데 왜 새로운 작품이 사용되어야 하는가?

그로토프스키는 연극에 배우, 무대, 관객만 있으면 가능하다고 본
것이다. 피터 브룩 역시 이와 비슷한 견해를 피력하였다. 자신의 연
출 세계를 집필활동으로 증명한 몇 안 되는 연출가인 그는, 자신의
저서 『빈공간』에서 "나는 어떤 빈 공간을 설정하고, 그것을 텅 빈 무
대라 부른다. 다른 사람들이 지켜보는 동안, 배우는 이 빈 공간을 가
로질러 간다. 그리고 이것이야말로 연극의 행위에서 필요로 하는 전

부인 것이다." 라고 말했다.

그러나 윌슨은 아방 가르드 연극 선배들의 전통 중, 연극 4요소라고 하는 희곡(언어)을 경시한 것을 제외하고는 완벽하게 달랐다. 즉 배우는 수많은 무대 요소들 중 하나인 것처럼 사용되었으며, 오히려 소홀히 취급하는 것처럼 보이기도 했다. 오히려 그가 중요시한 것은 무대 위의 그림, 즉 정지된 시간 속의 조형성이었다. 이런 측면에서 본다면 윌슨은 지극히 반연극적이면서도, 또 반아방 가르드적인 독특한 성격의 연출가인 셈이다. 그러나 이런 창작 방식은 아방 가르드에 있어 그리 낯선 것이 아니다. 1952년 블랙 마운틴대학 구내 식당에서 존 케이지와 올센버그가 벌린 해프닝에서 총체 예술의 개념이 싹 튼 이후, 많은 사람들에 의해 이와 같은 공연 형태, 즉 다양한 장르의 예술 형태가 모여 하나의 공연을 하였기 때문이었다. (윌슨의 총체 예술적인 양상은 장 루이 바로의 총체극적인 성격보다, 차라리 현대 미술사에 많이 등장하는 총체 예술의 성격이 짙다. 아마, 이런 특성은 그가 미술학도 출신이라는 것에서 기인한 듯 하다.)

그럼에도 불구하고, 윌슨이 선택한 연극 방식, 즉 수많은 무대 요소와 볼거리는 현대와 같은 대량소비사회와 영상중독시대에 연극이 표출할 수 있는 적절한 전략인 듯 보인다. 막대한 물량 공세는 다름 아닌 대량소비사회의 한 단면일 수 있고, 바로 그 대량소비사회의 미학일 수 있다. 또 그가 선택한 조형적인 아름다움, 그 화려한 볼거리는 다름아닌 넘치는 영상문화의 특성이다. 그런 전략 위에 구축한 그의 신비적이고 동양의 선(禪)적인 태도는 병든 사회를 위한 진혼곡인 것이다. 또 그가 주장하듯, 무대 위를 배우 한 명이 가로지르는데 하루 저녁이 소모되는 그의 '느린 동작'은 바로 '빠른 세계로부터 해방'인 것이다.

그러나 윌슨은 그 모든 전략과 태도, 즉 예술적 매체는 궁극적으로 자본주의적이다. 왜냐하면 그런 대량/영상적인 방법은 바로 대중과의 욕망과 맞닿아 있기 때문이다. 대량생산이란 다름아닌 대량소비의 꼭지점이기 때문이다. 그러기에 그가 의도하든 의도하지 않든 그의 공연은 대규모 극장에서 공연되는 고급예술이 되었고, 제도권에 의하여 보호·육성되는 연극이 된 것이다. 그러므로 그의 작품 『빅토리아 여왕을 위한 편지』가 브로드웨이에서 공연된 것이 결코 놀랄 만한 일은 아닌 것이다.

어차피 현대에 있어 장르의 개념은 19세기 고전주의 때처럼 꼭 지켜져야 할 관습이 아닌 것처럼, 공연 예술에서도 장르간의 파괴와 협업이 종횡으로 이뤄져 왔다. 무용과 음악은 물론, 무용과 연극, 연극과 미술, 그리고 심지어 일상 생활과 연극이 섞여 공연되기도 하였다. 이런 것처럼 윌슨이 무대 위에 미술의 조형적이고 총체적인 방법을 사용한 것은 결코 비판받을 만한 것은 아니다. 오히려 유효 적절할 수도 있다. 그러나 잊어서는 안 될 것은 그가 알프레드 자리의 『우부 대왕』에서 "똥을 쌀"하고 저주했던 바로 그 자본주의적 악덕과 평화롭게 타협한 지점에 서 있다는 것이다. 그것은 형식과 방법이 아무리 신비롭고 아름다우며 '내폐적'이라도, 곧 타락한 세계로의 귀순을 앞두고 있는 것처럼 위태로워 보이기 때문이다. 그것은 탕아가 돌아와 아무리 어여쁜 짓을 해도 마음 한구석엔 왠지 꺼림칙한 것과 같다.

3. 결 론

　이제 현대 공연예술계는 자본의 네트워크에 도전하는 것이 아닌, 그들의 보호와 육성에 의하여 안주하고 있다. 이제 그들의 문제는 공격이 아니라 대접이 된 것이다. 대접받지 못하면 발언할 수 없는 극단적인 상황, 이 기막힌 동거 관계를 끊을 수 있는 방법은 무엇일까? 흔히 생각할 수 있는 대중 속으로 들어가, 그들의 익명의 다수 패트론을 위해 복무하면서 예술의 자율성을 획득할 수 있다고 생각할 수도 있겠지만, 대중매체의 급격한 발전과 융성은 이들 기존의 예술 장르의 귀환을 달갑게 생각하지 않을 수도 있다. 그건 이미 그들의 기호와 취향이 바뀌었기 때문이기도 하지만, 무엇보다도 기존의 예술 매체가 아직까지 고담준론과 원칙론의 엄격함을 유지하고 있다는 데더 문제가 있다. 이제 문제는 두 개의 방향이다. 예술의 자율성, 그리고 새로운 미학이 바로 그것이다.

제4의 벽, 경계에서 접점으로

극장막의 종류는 많다. 그러나 그 중에서 가장 중요한 막은 아무래도 면막(act curtain/grand drape/house curtain/main curtain)일 것이다. 흔히 극장에서 '대막'이라고 부르는 면막은 객석과 무대를 구분할 뿐만 아니라 객석이라는 현실의 세계와 무대라는 환상의 세계를 경계짓는 중요한 역할을 한다. 또한 그 면막에서 극장마다 그 극장을 상징하는 문양과 장식을 통하여, 해당 극장의 권위와 의미를 관객들에게 사전에 제시한다.

우리나라에서는 흔하게 십장생(十長生)이나 지역의 자연풍경을 담은 경우가 많지만, 유럽의 오랜 극장은 그 극장의 설립과 관련된 왕족이나 귀족의 문장이 장식된 경우가 많다. 그러나 특이한 경우로는 모스크바의 모스크바 예술극장의 면막에는 갈매기가 그려져 있다. 이는 현대 사실주의 연극의 완성자인 안톤 체홉의 작품 『갈매기』 공연(스타니슬라브스키 연출)을 기념하기 위해서다. 이와 같은 면막은 객석과 무대의 구분이라는 현실적인 필요만이 아닌, 그 극장 혹은 그 극장이 소재한 지역의 역사성과 상징성을 담아내는 상징물이기도 하다.

그러나 이러한 면막이 언제부터 시작되었는 지는 명확하지 않다. 르네상스 시기 이태리에서 시작된 실내극장은 그 이후 프랑스와 영국, 그리고 유럽 각국으로 퍼져나갔다. 오늘날 프로시니엄 극장의 원형이 되는 이태리 파르마의 파네제 극장(Teatro Fanese : 영어식 발음 파네스 극장, 1618년 완공)에 면막이 있었는지 분명하지 않다. 그러나 분명한 것은 현대의 프로시니엄 극장의 형태와, 그 원형이 되는 로마의 극장 이행기에 생겨났던 올림피코 극장(Teatro Olympico, 1585년 완공)은 기존 로마극장의 '왕의 문'[1] 등 다섯 개의 출입구에 커튼이 쳐져 있었던 것으로 추정될 뿐, 그 앞의 프론스 스케네 전체를 가릴 수 있는 막은 존재하지 않았다. 그러나 '왕의 문' 앞에 어떤 식으로든 커튼이 있었다면, 그것이 오늘날 면막이라고 간주해도 지나치지 않을 것이다.

이후 면막은 극장의 발달과 시대의 변화에 따라 다양한 형태로 나타났을 것으로 추정된다. 그러나 19세기 사실주의 연극이 본격적으로 전개되기 전까지는 단순히 장식과 배우들의 등퇴장 혹은 공연의 시작과 끝을 알리는 역할에 한정되었다. 이와 같은 추측이 가능한 것

---

1) 고대 그리스와 로마 극장의 연기공간인 프로스케니언(이태리에서는 프론스 스케네)의 뒷면 중앙에 세워진 거대한 출입구. 르네상스 이후 이 공간이 확대되어 무대가 된다. 동시에 프로스케니언은 사라지면서 무대 전면의 프로시니엄 아치(무대틀, 오늘날 프로시니엄 극장이라고 불리는 계기)가 된다.

은 그 당시에 공연이라 함은 객석과 무대 위에 동일한 촛불 샹데리아가 켜져 있었으며, 객석은 오늘날과 같이 침묵과 경건함을 요구하는 것이 아닌 자유로운 이동과 음식섭취 등이 허용되었기 때문이다. 즉 공연은 일종의 오락과 취미생활의 영역일 뿐이었다.

그러한 위치의 공연(정확하게 표현하면 '예술')이 독자적인 권위와 자율성을 획득하기 시작하고, 시대적으로 예술이 현실 반영이라는 자연주의/사실주의의 등장으로 인하여 무대는 현실의 모습을 정확하게 재현하는 공간으로 변하기 시작하였으며, 공연하는 과정 역시도 현실의 모습과 상황을 그대로 재연하기 시작하였다.

오늘날과 같은 연출자의 기능을 최초로 수행하였던 독일 삭스 마이닝겐 공작(게오르규 2세)과 프랑스 자유극장의 창시자인 앙트완은 무대 위의 배우로 하여금 관객을 의식하지 못하게 하였으며, 무대 위의 현실 그 자체에만 몰두하도록 하였다. 즉 무대와 객석 사이의 공간을 제4의 벽이라고 지칭하며, 이 공간은 무대 위의 배우에게는 '없지만 있는 벽'인 셈이고, 관객에게는 다른 사람의 인생을 엿보는 관음의 창문인 셈이다. 심한 경우, 앙트완은 연습할 때 어느 쪽이 관객 방향인지도 알려주지 않았다.

이와 같은 연출자들의 배우에 대한 엄격한 통제는 관객들에게도 강요되었다. 즉 기존의 객석 샹데리아 불을 끄고, 오직 무대 쪽만 불을 켰으며, 나아가 관객들이 떠든다거나 음식을 먹는 행위, 그리고 극 중간에 오가는 행위를 금지시켰다. 이로 인하여 이제 무대는 타인의 삶이 진행되고 있는 환상의 공간이 되었으며, 관객은 숨죽여 그들의 인생을 엿보는 공연에 있어 타자가 된 것이다.

오늘날 공연은 관객으로 하여금 타자가 아닌 참여자가 되도록 유도한다. 그렇기 때문에 배우들은 가끔 객석의 관객에게 직접 말을 걸기도 하고 관객을 무대 위로 올라오도록 하기도 한다. 이와 같은 연장선에서 요즘 공연에서는 공연 전에 면막을 아예 올려놓기도 한다. 이는 객석과 무대의 경계를 허물고자 하는 시도다. 면막에 의하여 감추어졌던 타인의 공간이 드러나는 것이 아니라, 객석으로부터 확장된 삶의 연장공간이라는 메시지인 셈이다.

참고로 동양의 극장은 전통적으로 이와 같은 면막이 존재하지 않았다. 한국의 판소리, 중국의 경극, 일본의 노나 가부끼는 공연공간과 관람공간이 느슨하게 구분되어 있었을 뿐이었다.

이제 세계는 포스트모더니즘의 시대다. 이른바 해체와 재통합의 시대인 것이다. 상하좌우가 소통하고, 질서와 혼돈이 섞여있다. 이와 마찬가지로 극장의 면막은 과거처럼 객석과 무대를 단절시키는 경계가 아닌 새로운 의미, 즉 무대와 객석이 서로 삼투할 수 있다는 상징의 공간으로 작동될 수 있다. 즉 이제 면막은 제4의 벽이 아닌 동일한 역사를 살아가는 우리 모두를 연결시켜주는 접점인 셈이다.

연극이 희곡은 아니다

　이제 어느 누구도 희곡이 연극의 유일하고도 전지전능한 창조자라고 생각하지 않는다. 현대연극으로 들어서면서 유포되기 시작하고, 60, 70년대 전위연극의 시대를 거치면서 이데올로기가 된 이러한 생각, 즉 연극은 희곡의 시녀도 아니고 해석자도 아니며 또 연극의 본질은 배우와 관객, 그것이라는 것에 대하여 반박할 의도는 전혀 없다. 잘 알고 있고, 또 인정하다시피 희곡 훨씬 이전에 이미 연극은 존재했으며, 또 앞으로 희곡이 없이도 연극은 존재할 수 있다. 당연하다.

　그러나 이 논리가 연극에서 연출가의 지위를 강화시켜주는 데에만 사용되어서는 안 된다. 이러한 논리를 기반으로 연극이 한 연출가의 창작품 정도로, 혹은 연출가 마음대로 작품을 뜯어고칠 수 있는 것으로 치부되어서는 절대 안 될 것이다. 희곡이 연극의 전지전능한 경전이 아닌 것은 분명하지만, 그렇다고 무작정 '구멍 뚫린 텍스트'나

'불완전하게 종결된 문학작품' 만도 아니기 때문이다. 연극이 희곡이 아닌 것처럼 희곡 역시 연극이 아니다.

왜 이렇게 시작하는가? 그것은 오늘의 평론이 연극만을 보고 희곡도 읽은 것처럼 착각하는 것이 아닌가 하는 의구심 때문이다. 물론 대다수 평론가들이 그 어떤 연극 종사자보다 충분한 희곡을 읽고, 또 연극을 볼 것이다. 그러나 그건 외국의 작가나 아니면 국내 작가라 할지라도 불과 몇몇의 작가에 국한되지 않을까 생각된다.

이제 막 연극계에 발을 내미는 작가의 공연일 경우, 연극을 보기 전에 희곡을 구해 읽어보는 평론가가 과연 몇 명이나 될까? 아니, 그보다도 연극을 보고나서라도 희곡을 구해 읽어본 뒤, 평을 쓰는 평론가가 과연 얼마나 될까?

개인의 경험만을 기준하여 말한다면, 공연 이후 내 작품에 관한 평을 쓴 평론가들이 작가 개인으로부터나 극단으로부터 희곡을 구해 갔다는 말을 들은 적이 없다. 그런데 평을 읽어보면, 작가는 어떻게 어떻게 썼다거나 의도했다라는 해석을 빠짐없이 덧붙인다.

희곡이 연극이 아니라는 논리가 성립된다면, 역으로 연극이 희곡이 아니라는 것도 성립한다. 때문에 작가의 의도는 연극을 통해 나타나기보다 희곡을 통해 나타난다. 아무리 연출가와 배우가 희곡의 의도대로 표현했다고 해도, 그것이 작가의 의도는 아니다. 심지어 오늘날처럼 연출가의 연극이 강조되는 시기에 공연되는 연극이 작가의 의도대로 이뤄졌을 것이라고 어림잡아 작가의 의도 운운하는 것은 참으로 무책임한 발언이다.

물론 평론가란 연극을 보고 글을 쓰는 사람이라고 말하는 사람도 있을 것이다. 그리고 희곡이란 마치 조명이나 무대 미술처럼 단지 연극의 한 구성 요인 중에 하나라고 말하는 사람도 있을 것이다. 그렇기 때문에 연극으로 드러나 것으로 그 모든 것이 어우러져 평가를 받는 것이라고 말하는 사람도 있을 것이다. 그러나 조명이나 무대 미술이 만들어진 그 어떤 대상을 위해 복무하는 형태로 존재한다면 희곡은 없는 데에서 있는 것으로 되는, 즉 진실로 창조라는 것이다. 때문에 희곡이란 충분히 그 하나만으로 독립된 예술로 인정받을 자격이 충분하다는 것이다.

평론가는 연극을 볼 때, 그 뒤에 연극을 보는 것만이 아닌, 읽혀지기를 기다리는, 또 느껴지는 것만이 아닌, 생각케 하는 것으로 여겨지기를 기다리는 또 한 명의 사람이 있다는 것을 명심해야 할 것이다. 왜냐하면 작가는 조명이나 무대미술가와 달리 인간과 사회에 대한 자기 나름의 해석과 전망, 그리고 참여를 희곡이라는 극적 체계에서 발언하는 존재이기 때문이다. 절대 단순히 연극으로 만들어지기만을 기다리는 수동적인 존재가 아니다.

평론가는 소비 구조를 전제로 존재한다. 예술 작품이 상품으로 소비되지 않았다면, 평론가의 지위는, 분명 지금과 달랐을 것이다. 예술 작품이 시장으로 나와야 하고, 또 상품으로 소비되어야만 존재할 수 있는 오늘의 처지, 거기서 평론가는 소비를 촉진하거나 둔화시키는 결정적인 역할을 한다. 또 평론가는 그런 역할을 수행하면서도 동시에 자신을 또 상품으로 소비 시장에 내놔야 한다.

여기서 필요한 것은 평론가 역시 정당하고 올바른 노동을 해야한다는 것이다. 부당한 노동 행위나 불공정한 경쟁은 안 된다. 이 지점에서 평론가의 정당하고도 올바른 노동 행위는 다름 아닌, 연극의 의도와 작가의 의도, 그 경계와 차이를 분명히 구분하는 것도 포함된다. 그 차이에서 평론가는 작가보다 뛰어난 연출가와 배우의 능력도 발견될 수 있고, 또 실패한 연극에서 가치있는 작가의 세계를 만날 수도 있다. 그 미묘한 차이를 변별해낼 수 있는 능력과 성의를 갖춘 평론가가 새삼 그립다.

다른 공간, 다른 관객
― 『햄릿 1999』, 『아리랑』, 『사람이 있는 풍경』 ―

저 공간에서 무엇인가 일어난다

약속된 공간을 들여다본다. 거기에 무엇인가 있다. 그리고 무엇인가가 벌어질 것이다. 사람들은 그것을 기대하고 이곳에 와 있고, 또 그건 이미 약속되어 있다. 공간 저 너머 배우들은 지금쯤 분장을 마치고 의상을 갖춰 입고 호흡과 발성을 가다듬으면서 약속된 공간으로 차원이동할 준비를 마쳤을 것이다. 오랫동안 숙련되고 경험한 배우라도 이 순간, 긴장하지 않을 수 없고, 너무나 많이 연극보기에 실망했던 관객이라도 이 순간, 기대감에 설레지 않을 수 없다. 왜냐하면 저기 저 새로운 공간에서 무엇인가 비범한 일이 벌어질 것이기 때문이다. 진부한 우리네 삶과 다른 격렬하고 진지한 삶의 다른 한 형태가. 그건 약속된 것이다.

그러나 연극이 끝나고 극장을 나설 때, 다시 우리네 평범한 공간으로 편입될 때, 과연 그러한 약속, 즉 비범한 생의 경험을 나누기로 한 그것이 지켜졌는지 의문이 들 때가 많다. 혹시라도 연극이 특별한 것이 아니라 있는 삶의 한 편린을 있는 그대로 보여주는 것뿐이라는 생각을 하는 공연자가 있을지 모르겠다. 그러나 그 일상의 단편도 무대라는 공간에서는 특별하고 비범한 그 무엇이 되는데, 그건 바로 연극이 갖는 기본적인 속성이기도 하고 예술의 기본이기도 하다. 즉 아무리 드라마틱한 것이라도 일상에서 자주 경험한 사건과 느낌을 무대 위에서 그대로 보여주면 그건 일상이 된다. 흔히 말하는 진부함과 상투성이다. 그러나 일상에서 흔히 보는 평범한 상황이라도 새로운 각도로 구성되어 무대 위에서 보여주면 그것이 바로 비범한 것이 되고 특별한 것이 된다. 즉 참신성이다. 인간의 감각이란 대부분 비슷해서 진부한 것에는 졸음이 오지만 참신한 것에 흥미를 느끼고 즐거워한다. 그러므로 좋은 연극은 참신함으로 관객을 즐겁게 하고, 그 즐거움이 그 공간에서의 특별한 경험을 함께 나눠 갖게 해주는 것이다.

그리고 그 공간을 보는 누군가 있다

그런데 문제는 관객마다 세상의 경험이 다르다는 것이다. 경험이 다른 만큼 일상과 비일상을 감지하는 감각의 차이가 있고, 또 그 차이는 실로 쉽사리 뛰어넘을 수가 없는 것이라서 세상 그 어떤 예술작품도 모든 향수자를 만족시킬 수 없다는 전제가 성립된다. 써커스와 같은 묘기를 보여주는 것이라면 모르되 예술로서는 도저히 불가능하다. 왜냐하면 예술은 형식도 중요하지만 내용 역시 중요하다. 여기서 내용이 바로 그 예술작품을 경험하는 사람들의 경험치와 비교되기 때문이다. 써커스와 스포츠는 절대 자신의 경험이나 능력과 비교하지 않는다. 그저 바라보고 즐기면 된다. 그러나 예술작품은 본능적으로 자신의 삶과 비교하게 되고 때로는 자신을 내입시켜 보기도 한다.

특히 연극의 관객은 더욱 그렇다. 연극을 본다는 행위가 근본적으로 선택하고 행동해야 가능하기 때문이다. 우연한 관객이나 수동적인 관객은 있을 수 없다. 길거리 퍼포먼스라도 걸음을 멈춰 지켜보지 않으면 안 된다. 하물며 돈을 지불하면서 입장해야 하는 극장 연극의 경우 우연히 들어오는 관객이란 거의 없다. 그들은 어쨌든 그 연극을 선택했고, 또 행동했다. 그러한 선택과 행동의 계기는 기대감을 나타내는 것이고, 그 기대감의 차이가 바로 관객층의 차이인 것이다. 그래서 각각의 연극은 사실 각각의 관객층을 가지고 있는 셈이다. 그러한 현상으로 최근에 뮤지컬 관객층이 있고, 여성 연극 관객층이 있고, 청소년 관객층이 있고, 또 중장년 관객층이 생겨난 것이다. 그리하여 그들은 각기 다른 기대감을 갖고 각기 다른 이유로 연극을 본다.

전혀 다른 연극 세 편

이런 의미에서 1999년 대구에서 공연된 세 개의 공연은 각기 다른 관객층을 대상으로 하여 공연된 듯 보여진다. 『햄릿1999』(김아라 연출, 극단 유 씨어터, 시민회관, 1999년 7월 9일 ~ 7월 11일), 『아리

랑」(윤학열 극본, 황백 연출, T&S 컴퍼니 제작, 시민회관, 7월 16일
~ 18일), 『사람이 있는 풍경』(신철욱 작/연출, 극단 가인, 예술마당
솔, 7월 16일 ~ 7월 20일)이 바로 그것들인데, 『햄릿 1999』의 경우
극단 대표의 말대로 '연극에 대한 열정'으로 '좋은 작품'을 만들겠
다는 계기에서, 그리고 『아리랑』은 프로그램상 어디에도 표현된 바
는 없지만 중장년의 추억과 향수를 불러일으키기 위하여, 또 『사람
이 있는 풍경』은 "잘못된 것을 부수지 않고 함몰"되는 인간으로 "퇴
행"하지 않기 위해서 공연되었다.

　연극의 형식도 전혀 달랐다. 『햄릿 1999』는 셰익스피어의 원작을
연출가가 나름대로 재구성하여 극장주의 방식으로 만들어졌고 『아
리랑』은 근래에 들어 인기를 끌고 있는 악극 형식, 그리고 『사람이
있는 풍경』은 메시지 중심의 소극장 연극으로 만들어졌다.

　또 이들 작품에 출연하는 배우들의 성격도 차이를 드러낸다. 『햄릿
1999』의 경우 탤런트인 유인촌과 최민식이 있다 하더라도 이들은 이
미 연극판에서 뼈가 굵은 배우이며, 이 연극에 출연하는 대다수의 배
우들이 이미 그 실력을 인정받고 있는 출연진으로 구성되어 있다. 이
에 반해 『아리랑』의 경우, 연극판의 배우보다는 TV를 통해 널리 알
려진 인기인들 전원주, 남철 남성남, 양택조, 그리고 영화배우 최무
룡과 월남한 여배우 김혜영 등이 출연한다. 이러한 출연진의 구성이
뜻하는 바가 무엇인지는 누구라도 알 수 있을 것이다.

　이 두 편의 서울 연극과 비교할 수는 없겠지만 『사람이 있는 풍
경』의 경우, 출연진에서부터 차이가 있다. 대구에서 이미 오래 전부
터 전업배우층이 형성된 것은 주지의 사실, 이들이 비록 연극활동만

으로 생계를 유지할 수는 없지만 어쨌든 연기로 어느 정도 대가를 받고, 또 그 대가를 받는 만큼 연기 능력도 다른 사람들에 비해 높은 것이 사실이다. 그러나 『사람이 있는 풍경』의 경우, 그 정도의 대구 배우조차 출연진으로 포진되어 있지 않았다. 이것은 이 작품에 출연한 배우들의 연기 능력과 별개로, 연극을 제작한 제작자들의 의식을 드러내는 것으로서, 연극적 완성보다는 제작 여건과 작품의 메시지에 더 많은 관심이 있다는 것을 의미한다.

『햄릿 1999』 – 공간의 은유

이번 『햄릿1999』는 흔히 아는 '고뇌하는 햄릿'의 연극보다는 '정치적인 햄릿'으로 만들어졌다. 극단의 대표이자 햄릿역의 유인촌의 말 "햄릿의 욕망을 권력투쟁의 모습을 통해 보여주려고 했다"는 점과 연출자 김아라가 밝힌 바 이번 연극에서 자신이 의도한 것이 씨줄로서 철학적인 햄릿의 독백과 날줄로서 "그가 처한 세상의 우여곡절"이라는 점이 확연하게 그것을 밝혀준다. 그런 까닭에 햄릿은 과거 우유부단하고 사색적인 햄릿이 아니라 부왕의 살해 원인을 알면서도 모른 척 할 수밖에 없는 처세술로서 미친 척 한다는 것을 연기로 분명하게 보여준다. 유인촌은 이번 연극에서 두 가지 연기 방식을 보여준다. 진실을 말하거나 파고들 때 당당한 모습과 엉뚱한 소리로 자신을 위장할 때 경망스런 모습이 바로 그것이다. 그는 이러한 연기 방식을 교차로 사용하는데, 때에 따라서는 한 대사에서도 두 가지 연기가 동시에 드러나기도 한다. 이러한 연기는 그가 지극히 정치적 처세에서 비롯된 것이라는 복선을 깔고 있는데, 특히 그가 로젠크란츠(전규수 분)를 대하는 태도에서 그런 점이 분명히 드러난다. 슬쩍슬쩍 정면을 피해가면서도 속내를 보여주는 독설과 은유, 그리고 과거의 햄릿과 뚜렷히 차별되는 재빠른 움직임, 교활하게 보여지는 웃음... 등등으로 하여금 유인촌은 이번 햄릿에서 과거의 그 어떤 햄릿과는 차별시키는 데 성공했다. 이외에 플로니어스의 권성덕, 오필리어의 방은진, 거트루트의 문형주, 클로디어스의 전진기... 등 출연진 대부분이 탄탄한 무대 기본기를 바탕으로 각자의 역을 훌륭하게 소화해냈다.

그러나 무엇보다 이 연극이 완성도를 높이는 데 중요하게 기여한 것은 스텝들의 힘을 빼놓을 수 없을 것 같다. 삼 단 형식의 철제 다리와 계단으로 셰익스피어의 여관연극의 맛을 어느 정도 보게 하면서도 성벽과 선박, 궁궐의 계단 등의 기능을 수행케 한 무대 미술의 박동우, 연출자가 의도한 공간의 은유를 한층더 빛나게 한 조명의 최형오, 순간순간 감정의 흐름과 느낌을 피아노와 몇 개의 관악기로 완벽하게 표현한 음악의 김기영, 사실성보다는 느낌과 이미지에 맞는 상상력을 발휘한 의상의 변창순... 등 각 분야의 스텝들의 독특한 상상력과 능력의 조화가 없었더라면 이 연극의 맛은 한층 반감되었을 것이다.

그러나 연출자가 공간의 은유라고 사용한 무대의 앞 뒤, 각기 다른 높이의 잦은 변화, 그리고 이에 따른 출연자들의 계속되는 빠른 등퇴장 등은 어떤 면에서는 작품의 깊이를 반감시키는 면도 있다. 유령의 잦은 등장이 대표적인 장면이라 할 수 있다. 원작과 달리 햄릿의 아버지인 유령은 대사 없이 햄릿의 의식 속에 잠재하는 강박관념으로 기능하는데, 유령이 등장하여 무대를 가로질러 계단을 통해 올라가는 몇 개의 중복된 장면은 느낌과 그림으로서는 좋을지 몰라도 원래 설정된 '정치적 인물로 햄릿'의 성격을 오히려 약화시켰다. 동시에 거트루트가 햄릿의 오니푸스 콤플렉스의 대상으로서 이미지가 약화되고, 단순히 성적인 매력이 넘치는 성숙한 여인의 모습으로만 비춰진 것도 간과할 수 없는 지적이라 여겨진다.

어쨌든 이번 『햄릿 1999』는 작품성으로서 근래에 대구에서 공연된 작품으로 수준높은 공연이었음이 틀림없다. 이 공연을 보러 온 관객들이 단순히 탤런트 유인촌과 최민식을 보러왔다손 치더라도 관객들 대다수가 특별한 그 무엇인가를 그 공간에서 즐겁게 목격했고 또 체험했을 것이라고 확신한다.

『아리랑』 – 추억의 공간

인천문화예술회관이 주최하고 T&S컴퍼니가 제작한 『아리랑』의 관객 대부분은 머리가 히끗히끗하고 주름이 진 50 ~ 60대였다. 그리고 그들 대부분이 부부 동반이었고, 때로는 며느리와 손주들을 대동한 가족들이었다. 이들은 어째서 이 연극을 보러왔는가? 얼마 전까지 연극계에서 이들은 관계 대상이 아니었다. 그런데 어느 날부터 이들이 극장으로 몰려왔다. 그것은 무료공연이 아니라 할머니 할아버지의 며칠 용돈을 다 털어 넣어야 하는 액수의 입장료를 내고 오는 것이다. 단순히 이들이 과거에 즐겼던 천막극장의 악극을 다시 보고자 하는 추억과 향수의 욕구 때문만은 아닌 것 같다. 30분이나 늦어지는 공연을 기다리며 내내 떠오르는 생각은 바로 이것이었다. 무엇이 이들을 극장으로 오게 하였는가?

연극 『아리랑』은 나운규의 영화 『아리랑』을 단순하게 번안하여 공연한 작품이 아니다. 50년대 삼천리 흥행단이 무성영화 『나운규』를 상영하다가 필름이 끊어져 대신 단원들이 연극으로 바꿔 공연하는 것으로서, 영화 내용을 연극으로 하는 극중극 장면과 삼천리 흥행단의 삶의 애환이 교차로 진행되는 일종의 이중구조를 가지고 있다. 이들 두 개의 이야기는 사실 완전히 별개의 이야기지만, 극의 흐름에 따라 이 둘의 감정적인 흐름은 일치하고 있다. 즉 극중극 『아리랑』에서 마을 사람들이 일본 순사와 매국노 천상민에게 핍박받을 때는 삼천리 흥행단이 삼천리 흥행단의 라이벌 워커힐 박에게 수난을 당하고, 삼천리 흥행단의 임신한 여배우가 아이를 낳다가 죽었을 때는 극중극의 오영진이 죽음을 당한다. 이러한 감정의 흐름을 일치시키는 극적 장치는 실제로 상당히 효과적이어서 두 개의 별개 이야기가 진행되는 것임에도 불구하고 관객들 대부분이 연극의 흐름에 쉽게 빠져들게 하였다.

몇몇 인기인 출연자들의 무대 연기 미숙함에도 불구하고 극을 끌어가는 주요 배역, 즉 변사 역의 이인철, 오기호 역의 장기용, 오영진 역의.박철호 등 실력있는 연기자들로 인하여 연극은 별 무리없이 진행되었다. 또한 악극이라는 고정관념에서 벗어나 현대적 무대 기법을 적절히 사용한 연출의 솜씨도 눈에 띄었다. 무대 전면에 사막을 설치하여 무대의 깊이를 느끼도록 한다거나, 출산의 장면을 연출한 것 등이 대표적인 장면이라 하겠다.

그러나 이 작품 역시 악극으로서의 한계를 벗어나지 못했다. 노래를 부르기 위해 억지로 이야기를 만드는 것이나, 그 당시 장면을 추억으로 버무렸을 뿐, 인간의 내면을 드러낸다거나 시대적 의미를 표출하지 못한 것이 바로 그것이다. 연극이 재미로만 그치다면 종국에 연극은 사라질 것이다. 오늘날과 같이 영상매체가 하루가 다르게 발전하는 상황에서 흥미와 재미로는 그것을 따라갈 수 없다. 인간의 땀과 혼의 모습을 보여주지 못한다면, 연극은 타 매체와 경쟁에서 질 수밖에 없는 것이다. 이런 의미에서 악극은 그 장르가 연극 발전에 기여하면서도 장애가 되는 것이다. 인간 내면을 향한 진지한 모습이 담겨진 악극 출현이 절실하게 기다려진다.

『사람이 있는 풍경』 – 현실의 공간

1994년에 문화일보 하계문예상 당선과 삼성문예상에 희곡으로 당선한 지역의 몇 안 되는 극작가 중 하나인 신철욱의 1995년 희곡을 재공연한 작품이다. 작가로서 퍽 애정이 가는 작품으로 보인다. 이번에는 자신이 직접 연출을 하여 공연하였다.(95년 공연에도 작가 자신이 연출을 하였는지 미확인)

이 작품은 과거의 아픈 기억을 가진 한 사내의 강박관념을 중심으로 전개된다. 어릴 적 미군에 의해 죽은 아버지, 그리고 마을 사람들에 의하여 아버지의 살해자로 누명을 쓰고 죽어간 두칠, 그가 범인이 아니라는 것을 알면서도 한 마디 진실도 말하지 못했다는 자책감이 하나의 아픈 기억이고, 또 하나는 프레스 공장에서 팔이 잘린 동료로 인하여 본의 아니게 파업의 주동자가 되고, 또 이로 인해 고문을 받은 기억이 또 하나의 아픈 기억으로 남아있다. 이 두 개의 아픈 기억으로 인하여 사내는 몇 차례 자살을 시도하다 결국 세 번째 자살에 성공한다. 그러나 사내의 이런 고통과 아픔과는 별개로 아내를 포함한 세상은 아무런 변화도 없이 일상이 전개된다는 것이 작품의 주된 줄거리다.

작가이자 연출가는 이 작품을 통해 "빌어먹을 세상", "각박한 현실", "깰 수 없는 기존질서" 등에 대하여 발언하고자 하는 의도가 보인다. 그러나 그 의도는 작품을 통해 충분히 드러나고 있지 않은 것 같다. 우선 그가 발언하고자 했던 대상의 불명확함이 우선 첫째다. 미군으로 상징될 수 있는 친미적 현실인지, 두칠이를 죽이고 또 사내를 파업의 주동자로 내몬 군중심리인지, 또 아니면 타인에 대하여 지극히 무관심한 현대인의 일상인지, 뚜렷하지 않다는 것이다. 주인공인 사내가 자살해야 하는 이유도 뚜렷하지 않다. 그의 자의식의 현신인 망령의 유혹 때문만은 아닐 것이다. 그렇다면 작가이자 연출가는 진짜 그의 자살의 동기는 무엇이며, 무엇이 그를 죽음으로 내몰았는지 진지하게 파고들었어야 했다. 그리고 그 고뇌의 결론을 중심으로 앞뒤 에피소드를 배치하여 집중시켜야 했다. 주인공 사내의 자살, 그리고 연극의 끝. 이 이상 자극적인 결말은 없다. 그러므로 작가나 연출가는 인간의 존엄성을 생각한다면 그 결말이 자극적인 만큼 고민했어야 했다.

주제의 무거움에도 불구하고 마치 경쾌한 부조리극 한 편을 보고난 듯한 느낌을 준 연출 방향도 과연 성공적인 선택이었는지 묻고 싶다. 무대 미술이나 의상, 그리고 기타 배우들의 대사, 특히 망령의 성격 설정이 과연 자살을 유혹하는 역할에 적절히 부응하였는지도 묻고 싶다.

연극에서 열정만큼 소중한 재신은 없다. 그러나 그것만으로는 부족하다. 풍자든 비판이든 인간 삶을 꿰뚫는 성찰과 응시가 필요하다. 흔히 마당극은 공연자와 공감하고자 준비된 관객들이 대부분이지만 일반 연극의 관객은 쉽사리 공감하지 않는다. 자신의 삶과 비교하고 대입하고 또 관망하려고 한다. 특히 현실적 문제에 섣부르게 설득하려들면 더욱 그렇다. 감성과 내면을 파고들어 심리적 마지노선을 훌쩍 뛰어넘는 결말, 그때 관객의 마음은 무너진다. 그것이 감동이다.

소극장 뮤지컬의 정답 찾기 그리고 ...
-『김종욱 찾기』를 보고 -

1.

극단명이 없다. 대신 제작사가 있다. CJ엔터테인먼트. 이미 충무로가 대학로를 보며 군침을 흘린 지 오래지만, 막상 그들의 작품을 보고나니, 그 동물적 감각에 놀라지 않을 수 없었다. 더구나 그들은 막강한 경제력도 있지 않은가? 될만한 물건을 알아보는 능력, 자본과 결합한 재능, 마케팅과 홍보 능력, 안정적으로 확보된 전용극장, 이제 대학로는 제작사의 현란한 요리솜씨를 위한 식탁이 되는 게 아닐까 하는 생각조차 든다. 아니면 간택해주기 바라는 후궁들의 처소가 되거나.

『김종욱 찾기』가 만들어지는 과정을 보면 젊은 예술가의 작품이 성공으로 도달하는 데 필요한 몇 가지 요소들을 가지고 있다. 작가 장유정은 지하철에서 술에 취해 널부러져 있는 남자를 보고 '저 남자도 누군가의 첫사랑이었겠지' 하는 생각이 들었다고 한다.(아이디어) 그래서 자신도 자신의 첫사랑을 찾기 위해서 온갖 방법을 다 동원하여 찾아보았지만 실패했다고 한다.(경험) 그후 강의 시간에 자끄 라캉의 '욕망의 이론' 중 "욕망의 실체는 결국 없다"를 듣고(인식), 깨달은 바가 있어 3일 동안 밤을 새워 작품을 썼다고 한다.(노력) 그리고 학교 친구들과 예산 10만원으로 공연을 하고(열정), 나중에는 슬로바키아에서 개최되는 국제학생연극제에서 공연하게 되었다.(인정)

그러나 여기까지가 젊은 예술가들의 예술혼과 열정이다. 이 작품이 CJ엔터테인먼트의 '뮤지컬 헤븐'이라는 회사를 만나면서 새로운 국면으로 전개된다. 전문 연출가, 음악감독 등이 참가하면서 보다 정밀한 작품 완성도를 구축하기 시작하였고, 출연진의 선정도 뮤지컬 관객 대상 선호도 조사에서 1위와 2위를 차지한 오만석과 엄기준을 캐스팅하는 등 상품으로서 면모를 갖추기 시작한 것이다. 그리고 그 상품은 뮤지컬 시장으로 진입하려는 여타 영화 제작사들에게 희망적인 메시지를 발신하고 있다. 이렇듯 뮤지컬 『김종욱 찾기』는 작품의 내적 의미 이전에 한국 공연예술계 제작 관행의 새로운 변화를 예고하는 이정표와 같은 외적 의미를 듬뿍 담고 출발한 셈이다.

2.

뮤지컬 『김종욱 찾기』는 두 명의 남녀 주인공과 한 명의 멀티맨으로 이뤄진 작품이다. 여주인공 오나라(실제 배우 이름도 오나라)는 인도 여행 중에 만났던 김종욱이라는 인물을 찾기 위하여 '첫사랑 찾기 주식회사'를 찾아간다. 이곳의 직원인 엄기준/오만석(더블 캐스팅, 극중 이름과 배우 이름이 역시 같음)을 만나 그와 함께 이곳저곳을 돌아다니다 결국 서로에게 이끌린다. 둘의 미묘한 감정은 몇 번 엎치락 뒤치락하다가 결국 해피엔딩으로 끝맺음한다. 그리고 오나라가 그토록 찾으려고 했던 김종욱은 찾지 못했던 것이 아니라, 사랑의 실패를 두려워했던 오나라의 회피였음이 드러난다. 이 지점에서 작가는 첫사랑이라는 경험이 새로운 삶으로 거듭 태어나는 통과의례처럼 다루고 있다.

이야기 발상의 기발함과 극 전개의 속도감, 여기에 뛰어난 연기력이 앙상블을 이루는 작품이었다. 또한 섬세한 심리묘사를 현실감 있게 표현한 연출력, 깔끔한 조명 등이 잘 어울렸다. 음악은 기술적인 측면, 예를 들면 적당하게 배치된 솔로, 듀엣, 트리오라든가 신디사이저를 기본으로 한 반주 음악에 별도의 악기(뜻밖에 탬버린도 포함)의 구사 등으로 작품과 비교적 잘 어울렸으나, 선율감은 다소 부족했다. 주제곡이라고 할 수 있는 '운명(destiny)' 정도가 관객들의 기억에 남으리라 판단된다. 그리고 오나라와 엄기준/오만석의 관계가 내밀해지면서 멀티맨의 역할이 전반부에 비하여 월등히 떨어지는 점이 발견된다. 둘의 심리 속으로 관객들을 몰입시키기 위해서는 반드시 필요한 장치이지만, 다시 후반부로 돌아오면서 극 전개의 논리적인 측면에서 개입과 역할 수행으로 균형을 찾는 것이 바람직할 것으로 보인다.

3.

뮤지컬 『김종욱 찾기』에서 인간과 사회에 대한 무겁고 깊은 인식은 없다. 오히려 그런 요소를 가능한 배제한 작품이다. 주관객층을 염두에 둔 그들의 이야기, 그들의 방식에 충실하고자 전략적으로 섭근한다. 이제 극장으로 오는 관객은 더 이상 인간과 세상에 대한 고민을 해결하고자 하지 않는다. 특히 뮤지컬이라는 장르를 선택하면서 더욱 그렇다. 100분의 시간 동안 웃고 즐긴다. 슬픔조차 웃음이 된다. 걷기 불편한 노인의 모습에서 관객은 인생을 생각하기보다 웃기는 존재로 인식할 뿐이다. 그리하여 뮤지컬 『김종욱 찾기』에서 우리는 김종욱을 찾기보다 소극장 뮤지컬에 대한 그 어떤 정답을 찾을 수 있다. 관객의 눈높이에 맞출 것, 빠르게 전개할 것, 끊임없이 웃길 것, 적은 수의 배우가 출연할 것, 그리고 자본을 통한 마케팅과 홍보에 덧붙여 장기 공연이 가능하도록 극장을 확보할 것 등이다.

그러나 모두가 이와 같은 방식으로 공연할 수는 없다. 또 그래서도 안 된다. 누군가는 여전히 인간과 사회에 대한 무겁고 깊은 성찰을 추구해야 하며, 또 누군가는 잔잔한 일상에서의 감동을 추구해야 한다. 그러나 뮤지컬 『김종욱 찾기』를 보고나서 가장 많이 느낀 것은 이와 같은 무겁고 깊은 예술은 자본의 지원 혹은 결합을 이루지 못할 것이며, 신자유주의적 시장 질서에 의하여 서서히 작아질 것 같은 예감이었다.

의미있는 시도, 허전한 여운
- 서울예술단의 가무극 『바리』 -

　서울예술단의 2005년 정기공연인 가무극 『바리』가 지난 11월 4일 부터 9일까지 국립극장 해오름극장에서 공연되었다. 이번에 공연된 가무극 『바리』는 1999년 『바리―잊혀진 자장가』로 공연된 바 있으며, 그 당시의 작품을 기본으로 하여 희곡작가 김정숙이 재창작하고 유 희문이 연출하여 공연되었다. 모두가 아다시피, 서울예술단은 1986 년 한국적 공연문화 선양을 위하여 창단된 이래 주로 한국적인 공연 양식을 추구해온 단체로서 이번에도 역시 한국적인 뮤지컬 혹은 한 국적인 가무극의 형식으로 공연하였다. 이는 서울예술단이 그동안 가무악, 가무극, 음악극, 총체음악극, 가무악극... 등의 공연 형식을 거듭 실험해온 연장선상에 있다. 그리고 이번에는 그 지평을 더욱 넓 혀 '한국적 소재를 바탕으로 범아시아적인 몸짓과 표현양식'을 만들 기 위해 대만의 안무가 린시 우웨이를 초청하여 안무를 맡기는 등 그 어느 때보다 의욕적인 시도를 선보였다.

가무극 『바리』는 신화, 전설, 설화 등의 이야기를 소재로 삼아 공연되는 작품에서 발견되기 쉬운 극적 구성의 미비를 극복하기 위하여 바리의 탄생과 버려짐의 과정을 생략하고 바로 자신을 버린 아버지, 즉 오구대왕을 만나는 시점부터 시작한다. 이는 흔히 설화라는 서사적 구조를 해체하고 긴장과 갈등, 그리고 극적 상황으로 압축하기 위한 작가의 고민으로 읽혀진다. 그리하여 이야기는 주로 바리의 통과의례적인 시련과 극복의 과정을 중점적으로 보여준다. 또한 '여성영웅신화'임을 부각시키기 위하여 오구대왕이 왕위를 넘겨주고자 할 때, 여자한테는 왕위를 물려줄 수 없다는 남성들의 집단인 제관의 반대와 반란을 보여주고, 이 마저도 극복해내는 페미니즘적인 줄거리도 삽입시켰다. 그럼으로 인하여 가무극 『바리』는 한국적인 소재를 바탕으로 범아시아적인 공연 양식의 개발 뿐만 아니라, 여성주의적 요소의 삽입을 통하여 극적 완성을 시도하였다.

　이와 같이 서사극 『바리』는 서울예술단이 가지고 있는 풍부한 인적자원과 경험을 바탕으로 한국적인 공연 양식의 창조라는 의미있고, 반드시 필요하고, 누군가 해내야 하는 시대적 소명의 역할을 충실히 이행했다. 그러한 노력과 시도는 공공단체로서 서울예술단의 역할이기도 하다. 그러나 문제는 그러한 노력과 시도가 창단 이후 이십여 년이 지난 지금 이 시점에는, 어느 정도 결과를 내어놓아야 한다는 것이다. 단지 그런 시도 자체에만 만족하는 자기 위안의 수준에 정체되어서는 안 된다는 것이다. 비록 '중국의 경극과 일본의 가부키에 견줄만한 한국 고유의 공연 장르로 정립'되지는 못하더라도, 서울예술단만의 특징과 개성을 획득하고, 대중의 사랑과 전문가의 평가를 일정 부분 획득해야 할 시간은 충분히 지났다. 또한 서울예술단은 여타 공연단체와 달리, 막대한 운영비와 공연제작비를 정부 예산 혹은 공공기금으로 지원받고 있지 않은가? 이번 서사극 『바리』 공연에도 국고 8억이 넘는 예산을 지원받았다는 점을 고려하면 이번 공연이 거둔 실적과 평가는 참으로 허전하고 허망하다.

일단 공연 형식을 보자. '한국 고유의 공연 양식 개발'을 기치로 내건 서울예술단의 이번 공연의 전반적인 성격은 국적불명이라는 점이다. '범아시아적 음악과 소리와 빛깔과 자연들이 어우러질 수 있도록, 그 조화로움과 보편성에 최대한 초점을 맞추기' 위해 선택된 몇 가지 실험적인 시도(대만의 안무가 린시 우웨이 초청, 무대미술에서 중국풍의 건축 양식, 한국과 중국의 복식을 혼재시킨 의상)는 바리데기의 여성 신화가 어느 나라의 설화인지를 알 수 없도록 하였다. 그 뿐만 아니라 가무극의 가장 중요한 요소 중 하나인 음악의 경우, 서양 오케스트라와 한국의 악기가 퓨전 형식으로 연주된 후, 녹음 사용되는 것으로써, 소위 MR 상태에서 공연된 바, 이는 전형적인 서양 뮤지컬 형식이다. 더욱이 출연자들의 창법조차 뮤지컬식 창법 혹은 서양 성악 방식의 창법이었다. 결국 무엇이 한국적 공연 양식이란 말인가? 소재로 삼은 바리데기 이야기 이외에 한국적 공연 형식 혹은 양식이라고 할만한 것이 없었다. 연기 스타일, 창법, 무대, 의상, 음악, 그 어떤 것도 한국적 전통에 맞닿아 있는 것이 없었다.

사진실(중앙대 교수)은 『한국연극』(2005. 12)에서 바리데기가 지옥으로 생명수를 구하러 가는 과정에 사용된 무대장치 중 세 개의 산을 산대(山臺) 혹은 산거(山車)로 해석하여 이것이 가지는 바, 동아시아적 모습과 조선조 시설의 전통연회와 연결시킴으로써 무대미술의 창조적 상상력을 높이 평가한 바 있다. 그러한 평가는 일정 부분 타당한 해석이다. 그러나 그의 평가와 별개로 그 형상이 중국적인 이미지를 가졌다는 것을 부정하지는 못한다. 심지어 오구대왕의 궁궐의 건 축양식이 뚜렷하게 중국의 그것을 닮았다는 점에서 더욱 그렇다.

다음은 음악의 문제이다. 일반 뮤지컬의 경우, 현장성을 살리기 위해 MR과 일부 악기의 현장 공연을 활용하는 것이 일반적이다. 그러나 천편일률적인 MR 사용으로 인하여 노래와 반주가 어긋나는 경우도 있었거니와 주요 솔로 혹은 듀엣곡에서 관객들과 호흡이 일치하지 않기도 했다. 그런 탓에 일부 관객들은 출연자들이 AR을 사용하는 줄로, 즉 립싱크를 하는 것으로 착각하기도 했다.

서양의 오케스트라 역사는 길다. 르네상스 이후 실내악에서 점차 발전하기 시작하여 시중의 대중적 관악기와 타악기가 결합하면서 발전하기 시작하였다. 이러한 발전의 시점에는 오보에를 기준으로 그 악기의 음색과 음량과 앙상블이 될만한 악기 구성을 기본으로 하였다. 결과적으로 전체가 연주될 때나 일부 악기만이 연주될 때에도 충돌이나 악기간의 음량 차이로 인한 부조화를 막기 위해서였다. 이와 동시에 선율의 중심은 현악기가 담당해야만 관현악의 최종적인 앙상블이 창출된다는 사실을 음악공학적 측면에서 확인되었다. 이는 오랜 실험과 수많은 음악가들의 노력의 결과다. 이러한 측면에서 최근 가야금이 주 선율을 맡는 우리나라 국악 관현악의 악기 구성의 문제점을 지적하는 사람이 많다. 그럼에도 불구하고 이러한 국악 관현악과 서양 악기가 퓨전 형식으로 사용될 때, 더욱이 그 위에 신디사이저와 음향 효과를 동시에 사용할 때 생기는 음악적인 부조화는 쉽게 극복될 수 있는 문제가 아니다.

이번 서울예술단 가무극 『바리』는 이와 같은 동·서양의 음악적인 혼란상을 충분히 극복하지 못했다. 포스트 모더니즘의 물결인 퓨전 형식으로서의 실험은 인정되지만, 이미 20여 년 동안 이와 유사한 실험을 거듭해온 단체로써 이와 같은 실적은 참으로 부끄럽다. 특히 2막의 시작인 지옥의 장면에서 사용된 음향-거의 음악이 아닌-은 소음에 가까웠다. 과도하게 증폭된 음향(음악, 타악소리, 비명, 기타) 은 그것이 아무리 지옥의 아수라장을 묘사하는 것이라 할지라도, 야외 락 공연장이 아닌 국립극장 대극장에서의 공연으로서는 어울리지 않았다.

희곡의 구조도 비교적 단순했다. 서사의 구조를 극복하고 극적 구조를 구축하려는 작가의 노력은 분명하게 드러났으나, 여전히 단순한 서술 구조를 갖는 것은 어쩔 수 없었다. 즉 바리의 통과의례적 시련은 어떠한 자기 고뇌나 갈등 없이 일사천리로 진행되었다. 또한 바리의 행동과 충돌하고 갈등하는 반동적 캐릭터의 부재는 치명적 극적 결함이다. 뒤늦게 제관들이 바리의 존재를 부정하고 반란을 일으키지만, 이는 단순 사건에 불과하지 극적 구조로 작동하지 않는다. 그런 까닭에 바리의 영웅적 시련과 고통은 왠지 싱겁고 밋밋하다.

서울예술단은 이제 새로운 출발을 앞두고 있다. 새로운 이사장과 새로운 운영체제, 이것은 지난 20여 년을 정리하고 새로운 출발을 도모함에 있어 중요한 변화다. 지난 20여 년은 한국적 공연 양식을 찾기 위한 공공단체로서 역할에 충실하였고, 또 일정 부분 의미있는 성과를 거두었다면, 이제는 단순히 시도와 실험의 의미가 아닌 내실 있는 성과를 거두어야 할 시점이다. 단순히 일과성 행사가 아닌 명실공히 '중국의 경극과 일본의 가부키에 견줄' 만한 한국적 공연 양식을 개발하기 위해서는 더욱더 무거운 책임감과 사명감, 그리고 뛰어난 예술성—특히 다양한 분야의 예술성—을 가지고 일로매진해야 할 것이다.

남아 있는 웃음, 희미해진 풍자
- 극단 차이무의 『늙은 도둑 이야기』* 를 보고 -

작가이자 연출가인 이상우는 만화그리기를 좋아한다고 한다. 한때 그의 꿈은 만화가였다. 그래서 그런지 공연 팸플릿에는 자신이 그린 무대 그림이 있다. 무대 그림은 이미 아마추어의 솜씨는 넘어 있는 듯 보였다. 이렇듯 만화 그리기를 좋아하는 이상우는 자신의 연극 『늙은 도둑 이야기』도 만화 한 편을 보여주듯 경쾌하고 즐겁게, 그리고 만화가 늘 그렇듯, 심각한 주제를 적당히 배면에 깔아 보여주었다.

『늙은 도둑 이야기』는 1989년 4월에 공연되었고, 다시 1996년 3월에 공연된 후, 세번째로 97년 3월부터 4월까지 약 2달간 공연되었다. 이번 세번째 공연은 극단 차/이/무가 정한 세 가지 공연 형태(정기공연, 차/이/무 레파토리, 차/이/무 워크숍) 중 첫번째 차/이/무 레파토리로 선정되어 공연된, 그러므로 극단 차/이/무가 자신있게 내

---

* 현재 공연되는 제목은 『늘근 도둑 이야기』이지만 97년 공연 당시에는 '늙은'이었다.

놓은 작품이라고 볼 수 있는 연극이다. 극단 차/이/무는 95년에 연우 무대에서 '세포분열' 한 극단으로서 그동안 『플레이 랜드』, 『비언소』, 『평화씨』 등을 공연하면서 대체로 '두 마리의 토끼를 잡은 것'으로 인정되는 극단이다. 여기서 두 마리의 토끼란, 물론 작품성과 흥행성이다. 그 어느 한 나리의 토끼만 삽아도 성공한 것으로 인정되는 한국연극계 현실에서 이렇듯 작품성과 흥행성이라는 두 마리의 토끼를 잡을 수 있는 것은 극단 차/이/무가 선언한 '생각은 깊고 진지하게, 표현은 경쾌하고 즐겁게' 라는 원칙에서 기인한 것으로 보여진다. 그러나 과연 그런가? 극단 차/이/무는 두 마리의 토끼를 잡았는가? 작가이자 연출가인 이상우는 작품성과 흥행성, 모두를 이루었는가? 극단 차/이/무가 스스로 선정한 첫번째 레퍼토리인 『늙은 도둑 이야기』를 통해, 그 소문의 진위 여부를 알아보자. 물론 여기서는 작품성 중심으로 볼 수밖에 없다. 유료 입장객수를 알 순 없지만, 『한국연극』 인터뷰에서 스스로 '많은 관객을 불러들인' 사실을 인정한 것으로 봐서 흥행성은 이미 입증된 것이라고 보여진다. 그럼 남은 것은 작품성이다.

　『늙은 도둑 이야기』는 '한심한 도둑들이 있지도 않은 금고를 털기 위해 어느 고위층 실력자 소유의 개인 미술관에 숨어 들어갔다가 결국 아무 것도 훔치지 못하고 붙잡혀 경찰서 조사실에서 조사를 받는 하루 밤 동안과 다음 날 아침까지에 일어난 가상의 사건을 다루고' 있다. 공연 팸플릿에서 '이 작품은 값비싼 현대 미술 작품들이 가득한 개인 미술관이라는 가상의 공간과 아무 것도 없는 쓰레기 같은 존재인 늙은 도둑들을 대비시켜, 이 세상의 어긋남과 서로 소통하지 못함에 대해 얘기하는 연극'이라 말하고 있다. '어긋남과 소통하지 못함', 결국 이것을 말하고자 했다는 것이다. 팸플릿의 작품 소개식으로 나온 글이, 작가이자 연출가인 이상우의 견해인지는 분명하지는 않지만, 공식적으로 관객에게 밝히는 글이니만치 그 내용은 적어도 작가이자 연출가인 이상우, 또 극단 차/이/무의 공식 입장이라고 봐도 무방할 것이다.

'어긋남과 소통하지 못함'은, 현대에 있어, 소외와 더불어 흔히 다뤄지는 주제이다. 신이 사라지고 인간의 이성마저 사라진 오늘날, 인간은 불확실하고 불안한 존재로 버려져 있다. 그래서 운명이란 작은 변화에도 감당하지 못하고 예기치 못한 방향으로 휙휙 날아가버리는 '참을 수 없는 존재의 가벼움'이 되어 버렸다. 그러므로 이런 삶을 사는 인간은 상호간에 공통된 인식을 나눠가질 수 없게 되었으며(불소통), 또 인간과 인간, 그리고 사회와 인간이 공통된 인식을 기반으로 하는 결합을 도모할 수 없게 되었다.(어긋남)

그러나 『늙은 도둑 이야기』에서 이런 주제를 해석할만한 어떤 기호도 찾을 수 없었다. 아마 작가이며 극작가인 이상우는, 아니면 극단 차/이/무는 20세기의 대표적인 현대 미술 작품들이 다수 소장되어 있'는 '그 분'의 '미술관' 안에 전시된 금고 형태로 된 『무제』라는 작품 속에 수십 억원의 돈이 들었을 것이라고 믿는 '한심한 늙은 도둑'들의 기대를 혹 '어긋남'이라고 생각했을지도 모르겠다. 아니면 그 미술관이 어딘 줄 모르고 계속 경로당인 줄 알고 들어갔다고 발뺌하는 '한심한 늙은 도둑들'과 '과중한 업무로 대단히 피로해 있는' 수사관과의 추궁과 변명을 '소통하지 못함'이라고 생각했는지도 모르겠다. 또 어쩌면 이 작품에는 등장하지는 않지만 계속적으로 짖어 댐으로써 그 위협적인 존재를 과시하는 개새끼와 달동네 남자, 또 도둑들 사이에 존재하는 불화를 '소통하지 못함' 이라고 생각했는지도 모르겠다. 그러나 그런 설정은 희극을 가능하게 하는 요소에 불과할 뿐, 주제를 담아낼만한 기호는 아닌 듯 하다.

작가는 팸플릿에서 '없음의 무대' 를 말하고 있다. 즉 '이 미술관은 그 분에게는 있으나 도둑에게는 없는 세상' 이라는 것이다. 작가는 여기에 의미를 두려고 했던 것 같다. 다 알다시피, 이제 현대 미술품은 단순히 예술 작품으로서가 아니라, 엄청난 경제 가치를 가진 상품이다. 즉 도둑들이 그토록 가지고자 열망하는 수십 억원의 돈인 셈이다. 거기서 언급되는 작가들, 앤디 워 홀, 이브 클랭 등은 이미 현대의 고전작가로 꼽힐만한 인물들로서 작품의 가격을 매길 수가 없는 사람들이다. 그러나 도둑들에게 그것은 아무런 의미가 없는 것이다. 그것으로 뱀탕을 사먹을 수도 없고 이발소에서 안마도 받을 수도 없다. 그런 의미에서 작가는 미술관이 '그 분에게는 있으나 도둑에게는 없는 세상' 이라고 말한 것 같다. 그러나 이건 너무 단순한 발상이다.

현대 미술의 아이러니는 그것이 고가의 상품으로 거래되는 것에 있는 것보다 더 근본적인 것이 있다. 그것은 현대 미술의 출발점이 기존의 질서에 반발하는 사회.정치적인 전복 이데올로기를 가지고 출발했음에도 불구하고, 철저하게 기존의 질서 안에 편입된 것에 있다. 때문에 그 분의 미술관에 있는 현대 미술은, 단지 권력자의 경제적 훈장으로 보여질 때보다, 투항해온 혁명가로서 만들어질 때 본질에 다가갈 수 있었다. 물론 훈장으로 있거나 투항자로 있거나 그 자체로는 별 차이는 없다. 그러나 중요한 차이는 그 다음에 있다. 즉 도둑들이 현대 미술품을 평가하고 비평할 때가 바로 그 때다. 여기서 도둑들은 현대 미술을 그저 비판하고 우습게 여기는 '불온한 놀이'를 하는데, 이것보다 도둑들이 거기에 걸린 미술품들의 원래 의미(예를 들면, 미학적 대상이 아닌 실용적 대상으로 삼아)를 언급하면서 그 소중함을 오히려 말한다면, 혹은 측은하게 여긴다면, 작품의 깊이는 훨씬 달라질 수 있었을 것이다. 그랬을 때 '어긋남'의 미학은 또 다른 차원('차원을 이동하는 무대'로)에서 빛났을 것이다. 그런데 작가는 그 현대 미술품에 대해 한 바탕 웃음을 이끌어내는 장치로 사용했을 뿐이었다.

경찰서 조사실 장면도 마찬가지다. 도둑들은 잡혀온 이후, 계속해서 우연히 그 집에 들어갔을 뿐이며 자신들은 순수한 반공애국시민이라고 항변한다. 심지어 그곳이 경로당인 줄 알고 들어갔다고 한다. 이에 '며칠만에 집에 들어갔다가 이 사건 때문에 새벽부터 불려 나'온 수사관은 짜증과 피로를 노골적으로 드러내며 도둑들에게 증거를 제시하며 사실을 말하라고 다그친다. 그러나 수사관은 도둑들에게 심증은 있으나 인내를 가지고 존대말을 쓰는 인간적인 면모도 보인다. 그렇지만 도둑들의 지문 조회에서 그들이 전과 16범, 12범의 도둑과 파렴치범임을 알고 자백할 것을 소리치며 몽둥이를 들어 협박한다. 이에 도둑들은 자신들의 범행 모의 사실을 불게 되고, 마침내 하루밤에서 아침까지의 소동은 끝이 난다.

여기서 한 가지를 더 생각해보자. 종결의 미진함이다. 왜 그럴까? 그건 이미 예견되는 사실, 도둑들이 경찰서에 잡혀오면 결국 자신의 모의가 드러나고, 그것으로 인해 또 한번의 별을 달게 될 거라는 예측 그대로 갔다는 것이며, 또 하나 미진함의 이유는 수사관과 도둑들의 대화가 일방적으로 추궁하고 변명하는 관계 이상도, 이하도 아니었다는 것에 있다. 이런 관계에서는 '어긋남과 소통하지 못함'을 드러낼 수 없다. 만약 여기서 수사관이 그들의 범죄 사실을 알고 협박하는 장면으로 가지 않고, 오히려 그 칠순의 나이에 또 별을 달아야 하는, 출소한 지 사흘 밖에 되지 않은 '한심한 늙은 도둑들'의 처지를 불쌍하게 여겨, 피해 사실이 없고 실수로 들어갔다는 핑계로 무죄 방면하려고 한다면 어떨까? 그런데 그 분, 미술관의 주인이며 개새끼의 주인인 그가, 다시는 어느 누구도 자신의 집 근처에 못 오게 하려는 의도에서 과도한 처벌을 요구하게 되고, 그런 탓에 도둑들이 또다시 죄보다 훨씬 무거운 형벌을 받아 감옥으로 가게 된다면? 그렇다면 작가가 의도하는 '어긋남'을 더욱 부각시킬 수 있지 않았을까? 즉 수사관과 도둑들의 추궁과 변명을 '어긋남'으로 보는 데는 무리가 따르지만, 수사관이 오히려 도둑들을 동정하여 자유를 주려 하는데 그것을 실현할 수 없는 상황으로 극이 종결된다면, 그 '어긋남'의 주제는 또 다시 새로운 '차원이동'을 하였을 것이다.

그런데 여기서 한 가지 다시 생각해봐야 할 것이 있다. 그건 과연 이 작품이 '어긋남과 소통하지 못함'을 확실하게 인식하고 만든 작품인가 하는 것이다. 이 작품은 세번째 고쳐진 작품으로서, 그 각각의 공연에 따라 변화해온 작품이다. 첫번째 공연과 두번째 공연을 보지 못했기에 확정적으로 단언할 수는 없지만, 팸플릿에 실린 내용을 토대로 보면 대체로 이 작품은 다음과 같은 변해온 것으로 보인다.

첫번째 공연에서는 '이 시대를 지배하고 있는 허위적 권위에 대한 부정'을 다룬 작품이었다. 즉 1989년에 공연되었으니 그 당시 한국 사회의 정치적 상황을 떠올리면 이해할만한 대목이 있다. 그리고 그 당시 공연은 웃음을 '적극적으로 사용'하여 '지식과 윤리와 법을 독점하고 정신과 육체에 대해 반인간적 폭력을 구사하는 큰 도둑들과 그에 기생하는 테크노크라트의 비도덕을, 신명없는 생존을, 붉은 색 망령을 웃어버리는 연극'이었다는 것이다. 즉 이 작품의 시작은 허위적, 폭력적 권력에 대한 풍자였던 것이다. 그러던 작품이 두번째 공연인 96년 공연에서는 '대본의 틀거리는 그대로 두고... 사람 애기'에 다가가는 작품으로 내용이 바뀌게 된다. '일차원적인 풍자' 대신 '정신이 한없이 자유로워지는, 한없이 가벼워지는 희극'을 선택한 것이다. 즉, 풍자를 버리고 희극을 선택한 것이다. 아마 이 때부터 '어긋남과 소통하지 못함'이라는 또 다른 주제가 떠오른 것으로 보여진다. 왜냐하면 '한없이 가벼워지는'이라는 표현은 단지 엄숙함과 반대의 개념만이 아니라, 인간 운명의 불확실성을 지칭하는 뜻으로도 사용되기 때문이다. 그리고 이번 세번째 공연에서는 내용상 변화에 대한 언급은 없이, 단지 배우가 바뀌었음으로 바뀌었다는 정도로 언급되어 있다.

작품이 어긋(?)나기 시작한 것은 이런 과정에서 조금씩 조금씩 형성된 것으로 보인다. 풍자란 대상을 가지고 있다. 그리고 그 대상의 완고함이 크면 클수록 풍자의 묘미는 더욱 커지는 법이다. 그런데 풍자의 대상이 비교적 명확했던 당시의 틀거리를 차마 버리지 못하고 내용과 배우들만 바꿔 공연된 이번 세번째 공연은, 그래서 주제에 깊이 천착하지 못하는 작품이 되었다. 대상이 있으나 더욱 교묘해진 이 시대에 있어 풍자는, 혹은 웃음은, 더 깊은 곳을 향하는 노력이 있어야 한다. 그런 지향점을 바탕으로, 원래의 작품을 가차없이 해체하고 다시 복원해야 한다.

첫번째 작품에서 사용되었던 상징을 의심하고 다시 설정하는 노력없이 작품의 겉모양만 바꾼 재공연은, 그래서 위험하다. 이 작품에서 사용된 주요 상징, 즉 미술관, 현대 미술, 개새끼, 달동네 남자, 한심한 늙은 도둑, 수사관... 등은, 그래서 다시 설정되어야 했었다. '지식과 윤리와 법을 독점'한 미술관, '반인간적인 폭력을 구사하는 큰 도둑'으로서 개새끼와 그 주인, '그에 기생하는 테크노크라트'로서 수사관, '신념없는 생존'으로서 달동네 남자... 등등의 일차원적인 상징을 그대로 남겨둔 채, '한없이 가벼워지려고'한 세번째 공연 『늙은 도둑 이야기』는, 그래서 '허위적 권위에 대한 부정'에도 '어긋남과 소통하지 못함'에도 도달하지 못한 어정쩡한 상태에서 한바탕 질펀한 웃음만 남기고 1997년 4월 30일에 막을 내렸다.

미흡한 희곡, 충분한 연극
- 환 퍼포먼스의 『남자충동』을 보고 -

　1998년 4월 4일부터 5월 18일까지 동숭아트센타 소극장에서는 환 퍼포먼스의 아홉번째 작품으로 조광화 작, 연출의 『남자충동』을 공연하고 있었다. '늘 극작과 연출을 꿈꾸며 글을 써 왔던 작가 조광화'의 연출 데뷔작인 『남자충동』은 원래 자신이 작년에 써서 발표한 『여자의 적』에 대응하는 『남자의 적』이라는 작품으로 집필된 것을, 제목을 바꿔 공연하게 되었다고 한다. 조광화는 92년 문화일보 하계 문예 공모에 『장마』로 당선된 후 지금까지 『연오/세오』, 『종로 고양이』, 『황구도』, 『귀천』, 『아, 이상』, 『오필리어』, 『꽃뱀이 나더러 다리를 감아보자 하여』 등 일련의 상상력 넘치는 작품들을 써서 발표한 극작가였다. 그러나 그는 대학극 시절과 공연예술 아카데미, 그리고 극작 워크샵을 거치는 동안 내내 연출을 꿈꾸어 왔다고 한다. 그러다가 이번 환 퍼포먼스 아홉번째 무대에서 그 꿈을 이루게 된 것이다.
　환 퍼포먼스는 1992년, 보다 수준높은 연극작품을 만들어내기 위하여 동인제 극단 시스템이 아닌, 소위 전문 기획극단이라는 체제를 표방하면서 출발한 이래, 『당신의 침묵』, 『너에게 나를 보낸다』, 『우리 집 식구는 아무도 못 말려』, 『고래사냥』, 그리고 최근의 『유리동물원』에 이르기까지 흥행성과 작품성이라는 두 마리 토끼를 동시에 잡았다는 평가를 받고 있는 극단이다. 그리하여 금년에는 일 년에 작품 한 편도 제대로 만들기 어려운 한국연극계에서 네 편 제작을 선언하기에 이르렀다. 이미 2월에 공연된 『유리동물원』과 현재 공연되고 있는 『남자충동』, 그리고 앞으로 공연할 『Love & Luv』와 『In the Kitchen』이 바로 그것이다. 이렇듯 92년생 둘, 즉 극작가로서 조광화와 환 퍼포먼스가 만나서 만든 작품이 『남자충동』이다.

『남자충동』의 줄거리는 대충 다음과 같다. 영화 『대부』의 알 파치노를 우상화하고 있는 이장정은 노름으로 집을 날리고 집안을 엉망으로 만든 아버지를 경멸하며 강한 남자가 되기를 선망한다. 그리하여 노름으로 집안을 망친 아버지의 손을 자르고, 집을 나가려는 어머니를 강제로 집에 남도록 강요한다. 또 기타리스트인 남동생의 여성적인 성향을 조롱하면서도, 자폐아인 여동생 달래에 대해서는 한없는 애정을 보인다. 즉, 강한 남자는 자신의 조직인 패밀리 뿐만 아니라 집안 식구들도 완벽하게 돌보아야 한다고 믿고 있다.

그러나 그는 그것을 이루기 위한 자신의 방식, 즉 일방적인 폭력과 힘 때문에 오히려 식구는 뿔뿔이 흩어지게 되고, 패밀리의 구성원으로부터 배신을 당하게 된다. 그리하여 그는 자신이 그토록 사랑하던 여동생 달래의 칼에 찔려 죽음을 맞이하게 된다. 그러나 죽으면서도 이장정은 자신이 잘못된 삶을 살았다고 믿지 않는다. 오히려 남자답게 당당하게 죽음을 맞이하였다는 강한 자긍심을 지닌 채 이 세상을 떠나는 것이다.

작가이자 연출가인 조광화는 『남자충동』에서 '세상은 남자들에게 남자다워지기를 강요'한다고 선언하고, 그런 강요를 '사회적으로 정당화하는 방법이 바로 뿌리깊은 가부장제'라고 말한다. 그리하여 '가족이라는 작은 단위는 아버지에게 가장으로서의 역할을 강요'하고 '아버지는 가족을 책임지기 위해 강해져야' 하며 이런 단계가 '확대되면 국가이고, 불법적으로 극단화되면 마피아 같은 범죄조직'이라고 인식한다. 그리하여 작가이자 연출가인 조광화는 이런 '남자들의 강자지향'이 대부분 '쓸쓸한 패배와 함께 끝' 나며 '운좋은 사람들은 노년에 이르러 자신들의 투쟁이 어리석었음을 깨닫'는 '평화'를 얻게 되며, 이런 남자들의 운명을 가리켜 '참 피곤한 남자'라고 말하고 있다. 이런 인식 때문인지 조광화는 작품에서 강한 것에 대한 무조건적인 거부감을 드러내고 있다. 그런 거부감은 작품 전체에 영향을 미쳐 "약한 것도 아름답다"에서, 오히려 약한 것이야말로 선이며 강한 것은 악이라 단정짓는 듯 보여진다.

작품에서 이런 단정적인 이분법이 얼마나 위험한 것인가를 새삼 강조할 필요는 없을 것이다. 남장여자인 단단이의 입을 통하여 전해지는 작가의 메시지는 그래서 너무 작위적인 느낌이 든다. 그리고 하필이면 그런 메시지가 작품 속에 녹지 않고 남장여자인 단단이의 입을 통해 나와야 하는가 하는 데도 문제가 있는 것 같다. 즉, 남장여자인 단단이, 즉 게이는 강한 것(남성적)을 거부한 약하고 섬세한 것(여성)의 상징으로 채택이 된 듯 한데, 이것은 게이에 대한 성적인 정체성을 제대로 이해하지 못한 것이 아닌가 하는 의구심을 가지게 한다. 게이란 스스로 선택/거부로 이뤄질 수 있는 성이 아니다. 그것은 생 래적인 것으로서, 그 자체로 제3의 성이다. 그러기에 우리는 게이의 운명을 동정이나 비하가 아닌, 또 하나의 인간, 그 자체의 성으로 인 정해야 하는 것이다.

그런데 작가는 마치 게이가 남성을 거부한 상태에서 선택될 수 있 는 것처럼 묘사하고 있다. 때문에 그런 묘사는 바로 강한 것에 대한 거부감/약한 것에 대한 옹호라는 이분법의 경계선에서 부득이 선택 된 것이거나, 아니면 지극히 불온한 의도, 즉 게이라는 자극적인 성 적 대상물을 무대에 등장시킴으로써 이뤄질 수 있는 흥행적인 요소 를 염두에 둔 것이 아닌가 하는 의심이 들기조차 한다.

그래서 『남자충동』은 작가의 의도와 관계없이 가족이라는 주제를 드러내는 작품으로 읽혀지고 보여진다. 작가가 말한 '남자충동'은 결코 작품의 주제가 아닌, 소재인 것이다. 가족이라는 주제의 축으로 이해되는 『남자충동』은 다음과 같다. 맹목적인 가족 중심주의자 이 장정은 그 가족에 대한 인간적인 이해나 배려 없이 맹목적으로 가족 은 하나로 뭉쳐서 살아야 하고, 또 가족을 위해서는 서로 희생할 수 있어야 한다고 믿는다. 그리고 그런 자신의 가족이 아닌 다른 사람들 은 적, 그것 뿐이다. 심지어 아무리 엄마라도 가족을 떠나면 '여자' 가 된다. 그런 그에게 조직은 또 하나의 가족(패밀리)이다. 이 두 가 족을 대하는 이장정의 심리적, 혹은 외면적 차이는 없다. 이 작품에 서 극적인 전환을 맞이하게 만드는 오달수의 달래에 대한 성적 희롱, 뒤이어 감정을 통제하지 못한 이장정의 오달수에 대한 폭력은, 단순히 자기 친동생에 대한 성적 희롱 때문이 아니다. 그것은 오달수 역시 한 가족이라는 무의식에 바탕을 둔, 근친상간에 대한 격렬한 반응이다. 이런 이해를 바탕으로 둘 때만이 '달래나보지'라는 전설이 이 작품에 차지하는 위치와 의미가 파악된다. 만약 그렇지 않다면 이 일화는 전혀 해득되지 않는 기호로 겉돌거나, 아니면 단지 극의 종결을 이끌어내기 위한 장치에 불과하게 된다.

가족이라는 주제로 이해되는 『남자충동』에서 또 하나 빠뜨릴 수 없는 것은 소위 말하는, 오디푸스 컴플렉스다. 작품 내내 이장정은 알 파치노를 말하고, 작가는 그것을 강한 것에 대한 남자의 컴플렉스— 그의 표현에 의하면 알 파치노 컴플렉스—라고 말하지만, 이 작품에서 노골적으로 드러나는 것은 부친살해의 심리적 근저를 깔고 있다. 노름에 빠진 자신의 아버지의 손을 자르거나, 조직의 우두머리인 팔득이를 연장질하는 차원에서가 아니라, 이 작품 전반에 깔린 분위기 차원에서 그렇다. 즉 남성=폭력충동의 등식은 위에서 언급한 바대로 소재에 불과하다. 오히려 여기서 나타나는 남성=폭력충동의 심리적 근저는 강한 것(아버지)에 대한 적개심과 섬세한 것(어머니)에 대한 애정을 바탕으로 하고 있다.

이렇게 판단하는 근거는 우선 작가이며 연출가인 조광화가 밝힌 '세상이 강자이데올로기를 사회적으로 정당화하는 방법은 뿌리깊은 가부장제'라고 단언하는 것에서 찾을 수 있다. 즉 강자이데올로기를 유포하는 주범으로 가부장제를 지목한 것이다. 그리고 작품에서 이장정이 여동생인 달래에게 향한 무조건적인 사랑은, 그가 늘상 취하는 행동방식과 다른 것으로서, 어머니의 대체된 모습이다. 또 이장정의 동생인 이유정이 남장여자인 단단이에게 위로받는 모습은 애인 관계가 아닌 모자지간의 모습을 연상시킨다. 즉, 이유정이 강한 자신의 형에 대한 숭배에서 저주로 바뀌는 과정에, 단단이는 아버지로부터 가해당하는 어머니의 모습으로서, 이유정에게 작용한다.

그러나 『남자충동』은 이런 해석으로도 다 해득될 수 없는 것이 많다. 노름에 빠져 가족을 돌보지 않는 이장정의 아버지 이씨, 그리고 집을 나가는 어머니 박씨에 대한 의미, 왜 달래는 자폐아로 설정되어야 하는지, 그리고 결정적으로 해득될 수 없는 것은 마지막에 이장정이 달래의 칼에 죽어야 하는 이유다. 물론 이야기상으로는 이장정이 죽음을 받아들이는 것을 이해할 수 있고, 또 어머니 박씨가 집을 나가는 것, 모두를 이해할 수 있다. 그러나 그건 이야기의 흐름이고, 진짜 중요한 것은 그런 이야기 너머에 있는 납득할만한 상징이다. 모든 이야기 구성에 상징이 있어야 할 필요가 없다고 말한다면, 그런 것은 깡패들이 나와서 과거의 성폭력 경험을 이야기한다든지 하는 데나 적용될 성질이다. 작품의 가장 큰 축이 되는 가족 구성원의 성격 설정이나 행동, 그리고 죽음은 아무리 작가이고 연출가이더라도 마음대로 사용할 수 없는 것이다. 만약 그렇다면, 그것을 가리켜 작가의 폭력이라고 할 수 있을 것이다. 아마 이런 결과는 작가이자 연출가인 조광화가 작품을 만드는 방식에서 기인된 것으로 보인다. 그건 작품의 주제라고 설정한 '남자충동'을 표현하면서 동시에 그것을 소재로 삼은 탓에 생긴 혼선이거나 오류라는 것이다. 좀더 꼼꼼하게 생각하여 '남자충동'이라는 소재를 가지고 가족이란 무엇이며, 또 그것과 사회와의 관계, 혹은 진짜 가족애란 무엇이며, 또 가짜 가족애(패밀리)란 무엇인가 하는 깊이있는 주제를 향해 작가의 상상력을 펼쳤다면 작품 『남자충동』은 분명 획기적인 작품이 되었음이 틀림없었을 것이다.

그럼에도 불구하고 『남자충동』은 최근 창작극 부재의 한국연극계에 일종의 단비임이 분명하다. 매끄러운 대사 처리, 박진감 넘치는 구성은 관객들로 하여금 전혀 지루하지 않게 한다. 관객들은 시종일관 긴장과 폭소 사이를 오가며 오랫만에 연극의 재미를 듬뿍 맛본다. 더욱이 조광화는 작가이면서 연출가인 사람들이 빠지기 쉬운 함정들, 즉 지나친 주관성에 함몰되지 않고 충분한 거리를 유지하면서 한 편의 희곡 작품이 아닌, 하나의 연극 작품을 만들어냈다. 때로 그것이 지나쳐 작위적인 잔재주(이장정의 죽음 장면에 날아드는 동백꽃잎들)로 보일 때도 있지만 전체적인 연출 솜씨에 비하면 그 정도는 충분히 참을 수 있다. 남성적인 힘과 운명을 상징하는 듯한 베이스 기타소리(작품에서 작가는 단단이의 입을 통해 베이스 기타가 강한 자를 감싸는 약한 자들의 소리, 그 아름다움이라고 말했지만.), 막간에 부르는 달래의 노래, 1막과 2막 사이에 피어난 동백꽃, 맨발....등등은 조광화가 희곡 작가 뿐만 아니라 연출가로도 그 능력을 충분히 발휘할 수 있음을 증명한 것이다.

또 이 작품을 성공적으로 이끈 데에 결정적인 역할을 한 것으로 배우들의 연기를 빼놓을 수 없겠다. 주인공 안석환의 연기 뿐만 아니라, 등장하는 배우 10명 중 누구도 눈에 거슬리는 연기는 없었다. 특히 달래역을 맡은 이유정은 뛰어난 노래 솜씨와 더불어 자폐증에 걸린 이장정의 동생역을 훌륭하게 해냈다. 창백한 표정, 입을 크게 벌려 뱉아내는 단말마적인 대사, 공허한 눈빛이면서도 동시에 신기에 들린 듯 하얗게 빛나는 눈은 신비한 매력을 자아냈다. 그러나 무엇보다 이 극의 중심인물인 안석환의 연기는 단연 눈에 띄었다. 비록 작은 키가 흠으로 작용하였지만 (원래 희곡 작품이 그랬는지 주인공 안석환을 의식해서인지 희곡 작품에도 작은 키에 대한 변명같은 대사가 있다.) 단단한 몸매에서 분출되는 강력한 에너지, 그러면서도 어리숙한 면과 능글맞은 면도 동시에 드러내는 목포 깡패 이장정의 모습을 완벽하게 해냈다. 그의 강렬한 에너지가 작품 전체의 힘과 속도 전체를 지배하는 가운데 그 둘레를 감싸는 건달들(권오진, 오달수, 김상호, 강일)과 남장여자 단단(이혜성)의 연기 역시 훌륭한 조화를 이루고 있다.

『남자충동』은 침체를 헤어나지 못하고 있는 한국연극계, 특히 창작극에 대한 강한 '충동'과 의욕을 불러일으킬만한 연극 작품임이 분명하다.

대학로에 나타난 실험극장
-『에쿠우스』를 보고 -

    실험극장이 97년 3월 19일부터 5월 말까지 대학로 문화예술관 서울 두레극장에서 132회 정기공연으로 피터 쉐퍼의 『에쿠우스』를 공연하고 있다. 이미 이 말 속에서, 우리는 몇 가지 함의를 추출해낼 수 있다. '실험극장' '대학로' '에쿠우스'가 바로 그것이다. 무릇 예술 행위든 사회적 행위든 주변과 관계 맺지 않고 돌연히 혼자만의 사건으로 발생할 수 없고, 또 그 혼자만의 사건으로 읽혀질 수 없다. 더욱이 그 행위가 하찮은 것일 때도 그럴진데, 그것의 의미와 파장이 다른, 그 어떤 것보다 크고 광대할 때는 더욱 그렇다. 만약 한국연극사를 한 페이지로 줄인다고 해도 위에 언급한 '실험극장' '대학로' '에쿠우스'는 빠질 수 없을 것이다. 그만큼 의미있는 공연, 『에쿠우스』는, 그래서 이 하나의 공연 행위로만 볼 수 없는, 현재 한국연극뿐 아니라 과거와 내일이 응축된, 문맥으로 읽어야 하는 공연이 된다.

    실험극장은 1960년 이오네스코의 『수업』을 동국대학 소강당에서 공연하면서 창단되어, 75년 운니동 실험극장 시대에 이어, 93년 압구정동 실험극장에 이르기까지 서인석, 송승환, 최민식, 황정아, 윤석화… 등의 수많은 스타와 『에쿠우스』, 『아일랜드』, 『신의 아그네스』 등 최고의 화제작들을 만들어낸 한국연극사에 '양과 질을 한 단계 끌어올린 공적이 있는 대극단'이다. 그러나, 93년 운니농 실험극장의 폐쇄로 압구정동으로 실험극장을 옮긴 이후, 아서 밀러의 최신작 『모르간산에서 내려오다』에 이어 명배우 시리즈로 박정자의 『11월의 왈츠』, 손숙의 『셜리 발렌타인』, 그리고 『청바지를 입은 파우스트』와 『스티밍-욕탕의 여인들』들을 공연하며, 소위 '강남 지역의 연극화'를 위해 고군분투하였지만, 결국 뚜렷한 성과를 얻지 못한 채, 96년 김동훈 대표의 타계로 소극장은 폐쇄되고 극단은 명맥만 유지한 채 오늘에 이르고 있다.

대학로는, 잘 알다시피, 서울대 문리대가 있던 자리로서, 86년 문화의 거리로 조성된 이후 지금까지 한국연극의 산실이자 메카로 자리잡은 곳이다. 이곳은 현재 문예회관 대극장 외에 연극을 전문으로 하는 40여개의 소극장, 그리고 그 극장에서 공연되는 연극들의 포스터 등으로 대한민국 어디서도 맛볼 수 없는 독특한 예술적 풍취를 자아내는 곳이 되었다. 그러나 대학로는 그 자유로운 예술적 분위기 외에 또다른 조류가 있는데, 그것은 넘치는 술집에서 볼 수 있는 것처럼, 감각적이고 표피적인 것으로 고객을 유혹하는 소비 중심의 상업주의적 경향이다. 그리하여 현재 대학로의 연극은 과거 70년대 연극이 대학문화의 꽃으로서, 지적인 작업의 결과로 드러나던 때와 전적으로 모양을 달리하여 나타나고 있다. 벗기기 연극으로 대표되는 대학로 연극의 상업주의는 이밖에도 가벼운 코미디와 자극적이고 파격적인 소재 중심의 연극 일색으로 채워지게 되었다. 간혹 진지한 주제를 다루는 연극이 공연될 때도 있지만, 이미 자극적인 관극 체험으로 길들여진 관객들의 외면으로, 그런 연극들은 소리소문도 없이 막을 내리게 된다. 그리하여 이제 대학로에서 연극을 한다는 말은 작품성으로 승부한다는 말보다 상업적인 승부에 목을 매는 것으로 보여질 때가 많다.

'어두워가는 우리 연극계에 횃불이 되고자' 실험극장 불후의 명작 시리즈 1탄으로 마련된 이번 실험극장의 『에쿠우스』는 그래서 김동훈 선생 추모공연의 의미보다는, 과거의 화려한 신화에 기대어 상업적인 흥행을 도모하려는 혐의가 역력하다. 그 옛날과 같은 패기와 정열도 없고, 실험도 없이 단지 노련미와 장황한 회고담, 그리고 빛나는 훈장만이 즐비한 공연으로는 결코 '우리 연극계에 횃불'이 될 수 없을 것이다.

일단 작품 선정에는 별 무리가 없는 듯 여겨진다. '진정한 연극계의 거목이었으며, 역사의 한 페이지를 장식하고 훌쩍 저 세상으로 간 신화적 존재'인 김동훈 선생의 추모작으로 『에쿠우스』가 선정된 것은 당연하다. 왜냐하면 『에쿠우스』는 그가 72년에 대표를 맡은 후, 운니동에 실험극장 전용 소극장을 마련한 후, 개관공연으로 만들어진 작품으로서 한국 연극사에 길이 남을 공연이자 나아가 70년대 한국 최대의 문화사적인 사건이 된 작품이기 때문이다. 그러므로 얼마든지 리바이벌 될 수 있는 작품이다. 그러나 중요한 건, 과거 작품을 단순하게 되풀이하는 것이 아닌, 새롭게 공연될만한 의미를 갖춰야 했고, 나아가 선배들의 빛나는 업적에 버금가는 노력이 담보되어야 했다는 것이다. 실험극장은 적어도 이런 점에 주의해야 했었다. 그러나 이번 실험극장의 『에쿠우스』는 분명 그런 조건을 충족시키지 못했다.

우선 발견되는 것이 연출의 안이함이다. 이번 공연의 연출을 맡은 김아라는 현대 한국 연극계를 대표하는 연출가 중 한 명이다. 그의 재기발랄한 무대 상상력과 연기술로 빚어지는 무대공간은 언제나 신비한 매력이 넘치곤 하였다. 그리고 그런 매력은 내러티브에 구속받지 않고 오히려 무대, 그 자체에 연출력을 집중시키는 데에 있었다. 그런데 이번 공연에서는 그런 연출가의 상상력이 발휘되지 못했다. 변형된 원형무대 위에서 벌어지는 각 행위들은 단순히 이야기를 성립시키기 위한, 그리고 등·퇴장을 정리하기 위한 브로킹만으로 이루어져 있었다. 또 배우들 각각의 캐릭터 선정에도 깊은 고민이 없는 듯 보여졌다. 특히 이 작품의 중심 인물이 되는 다이사트(조명남)와 알런(정유석)은 각각 아폴론과 디오니소스적인 요소들로서, 그 둘 사이의 긴장과 충돌, 화해가 극을 진행시키는 주요한 뼈대를 이룬다. 그러나 연출은 다이사트와 알런을 그저 평범한 시골의사와 자폐 증세가 있는 어린애, 그 이상도 이하도 아닌 수준의 인물로 정지시켜놨다. 그럼으로 인하여 2시간 30분 정도의 공연 동안, 관객은 내내 알런의 투정과 다이사트의 자조어린 푸념를 거듭해서 들어야 했다. 이는 배우의 연기력 문제가 아니다. 연출이 등장 인물, 그 자체가 가지는 상징에 다가가지 않고, 외연에만 머물렀다는 것을 의미한다. 이런 태도는 연출로서 너무나 무책임한 것이다. 연출의 안이함은 장면을 만드는 데에도 드러났다. 1막 끝에 알런이 말을 타고 달리는 장면(최면 장면), 2막의 성인 전용 극장 장면, 그리고 마지막에 알런이 말의 눈을 찌르는 장면은 이 극에서 가장 신비하면서도 극적인 장면임에도 불구하고, 김아라는 지극히 평범한 장면을 연출했다. 연습이 덜된 말의 동작, 평범한 조명, 거기에 역량 미달의 알런의 연기...등등은 작품이 주는 전율감을 반감시켰다.

연기도 적합하지 못했다. 위에 지적한 다이사트와 알런 외에 또 중요한 인물로는 알런의 아버지 프랭크(원근희)와 어머니 도라(이양숙)를 들 수 있다. 아버지는 무신론자이면서도, 역설적으로 신적인 권위를 상징하고, 어머니는 철저한 유신론자이면서도 인간의 가식과 위선을 나타낸다. 알런의 자폐와 정서장애는 사실 이 부부의 이질적인 요소로부터 파생된 것이다. 때문에 배우는, 특히 아버지는 사회주의자로서의 지성과 동시에 신과 같은 카리스마를 가진 인물로 창조되어야 했었다. 그러나 아버지 역을 맡은 원근희는 다소 신경질적이며, 나약한 인쇄업자 정도에 멈춰섰다. 그의 그런 연기는 결정적으로, 성인극장에서 알런이 아버지를 발견하고나서 겪는 불안을 납득할 수 없도록 만들었다. 즉, 아버지의 권위와 신성의 모습이 충분히 관객에게 납득되어야만, 성인극장에서 알런의 당혹과 불안, 또 버스정류장에서 헤어질 때 변명하는 아버지의 초라한 모습, 즉 신성의 추락을 경험할 수 있는 것이다. 그런데 원근희의 허술한 연기로 말미암아, 그 후에 이어지는 알런과 질의 마굿간 장면, 알런의 죄의식, 그래서 말의 눈을 찌르는 장면 등으로 점층적인 감정 상승을 가능하지 못하도록 하였다. 즉 마지막 알런의 광기는 그 이전 성인극장에서의 당혹

한 감정을 발판으로 뛰어오르도록 짜여진 것이다. 그런데 그 발판이 허술한 탓에 도약이 이뤄지지 못한 것이다.

조명의 단순함은 더 이상 지적거리도 아니다. 다행인 것은 무대(박동우)의 안정된 솜씨다. 양쪽 통로에 기둥을 세우고 중앙에 팔각 무대와 그로 이이지는 비스듬한 통로로 이뤄신 무대는, 비록 희곡 작품에서 요구한 형태는 아니지만, 대체로 그의 요구를 받아들이면서도 독창적인 무대 공간을 창조하였다. 그의 무대는 관객들로 하여금 극의 주공간인 마굿간의 느낌을 느끼도록 하였을 뿐만 아니라, 다양한 공간 분할이 가능하도록 하였다. (그러나, 연출은 그 공간을 제대로 활용하지 않았다.) 또 오브제 제작(박경범) 솜씨도 눈에 띄었다. 그러나 원작에서 요구하는 회전되는 사각 무대가 만들어져 있지 않은 것이 못내 아쉽다. 그 이유가 기술적인 것인지 의도적인 것인지 명확하지는 않지만, 권투 링과 비슷한 형태의 사각 무대의 이동은 극의 역동적인 힘을 두드러지게 나타내는 장치인데, 그것이 이뤄지지 않은 것에 대한 뚜렷한 이유를 찾지 못했다. (1막 끝 부분에 쇠사슬로 잠깐 움직이긴 하지만, 그것으로는 부족하다.)

『에쿠우스』는 여러 가지 의미가 몇 개의 층위를 가지고 구성되어 있다. 신과 인간, 현대인의 삭막한 삶과 원초적 정열, 성(性)의 본능과 억제... 등이 바로 그것이다. 그런 몇 개의 층위는 서로 중첩 교직되어 인물의 성격을 구축하고, 그 성격들이 서로 충돌하고, 또 그 충돌로 야기되는 기괴한 사건들이 있다. 그래서 『에쿠우스』는 기묘한 충격과 감동을 가져오는 작품이다. 즉 그 기묘한 충격과 감동은 이야기 구조 때문도 아니오 충격적인 소재 때문도 아니라는 것이다. 근본적인 주제들의 중첩이 주는 무게, 그리고 그 신비한 조화라는 것이다. 결국, 『에쿠우스』는 머리로 이해되는 연극이 아니라 가슴으로 전해지는 연극이다.

그러나 이번 실험극장의 97년 『에쿠우스』는 가슴으로 전해지지 않았다. 그 이유가 연출의 안이함이나 배우의 미숙함 때문만은 아니다. 더 근본적인 이유는 실험극장이 과거의 영광에 기대어 흥행몰이를 기대한 데서 찾아야 할 것이다.(이러한 나의 추측, 어쩌면 정말 막연한 추측이길 바라지만.) 한국 연극사에 중요한 위치를 점하고 있는 실험극장이, 압구정동에서의 실패, 김동훈 대표의 죽음, 그후 유명무실해지는 극단 활동, 그 빈사의 상태에서 벗어나고자 선택한 방향이 대학로에서 리바이벌이라는 것은 너무나 아이러니칼하다. 실험극장은 1960년 창단 당시의 정신을 다시 생각해봐야 할 것이다. 그리고 운니동 실험극장을 개관할 때의 정열을 다시 찾아야 할 것이다. 정열을 잃어버린 것은 다이사트만이 아니다. 한국 연극계의 신화, 실험극장도 그렇다. 실험정신으로 충만한 '만년 청년 정신' 의 실험극장, 그것만이 실험극장을 실험극장답게 할 것이며, 그래야 그들의 선택은 비로소 '횃불' 이 될 것이다. '실험' 을 잃은 실험극장. 그것은 너무 초라하다.

알, 그 각질의 안팎
- 극단 알의 『브라이튼 해변의 비망록』을 보고 -

　알에는 신화적 이미지가 있다. 숲이 있고 예언이 있다. 그리고 영웅
이 태어난다. 그러나 그는 곧 버려지고 고난을 받는다. 그러나 원래
신성하고 지엄한 존재인 그는, 그 고난을 훌륭하게 극복하고, 혼돈과
무질서로 가득찬 세상에게 찬란한 하늘의 뜻을 반포한다. 새로운 질
서의 세계가 도래한 것이다. 그는 이제 왕이다. 신화 속 많은 왕이 이
런 절차로 알에서 왕으로(알과 왕, 이 소리의 유사성, 울림) 바뀐 탓
에, 알이라 부를 때, 우리는 부화하지 못한 미성숙의 상태라는 느낌
보다는 신화시대를 예고하는 듯한 원초적인 느낌에 휩싸이게 된다.

　이런 느낌의 근저에는 지금 한국 연극계가 겪는 혼돈과 침체의 나
락이 있기 때문인지도 모르겠다. '예술'을 외치는 벗기기 연극이 있
고, 얼굴과 이름으로 무장한 탤런트들의 화려한 '본격 뮤지컬'이 있
고, 그 옆에 배고픈 연극이 있다. 관객들이 넘쳐 나는 공연이 있는가
하면 관객 한 명이 들지 않아 공연을 못 올리는 연극이 있으며, 하루

아침에 스타가 되어 날리는 배우가 있는가 하면 아직도 석 달 공연에 한 푼의 출연료도 못 받는 배우가 있다. 돈을 벌었다는 극단 대표나 제작자는 없는데 여전히 연극은 올라가고 있고 극단은 창단되고 있다. 연극은 많은데 좋은 연극은 없고 관객은 많은데 진정한 관객이 없는, 아니, 진정한 관객은 있으되 떠나가고 있으며 좋은 연극은 있으되 서서히 죽어 가고 있는 것이 오늘날 한국 연극 현실이다.

이런 혼란의 와중에 또 하나의 극단이 창단되었다. 극단 이름이 '알'이다. 그것도 그냥 알이 아니라 고어의 아래아를 쓰는 '알'이다. 그리하여 '알'을 찾아 신촌 창무포스트극장으로 가는 길에는 닐 사이몬의 '브라이튼 해변'의 이미지보다는 신화와 혼란, 그 속에서 태어날 영웅의 고고성 같은 이미지가 떠올랐는지도 모르겠다. 그러나 그것은 단순히 스쳐 가는 상념에 불과할 뿐, 극단 '알'은 신화나 영웅 따위의 거창한 생각보다 '현재 우리가 맺고 있는 여러 가지 인간관계를 보다 바람직한 인간관계로 개선해 나가려고' 하는 지극히 소박한 꿈을 가진, 대학극 출신들 중심으로 엮어진, 그런 극단이었다.

대학극은, 이미 오래 전부터, 우리나라 연극계에 중요한 수원지 역할을 해 왔다. 일제 시대 신극 운동을 펼쳤던 때부터 오늘에 이르기까지 한국 연극계는, 연극을 전공한 사람들보다 오히려 연극을 전공하지 않았으나 연극을 진정 사랑했던, 이들 대학극 출신들의 정열과 열정에 기대어 일정 부분 발전해 왔음을 부정할 수 없다. 이런 의미에서, 오늘날과 같은 한국 연극계 현실에서 대학극 출신들을 중심으로 하여 창단되는 극단 '알'에 대한 기대는 자못 크다고 할 수 있겠다. 그들이 대학 시절에 가졌던, 연극에 대한 사랑의 '비망록'은, 분명 그 어떤 유혹에도 넘어지지 않는 버팀목이 될 것이기 때문이다. 그러나 한편 우려도 있다. 순수함이란 나약하여 현실의 풍파에 좌절되기 쉬운 법, 그래서 쉽게 포기하는 일도 있을 것이며, 또는 학문적 성취도에 기대어 오만한 관념적 유희만을 즐길 뿐 현실적 대안이 되지 못할 경우도 있을 것이다.

이런 측면에서 볼 때, 창단 공연으로 공연된 닐 사이몬의 『브라이튼 해변의 비망록』은 시사하는 바가 많다. 그 중에서도 우선 눈에 띄는 한 가지를 고른다면, 생각과 행동의 불일치를 꼽을 수 있겠다. 생각과 행동의 불일지란, 줄여서 연출의 의도와 연출된 연극의 차이라고 할 수 있는데, 굳이 생각과 행동의 불일치라고 표현한 것은, 이번 작품에서 발견된 그 어떤 불일치의 요소들이 꼭 연출의 것만이 아닌, 이 극단 전체의 것이라는 인상을 주었기 때문이다.

우선 팸플릿에 실린 대표의 글을 보자. 대표 류양균은 극단 '알'의 대표이자 이번 작품을 번역한 번역가이다. 성균관 대학교 영문과를 졸업하고 미국에서 연극 연출과 드라마를 전공하고 현재 서울시립대학교 영문과 교수로 있다. 그는 초대의 글에서 "연극은 인간 관계를 묘사하는 것"이기에 "보다 바람직한 인간관계로 개선"하는 방편으로 연극을 생각하고 있으며, 그렇기 때문에 "연극으로 인해 인간관계가 악화된다면 그러한 연극은 좋은 연극이 아니라는 생각"을 밝혔다. 이렇듯 인간관계를 강조한 대표로서 창단 작품으로 '끈끈하고 강인한 가족간의 유대 관계'를 다룬 작품을 고른 것은 당연한 결과일 것이다. 그러나 '연극으로 인해 인간관계가 악화된다'고 '좋은 연극이 아니라'는 엄청난 논리의 비약과 오류처럼 『브라이튼 해변의 비망록』은 오늘날 우리 사회가 겪고 있는 가정의 붕괴나 위기가 '끈끈하고 강인한 가족간의 유대'만으로 해결될 것이라는 지극히 단순한, 그리고 근거없는 낙관을 제시한 작품이었다. 만약, 이 작품의 결말이 밀어닥치는 세파에 견디다 못해, 가족간의 이해와 유대에도 불구하고, 비극적으로 끝나는 작품이었다면, 대표로서 어떤 입장을 취했을까 궁금해진다. 좋은 인간관계에만 집착하는 태도는 본질을 제대로 꿰뚫어 보려 하지 않는 게으름이거나 비겁함의 한 현상이다. 본질의 세계는 겉으로 드러나는 인간관계보다 중요하다. 그것은 인간관계를 뛰어 넘는다. 그리고 그 본질은 연극을 하는 극단에게 연극, 바로 그것이다. 진정 좋은 연극을 만들기 위해서는 인간관계의 친소를 뛰어 넘어야 한다. 아니, 아예 그런 구분 자체가 무의미하다. 이 극단의 구성원 대다수가 시립대학을 중심으로 하였거나 인척으로 되어 있는 점은, 많은 긍정적인 요소로 작용하겠지만, 작품 그 자체를 완성하는 데에는 치명적인 약점으로 작용할 수 있음을 깊이 인식해야 할 것이다. 혹시 이번 공연에서 좋은 인간관계에만 급급한 나머지 연기자로서 기본적인 기량도 갖춰지지 않은 배우들을 기용하지나 않았는지 되새겨 봐야 할 것이다.

연출 박재완은 서울시립대학에서 영문학을, 동국대 대학원에서 연극영화과를, 그리고 미국에서 연극이론과 연기. 연출로 석사와 박사 학위를 받았다. 학력으로 보자면, 한국 연극계에서 그에 비견할 연출가가 거의 없을 것이다. 그래서 그런지 그는 팸플릿에 장황하리 만치 길게 자신의 연출론과 연기론을 적고 있다. 닐 사이먼의 작품이 코미디이기 전에 리얼리즘 연극이라는 점, 그렇기 때문에 사실적 접근이 필요하다는 점, 그리고 그 사실적 접근을 하기 위한 자신의 연기관 등이 그것이다. 그럼에도 불구하고 이번 공연은 그가 피하려고 해던 '야릇한 어릿광대 짓거리'로부터 얼마나 멀리 떨어져 있는지 의심이 든다. 가족들이 모여 식사를 하며 아버지인 잭의 눈치를 보는 장면은 양념이라 치더라도, 출연자 거의 모든 사람들이 불쑥불쑥 고함을 친다거나 갑자기 화다닥거리며 움직이는 것은 바로 그가 멀리하려 애쓴 '어깨 위로만 의존해 살아온 습관적 표현' 즉, 상투적 연기가 아니던가. 감정이 격해질 때마다 배우가 상대 배우를 지나치거나 돌아서서 우뚝 멈추었다가 다시 고개를 돌리는 동작선은 왜 그렇게 많은가. 그것이 '발견하려고 한, 온몸으로 반응하는 이른바 동물 근성'인가. 연출로서 연기에 대하여 분명한 입장을 취하는 것이 절대 필요하긴 하지만, 그것은 배우들에게 직접 연기를 가르쳐서 나올 수 있는 것이 아니다. 배우는 공연의 최종 책임자로서 독립된 예술가이며, 연출은 그 독립된 예술가들이 엉켜서 뿜어낼 앙상블의 방향을 설계하는 데 더 큰 노력을 기울여야 할 것이다. 개별적인 연기 지도는 연기술, 그 자체가 아니라, 연기할 방향에 초점이 맞춰져야 한다.

이번 공연에서 연출의 역량이 보인 것은 그가 그토록 강조한 연기에서가 아니라, 연출의 글 말미에 잠깐 언급한 '템포와 리듬'이었다. 경쾌한 트위스트풍의 음악으로 시작한 첫 장면에서 마지막 장면까지 대체로 빠른 속도를 유지함으로써, 연기 역량의 부족으로 인한 짜증을 어느 정도 잊고 관극에 빠지도록 하였다. 그리고 극의 흐름에 따른 침묵과 느린 대사나 발걸음은 작품 내면의 상황으로 유도하는 데 효과적이었다. 중요한 것은 그런 리듬과 템포가 작품의 분위기와 걸맞게 조절되어 있었고, 그것은 연출이 작품의 흐름을 정확하게 파악하고 있으며, 동시에 그것이 관객에게 미칠 심리적인 효과까지도 의식하고 있었다는 것이다. 즉, 연출로서 작품에 대한 해석력, 그 자체에는 뛰어난 능력을 보였다고 할 것이다.

이번 작품에 출연한 일곱 명의 배우 중 누구도 제대로 자기 역할을 해낸 배우는 없었다고 보인다. 잭 역을 맡은 반우섭은 배우로서 기본적인 대사 훈련도 안 되어 있는 듯 하였고, 게이트 역의 김지영은 과격한 발성과 제스추어로, 고달픈 삶의 질곡에서도 따스한 모성애를 발휘하는 엄마의 역할을 만들어내지 못 하였다. 나이든 배역에 배우의 나이가 문제가 되는 것은 아니지만, 적어도 어느 정도의 연륜이 필요하다는 것은, 연기 역량이 단순히 재능이나 재주로만 이뤄진 것이 아니라 때로는 인생을 응시하고 성찰해낸 깊이로부터 출발한다는 것을 다시 한번 확인했기 때문이었다. 그래도 비교적 자기 역할을 해낸 배우를 굳이 꼽는다면 유진 역을 한 허진 정도일 것이다. 어린 남자 역을 여자의 몸으로 해야 했기에 파생되었던 여러 가지 결점들과 아동극에서나 볼 수 있을 것 같은 억지 과장 연기 등이 여전히 거슬리지만, 그래도 허진의 열성에 찬 연기는 극의 중심을 끌고나감에 있어 결정적인 장애가 되진 않았다. 즉, 기본적인 자기 역할을 하였다고 보여진다.

반무섭은 이번 공연에서 잭이라는 역을 맡은 배우이면서 무대 디자인을 맡았는데, 그의 능력은 배우보다 무대 디자인에서 돋보였다. 이미 여러 작품의 디자인을 맡은 경험이 있는 그는, 과감하게 무대 중앙을 통해 2층으로 올라가도록 계단을 배치함으로써, 계단 그 자체의 기능 외에 감정의 흐름을 일궈내는 공간으로 만들어 냈다. (케이트가 스탠리로부터 돈을 노름에서 다 잃었다는 말을 듣고 계단을 내려오는 장면을 기억해보라. 그 느린 하강이 오히려 슬픔의 무게를 점점 더하지 않았던가. 그런 효과가 중앙 계단 없이도 가능하였겠는가.) 또한 전체적인 색채, 즉 옅은 청색 계통의 배경과 어울리는 밤색과 붉은 색은 극의 분위기에 적절히 복무하였다고 보여진다. 그러나 덧마루를 사용한 후, 마감처리를 미흡히 한 탓에 배우가 움직일 때마다 들리는 시끄러운 발소리는 극에 몰입하는 것을 방해했다. 또 야외 공간에 대한 디테일도 부족했다. 그저 무신경하게 배치한 벤취가 특히 그렇다.

그러나 이번 『브라이튼 해변의 비망록』에서 눈에 띄지 않게 그 역할을 다한 것은 조명이었다. 극의 흐름을 완벽하게 따라갔을 뿐만 아니라 섬세한 조명의 변화, 그리고 배치로 인하여 관객들은 아마 조명이 끊임없이 변하고 있음을 눈치채지 못한 채 극을 관람할 수 있었을 것이다. 열악한 소극장 조명 시설임에도 불구하고 그 섬세한 조명 디자인 솜씨에 찬사를 보낸다.

처음 나는 '알'이란 것의 신화성에 대하여 말했다. 그리고 우리나라 연극계의 혼돈을, 그리고 또 대학극 출신들에 대한 기대와 우려를 말했다. 전체적으로 봐서, 극단 '알'은 아직 부화하지 못한 '알'의 내부에 숨쉬고 있다. 비록 기성 극단으로 출발하였지만 그 의식과 작품 생산 방식은 대학극 시절의 미성숙한 아마추어리즘을 벗어나지 못하고 있는 것 같다. 그러나 극단 '알'은 분명 죽은 '알'이 아니다. 생명이 있고 숨을 쉬고 있다. 때문에 어느 적당한 시기가 무르익으면 분명 단단한 각질을 깨고 새로운 생명의 나래짓을 할 것이 분명하다. 그 나래짓이 어떠할 것이라고 판단하는 것은 아직 이른 듯 하다. 많은 한계에도 불구하고, 분명 충분한 가능성과 능력이 보였기 때문이다. 그리고 성실함과 열정 역시 증명하였다. 문제는 앞으로 이 극단이 얼마나 치열한 정신으로 본질, 즉 연극 그 자체에 몰두한 것인가이다. 어설픈 인정주의를 벗어나 분명한 인식을 키우고, 또 극을 실재화시키는 능력을 기른다면, 덧붙여 좀더 폭넓은 배우 선정을 도모한다면, 분명 극단 '알'은 오늘날처럼 혼돈을 겪고 있는 한국 연극계에 새로운 신화 하나를 덧붙일 수 있을 것이다.

『마로위츠 햄릿』, 그 희미한 빛

『마로위츠 햄릿』 앞에는 피터 브룩이 있고 뒤에는 『마라/사드』가 있다. 엄밀하게 말하자면 『마로위츠 햄릿』이 아니라 『피터 브룩의 마로위츠 햄릿』이라 부르는 것이 맞다. 아니면 그냥 『햄릿』이거나. 『마로위츠 햄릿』은 1964년 로얄 셰익스피어 극단으로부터 특별기금을 지급받은 피터 브룩이 피터 바이스의 『마라/사드』를 공연하기 전에 잔혹극을 실험하기 위하여 제작한 몇 개의 작품, 즉 「난센스 스케치」, 「공중 목욕탕」, 「예술은 길고 인생은 짧다」, 로브그리예의 단편 각색 작품... 등 하루 저녁 동안 공연된 작품들 중 하나였다.

이때 피터 브룩은 부책임자로 있던 마로위츠와 함께 연극의 새로운 형식을 실험하였는데, 대체로 그것은 소리, 동작, 단편적인 몽따주, 꼴라주, 해프닝... 등 전통적인 문자(극작가) 중심의 연극에서 상황(연출가) 중심의 연극으로 전환을 시도한 것이었다. 이후 마로위츠는 이때 실험한 자신의 재구성 작품 28분짜리 『햄릿』을 재차 각색하고 수정하여 현재와 같은 모습으로 만들었다.

『마로위츠 햄릿』은 셰익스피어의 『햄릿』과 달리 논리적 사건의 연결이 아닌 의식의 흐름을 중심으로 짜여져 있다. 때문에 무대 위에 등장하는 인물은 많지만 사실상 그들은 실재로 존재하는 인물이 아니라 모두가 햄릿의 의식 속에 나타났다가 사라지는 인물들이다. 그렇기 때문에 극의 분할도 원작에 비해 엄청나게 많아 원작의 그것과는 비교되지 않을 정도다. '환상을 실체화시킬 수 없는 무력한 인물'로 그려진 주인공 햄릿은 죽은 아버지(유령)으로부터 끊임없이 "네게 효심이 있거든 묵과하지 마라"는 복수를 요구 받지만 막상 복수의 순간에서는 이런저런 이유로 회피하거나 망설인다. 그 대신에 그는 자신에게 주어진 상황에 대하여 비꼬거나 발작하거나 몽상할 뿐이다. 이에 반하여 형을 살해하고 형수를 왕비로 맞이한 왕(크로디어스)은 현실에 적합한 군주로서 능력과 용기 뿐만 아니라 성적인 매력까지 겸비한 인물로 묘사된다. 즉 『마로위츠 햄릿』은 셰익스피어의 『햄릿』을 행동이라는 기준으로 해체하고 재구성한 작품이다.

작년 12월부터 대학로 은행나무 극장에서 공연되고 있는 『마로위츠 햄릿』 앞에는 한국 연극의 불황과 위기가 있고, 뒤에는 암시가 있다. 불황과 위기에서 어떤 방식으로 다시 연극을 만들어야 하고, 또 배우는 어떻게 몸을 던져야 하는가 하는 암시 속에 한국 연극의 희망이 있고, 그 희망은 다시 희미하게나마 빛으로 우리를 비춰주고 있다.

잘 알다시피, 대학로가 죽어가고 있다. 한때 대학로는 한국 연극의 성지이며 꿈인 적이 있었다. 그러나 이제 대학로는 죽어가고 있다.

연극을 공연하는 극장의 객석은 비어 있고, 연극 배우들은 거리를 배회한다. 호객꾼과 사이비 연극인이 감히 "예술이냐 외설이냐"를 외치며 길거리 행인을 붙잡고 연극보기를 강요하고 있다. 논리도 없고 최소한의 연극적인 미학도 갖추지 않은 연극이, 단순히 벗은 몸을 볼 수 있다는 이유만으로 하루 3회의 공연이 모자랄 정도로 관객이 들어차고 있다. 텅빈 극장을 나와 삶에 회의하고 연극에 절망한 연극인이 힘없이 거닐다 보게되는 그런 풍경은 실로 견디기 어려운 유혹일 것이다. 그리하여 몇몇의 연극인이 슬며시 벗기기 연극 대열로 발을 담그거나, 혹은 애매모호한 경계선에서 작품성도 있는 듯하고 흥행성도 있는 듯한 연극 만들기에 몰두하고 있다. 한국 연극의 메카인 대학로에서 이런저런 이유로 순수 연극은 힘을 잃어가고 있고, 그래서 관객은 떨어지고, 그래서 더욱 더 순수연극은 죽어가는 악순환이 계속되고 있다.

이런 시점에 대학로 중에서 소위 말하는 뒷골목 극장, 그 중에서도 제일 끝 지점에 있는 은행나무 극장에서 공연되고 있는 『마로위츠 햄릿』은 여러 면에서 의미있는 공연이다. 알다시피 은행나무 극장은 94년 12월 『아시나마리』를 창단 작품으로 공연한 이래 줄곧 진지하고 의미있는 연극을 공연해오고 있다. 대학로의 위기 속에서 오히려 상업성에 타협하지 않고 작품성으로 승부하겠다는 정신과 오기의 연극정신으로 매달려온 극장(극단)으로서는 이번 작품의 선정이 지극히 당연하였겠지만, 연극판을 아는 사람들에게 이번 작품의 선택은 좀 의외였다. 그 까닭은 지난 12월 『마로위츠 햄릿』이 공연되기 이전에 이미 이윤택의 『햄릿』이 상반기에 이어 후반기에도 거듭 공연되었을 뿐만 아니라, 이외에도 셰익스피어의 작품(뮈토스의 『리어, 그 이후』, 기국서의 『미친 리어』, 영국 극단 Shared Experience의 『템페스트』)들이 연거푸 공연되었기 때문이었다. 이들 작품들이 일정 수준을 담보하고 어느 정도 관객 동원에 성공하긴 했지만 그렇다고 완전한 성공작이라고 말하기는 어려운 상황이었다. 하물며 대학로 뒷골목에 있는 극장에서, 연륜도 짧은 극단에서 또다시 셰익스피어의 작품인 『햄릿』(물론 마로위츠의 재구성 작품이긴 하지만)을 공연하겠다고 하였을 때 어느 누구도 성공을 예견하지 못했다.

그러나 은행나무 극장의 이번 작품 『마로위츠 햄릿』은 지난 해 한국 연극 평론가 협회가 선정한 '올해의 한국 연극'으로 선정된 데 이어 97년 백상예술상에 신인연출상과 신인연기상을 받음으로 인해서 명실공히 그 작품성을 인정받게 되었다.

우선 김형주의 무대 디자인이 눈에 들어온다. 높은 객석에서 내려다 보이는 무대 바닥의 원형 무늬는 연극에서 보여주는 햄릿의 혼란한 의식 구조를 비교적 잘 나타내 주었다고 볼 수 있다. 무대 후면에 놓인 심플한 계단 형태의 세트, 그리고 좌우에 문과 중앙 바닥의 무덤 등이 작품과 어우러져 효과를 발휘하고 있다. 특히 어두운 색조로 칠해진 무대 셋트는 극장의 분위기에 적합하면서도 작품과도 어울려 그 검은 색의 선정이 퍽 효과적이었다. 그러나 몇 가지 미흡한 점이 마음에 걸린다. 그건 무대 바닥에 설치된 무덤이 최근 몇 편의 연극 세트에서 보여졌던 것이라는 것이다. 다른 작품에서 사용된 형식이 전혀 사용될 수 없다는 것이 아니라, 새로운 해석이 덧붙여지지 않았다는, 무대 디자인의 연극미학을 의심하게 한다는 것이다. 즉, 무덤이 무덤으로만 기능하는 형태로 사용되었을 뿐 그 이상이 발견되지 않았다. 무덤은 흔히 죽음으로 상징되지만 동시에 부활의 공간으로 사용된다. 흙과 인체의 만남은 인간의 탄생이며 끝이다. 이 작품에서 나오는 수많은 죽음들이 종국적으로 달려가는 지점은 과연 무엇일까? 그것은 햄릿의 죽음이다. 그럼 햄릿의 죽음은 무엇일까? 우유부단하였으며 무기력한 한 인간의, 단순한 죽음을 말하고자 하였을까? 그건 아니다. 그 햄릿의 죽음은 단순히 육체의 소멸을 뜻하지 않는다. 무대 디자인에서는 이 점을 간과하고 있다.

이 점은 연출가 윤우영에게도 발견된다. 젊은 연출가 윤우영은 자신의 첫 작품으로는 비교적 무난하게, 아니 오히려 훌륭하게 작품을 소화해내었다. 그럼으로 그가 받은 백상예술상 신인연출상은 당연하다고 볼 수 있다. 그러나 윤우영은 원작을 재현하는 데에는 훌륭하였으나 연출가로서 자신의 예술세계 혹은 세계관을 드러내는 데에는 실패했다. 그것은 이 작품의 마지막 장면, 햄릿이 상상의 희생자 무리들을 죽이는 장면을 어떻게 해석/창조해내는가에 달려있었는데, 연출자는 그저 대본에 적혀 있는 그대로를 무대 위에 재현했다. 그럼으로 인해 햄릿은 괜히 발광하다가 죽었고, 햄릿이 죽인 시체들은 괜히 죽었을 뿐만 아니라, 또 괴이하게도 다시 일어나 낄낄거리며 햄릿을 조롱하게 되었다.

원작 『햄릿』에서는 아버지가 죽고, 폴로니우스가 죽고, 오필리아가 죽고, 왕비가 죽고, 레어티즈가 죽고, 국왕이 죽고, 그리고 햄릿이 죽는다. 『마로위츠 햄릿』에서는 아버지와 오필리아의 죽음 이후, 애매모호하게 처리되어 모두가 죽고, 그 다음에 햄릿이 죽는 것으로 되어 있다. 중요한 변화 하나, 아버지의 귀에 독약을 부을 때, 햄릿의 손으로 붓게 만들었다는 것이다. 즉 음모와 모략에 의한 살해에다 살부(殺父)의식이 덧붙여진 것이다.

불안과 공포, 번민과 고뇌, 몽상과 꿈은 청년기 특질을 대표한다. 유아기에서 성년이 된다는 것은 단순히 나이가 먹거나 신체가 우람해지는 것만으로 되는 것이 아니다. 정신적인 유아적 특질에서 성년에 걸맞는 정신적 무게와 깊이 역시도 가져야 하는 것이다. 청년기는 이 경계선에서 혼란과 방황을 거듭하다가 서서히 성년으로 진입한다. 이것이 문화적으로 나타난 것이 각국에 존재하는 성년의식이며, 이 주제는 각종 예술 작품에서 끊임없이 추구해 온 몇 안 되는 주제 중 하나이다.

이런 면에서 보면 『마로위츠 햄릿』은 대표적인 성인 통과의례를 나타낸 작품이다. 유아기에 의존하였거나 몰입하였던 대상들을 차례차례로 극복하면서 드디어 성인이 되는 과정을 다루고 있는 것이다. 즉 아버지를 극복하고(햄릿이 직접 죽이지 않는가?), 여자(오필리아)에 대한 환상을 극복하고, 그리고 주변부 권력자(폴로니우스)를 극복하고, 마침내 선왕(크로디우스)을 죽임으로써 명실상부한 '보기 드문 영주'가 되는 것이다. 즉, 이때 햄릿이 죽는 것은 단순히 한 인간의 호흡이 끊어지고 육체가 뻣뻣하게 굳어버리는 생물학적인 죽음이 아니라, 성년 햄릿으로 다시 태어날 것을 예고하는 어린 햄릿의 죽음, 즉 통과의례의 성공을 가리키는 것이다. 때문에 햄릿은 마지막으로 "지금... 이 순간부터는... 마음이여, 잔인해지라. 그 밖의 것은 모두 쓸데없는 것이니... "라고 말하는 것이다. 성년의 세계는 꿈과 몽상으로 이뤄진 세계가 아니라, 냉엄한 현실의 논리가 지배하는 세계임을 처절하게 인식하는 순간인 것이다.

　연출자 윤우영은 마지막 장면에서 햄릿이 장난감 칼을 한번 휘두를 때마다 실감나는 전자음을 실어보냈으며, 그때마다 한 사람씩 실감나게 죽어 쓰러졌다. 그리고 모두가 쓰러졌을 때, 햄릿은 다시 독백을 시작하고, 그러자 쓰러졌던 시체들이 낄낄거리게 하였고, 그리고 연극을 끝내게 하였다. 그럼으로 인해 관객들은 연극이 끝났을 때, 그렇지 않아도 기존 스토리의 해체로 인해 혼란을 겪는 데다가, 또 한번의 혼란을 겪게 된다. 해체와 재구성은 나름대로 이유와 논리를 갖춰야 한다. 결코 즉흥적인 작업이 아니다. 논리적인 기승전결보다 오히려 더욱더 치밀한 논리와 계산을 가지고 만들어진다. 그리고 그 논리와 재구성은 최후에 완성되는 단일한 느낌과 주제에 복무한다. 그건 결코 연기 방식의 변화, 장면 구성의 특이함만으로 이해될 수 있는 성질이 아니다. 연출자 윤우영은 이런 점을 특히 명심하여 마지막 장면에서 햄릿이 죽이고 죽는 그 장면 연출에 심각한 고민을 했어야 했다. 그리고 그 고민은 연기나 브로킹이 아닌, 어떻게 상징체계를 구축할 것인가 하는 근본적인 것이어야 했다. 그러한 고민은 분명 무대 세트에 관심을 기울게 할 것이며, 특히 무덤으로 만들어진 공간의 배치나 활용에 관심을 기울이게 할 것이다. 그리하여 그 공간의 활용과 응용으로 인하여 기존의 작품들이 보여주었던 바닥 공간의 무덤이 아닌, 윤우영 방식의 새로운 무덤으로 창조되었을 것이다. 분명 그것을 보여줬어야 했다. 그러나 그걸 보여주지 못했다.

　연출자 윤우영의 미숙함은 무대 공간을 사용하는 데에서도 드러난다. 무대 세트로 만들어진 계단 형식의 상층부(무덤 윗부분 계단)가 전혀 사용되지 못 하였고, 또 양쪽으로 놓여진 문이 사용되지 못했다. 그 문이 초상화를 나타내는 액자라고 해도 마찬가지다. 그 비스듬한 문 형식의 세트가 잠시 직각으로 일어섰다가 다시 눕혀지는 것을 보았는데, 그 이유가 불분명할 뿐더러, 그 이후 전혀 적절하게 기능하지 못함으로 인해서 쓸데없는 장식처럼 보였다. 이 문제는 무대 디자이너와 함께 책임을 질 사항이지만, 근본적으로 채택되고 설치된 무대 공간을 적절하게 사용하지 못한 책임은 오롯이 연출자 몫이다.

그럼에도 불구하고 이번 은행나무 극장의 『마로위츠 햄릿』은 요즘처럼 한국 연극이 불황과 위기로 질식할 것만 같은 현실에서 하나의 맑은 샘물 같은 공연을 보여 주었다. 전체적으로 안정된 연기 역량을 가진 배우들로 구성된 연기의 앙상블, 그 놀라운 각자의 연기 진폭, 그리고 그 변화무쌍한 변화를 조화롭고도 매끄럽게 이끌어간 연출의 솜씨, 그러나 진정 중요한 것은 이들이 연극의 불황기에 남들처럼 상업성에 물들지 않고 진지하고 무거운 작품으로 정면 승부하였다는 참된 연극 정신이 무엇보다 돋보이는 공연이었다.

어두운 유년의 동굴을 벗어나 종족 보존과 번성 생육에 가차없이 매진해야 하는 성년의 시기를 맞이한 햄릿처럼, 은행나무 극장의 『마로위츠 햄릿』은 어두운 불황의 터널 속을 헤매는 오늘날 한국 연극계 현실에, 결코 유약하게 타협하거나 어둠 속에 안주하지 않겠다는 결연한 의지처럼 빛나는 한 줄기 빛이 되었다. 비록 그 빛이 희미하고 나약하지만, 그 빛의 조도가 높고 낮음보다는 오히려, 동굴이 끝나고 터널이 끝나간다는 징표로서 『마로위츠 햄릿』은 읽혀져야 할 것이다.

　오늘의 한국 연극, 특히 대학로 연극의 위기 앞에는, 원인으로서 벗기기 연극과의 타협이 있고, 그 뒤로는, 즉 희망으로서 벗기기 연극과의 거부, 순수 연극 정신으로 승부하겠다는 자세가 있다. 아주 희미한 빛으로.

국립극단과 함께 한 오태석의 『태』

　　1998년 3월 6일부터 20일까지 국립극장 소극장에서 오태석의 『태』 공연이 있었다. 모두가 인정하다시피, 오태석은 한국 연극계의 가장 대표적인 극작가이며 연출가이다. 1940년 충남 서천에서 출생한 오태석은 1967년 조선일보 신춘문예에 『웨딩드레스』가 당선되고, 68년에 국립극장과 한국일보가 공동으로 공모한 장막극 공모에 『환절기』가 당선되면서 본격적인 작가의 길로 들어섰다. 그후에 오태석은 매년 2~3편의 희곡을 발표하게 되는데 69년에 『여왕과 승려』, 『유다여 닭이 울기 전에』, 『육교 위에 유모차』 70년에 『교행』, 『롤라스케이트를 타는 오뚜기』, 『사육』 71년에 『이식수술』, 『버남의 숲』 72년에 『쇠뚝이 놀이』 73년에 『초분』 그리고 74년에 『태』를 발표하게 된다.

　　오태석에게 『초분』과 『태』를 쓴 73년과 74년은 참으로 중요한 기간이 된다. 그 이전에 그는 실험극장의 단원으로서, 연출가이기 전에 희곡작가로서 활동했었다. 그리고 '이 기간에 그의 작품은 주로 서구식 드라마투루기에 의한 습작기'에 불과했다. 그러나 그 이후 그는 드라마센타로 적을 옮기면서 희곡작가 뿐만 아니라 연출가로 발을 내딛기 시작하였다. 연출가로 변신하는 그 시기에 그는 그 때까지 희곡을 써오던 방식을 바꿔 '주제와 형식에서 한국적인 삶의 구심력과 원심력의 충돌과 긴장.대립의 관계를 여실히 보여주는 생동감 넘치는 작품들'을 쓰기 시작한다. 이 시기 그가 『문 밖에서』, 『루브』, 『희한한 한 쌍』, 『맨발로 공원을』 등 주로 서양의 코미디를 연출한 것과 묘한 대조를 이룬다. 그의 희곡이 유덕형, 안민수 등 당시 대표적 연출가들에 의하여 지극히 한국적인 정서로 연출되고 있는 동안, 자신은 서구극으로 연출 습작기를 거치고 있었던 것이었다.

그 이듬 해, 즉 76년에 그는 자신의 작품 『춘풍의 처』를 직접 연출한다. 그리고 그 다음 해에 비로소 『태』를 신극 70주년 기념공연이며 세종문화회관 개관 기념공연으로 자신이 직접 연출하여 관객에게 선보이게 된다. 이전에 『태』는 동랑 레파토리에서 안민수 연출로 74년, 75년, 77년에 공연되어 이미 한국 연극계에 센세이션을 일으킨 바 있는 작품이었다. 그렇기에 그가 연출할 때, 일반 관객 뿐만 아니라 전문가들도 더 이상의 연출이 없을 것이라고 예상하고 있었다. 안민수의 연출이 워낙 강렬했기 때문이었다. 그러나 그는 안민수와는 '다른 방식, 다른 움직임으로 초기왕정의 환란 속에서도 면면히 이어져 내려오는 생명의 끈으로서 『태』의 의미를 더욱 선명하게 부각시키는 데 성공'하였다는 평가를 받았다. 또 한편으로는 '안민수의 연출 무대를 무시하고 새로운 작업을 했다기보다 오히려 안민수의 연출무대를 딛고 그것을 바탕으로 삼아 연출 작업을 시작'한 것으로 평가받기도 했다. 하여간 오태석의 『태』는 이후 한국 연극의 중요한 작품으로 자리매김이 이뤄졌던 바, 그것은 70년대 초반에 우리 연극계에 불던 한국적인 연극방식의 실험 열풍—극단 자유의 『무엇이 될고 하니』, 최인훈의 『어디서 무엇이 되어 다시 만나랴』... 등 —들 중 가장 뚜렷한 성과로 여겨졌다.

이로서 오태석은 서구극 방식의 희곡쓰기로 습작기를 거쳐 한국적인 정서를 담는 희곡작가가 되고, 또 서구극을 가지고 연출하던 습작기를 거쳐 자신의 한국적 정서를 다룬 희곡작품을 직접 연출하는, 소위 '한민족 정서의 원심력과 구심력'를 가장 잘 다루는 연극인으로 태어나게 된다. 그 이후 오태석은 줄기차게 한민족의 정서가 담긴 일련의 작품들을 자신이 직접 쓰고, 또 직접 연출하는 방식으로 연극 활동을 하게 된다. 특히 84년에 극단 '목화'를 창단한 후에 그는 이곳을 중심으로 한민족 특유의 정서를 담는 데에 덧붙여 한국적인 연기 방식까지 담는 연극을 꾸준히 만들어오고 있다. 이 극단 '목화'를 중심으로, 그는 소위 말하는 '논두렁식 연기술'에 입각한 『아프리카』, 『부자유친』, 『비닐하우스』, 『운상각』, 『심청이는 왜 두 번 인당수에 봄을 던졌는가』, 『백구야 껑충 나지 마라』, 『아침 한 때 눈이나 비』, 『백마강 달밤에』, 『여우와 사랑을』 등을 발표했다.

이번 국립극단에 의해 공연된 『태』는 오태석의 그런 연극세계를 다시 한번 되돌아보게 하는 데 큰 의미가 있다. 20년 전에 한국 연극계를 강타했던 그의 작품을 다시 한번 그의 연출을 통해 보여줌으로써, 한국 연극에서 한민족의 정서 담기 20년을 점검할 수 있을 뿐만 아니라, 동시에 오태석 개인의 연극세계도 다시 점검할 수 있는 기회를 가질 수 있었기 때문이었다. 그리고 이런 작업은 과거 20년 전의 화려한 기억을 되살리는, 복고적 태도를 넘어, 새로운 출발지이며 새로운 도약대로서 한국 연극과 오태석 개인에게 작용할 수 있으리라는 기대가 있기에 더욱더 그 의미가 컸다. 그러나 74년 안민수 연출의 『태』와 77년 오태석 연출의 『태』를 보지 않은 입장에서 그 각각의 공연의 의미와 차이, 그 변화를 추적할 수 없음이 대단히 안타깝다. 사실, 이번 공연의 진정한 평가와 의미는 그 두 공연과의 비교에서 찾는 것이 가장 이상적일 것이다. 그러나 부득히 이번 공연에 한정하여 공연의 성과와 의미를 찾아 보겠다.

『태』는 단종의 양위, 세조의 등극, 그에 따른 사육신의 죽음이라는 정치적 상황을 바탕으로, 박팽년의 아들인 박순의 처가 아이를 임신하였으나 그의 종이 대신 자신의 아이를 죽여 바치고 그 아이(박팽년의 손자)를 살려 대를 잇게 한다는 인간적 이야기가 줄기를 이루고 있다. 즉, 아무리 험난한 환경과 극한 상황 속에서도 인간의 생명이라는 존엄한 가치는 그 명맥을 끈끈하게 유지해 간다는 주제를 다루고 있는 작품이다. 여기서 모태로부터 유아가 생명을 이어받는 생물학적 '태'는 인간의 생명의 연속성을 상징하는 '태'로 환치되고 있으며, 그 '태'라는 원초성으로 인하여 작품 『태』는 끈끈하고도 원시적인 분위기, 그리고 신비한 느낌으로 감싸이게 된다. 여기에 한 가지 덧붙인다면, 주인의 아들 대신 자식을 빼앗긴 여종의 한과 슬픔, 그 고통이 작품의 비극성을 상승시키는 또 하나의 역할을 담당하게 된다.

이번 국립극장에서 공연된 오태석의 『태』에서 가장 두드러지게 나타난 특성은 비극을 강조하기 위한 배우들의 연기, 즉 극도로 자제된 침묵과 동작, 그러다가 일시에 폭발시키는 절규, 그 방식이다. 눌러서 눌러서 다져나가는 연기는 주제의 비장미를 드러내는 데 효과적이었고, 그러한 연기는 각각의 배우들의 정지 동작과 이어지는 과장된 제스추어와 어우러져 주제의 비장함을 더욱 상승시켰다. 권력의 비정함, 대를 잇고자 하는 원초적인 욕망, 친족을 죽인 자의 번민, 자신이 믿는 의를 지키고 기꺼이 죽어가는 용기, 자신의 핏줄을 어이없이 죽여야 했던 여종의 슬픔과 광기... 등등이 모두 위에 언급한 연기 방식에 의해 성공적으로 표출되고 있다. 만약의 위에 언급한 주제들이 흔히 하듯, 사실주의적 연기 패턴이나 신명풀이식 연기로 이뤄졌을 때를 상상해보면, 이번 공연에서 오태석이 선택한 극도의 긴장과 억제 속에 분출되는 힘의 연기가 얼마나 효과적이었는가를 쉽게 알 수 있다.

또, 이번 공연에서 눈에 띄는 특징으로는 검은 색과 흰 색의 명암 대조가 뚜렷한 무대 기호들이다. 즉 의상과 무대(병풍과 천), 그리고 조명 등이다. 첫 장면, 막 앞에 작은 책상이 놓여져 있어 스포트를 받는 장면으로부터 끝까지 내내 내려져 있는 검은 막은 작품이 다루고 있는 주제의 무거움을 강조하면서도, 동시에 권력과 생사의 미로와 같은 답답함과 갑갑함을 느끼게 한다. 그 앞에 종이로 만들어 부풀려진 옷을 입고 큰소리치는 인간들의 모습(과거 평에 의하면, 그때도 종이옷을 연기한 듯 여겨짐)은 인간의 삶이 얼마나 허약하고 우스꽝스러운 논리 위에 움직이는가를 보여주는 듯 여겨진다. 결국, 검은

막 앞에 흰옷의 강한 콘트라스트는 죽음이라는 엄숙한 운명 앞에 놓여진 허약한 인간들의 한탕 짓거리를 선연하게 부각시키고, 오히려 그렇게 인간을 허약한 존재로 규정함으로써, 역설적으로 생명의 존귀함과 영속성, 즉 '태'의 신비한 역할을 부각시키게 되는 것이다.

　이런 면에서 이 작품의 맨 마지막 장면은 지극히 상징적이다. 자식을 잃은 여종이 미쳐 돌아다니다가 죽은 자기 남편을 만나게 되는데, 여종은 그에게 자신의 젖을 먹이려고 한다. 그러다가 아랫도리를 드러내고 남편의 몸 위에 자신의 몸을 겹친다. 이때 여종은 죽은 남편의 몸에 꽂힌 칼을 자신의 음부에 집어넣는 듯한 자세를 취한다. 그러면서 작품은 끝난다. 이 장면은 원래 없었던 것으로서(역시, 희곡에 없는 것을 근거로), 상당히 충격적인 메시지를 담는다. 즉, 남편을 죽인 칼을 음부에 넣는 행위는 칼을 모성으로 녹일 수 있다는 작가의 메시지 외에도 죽음 속에서 생명의 탄생을 발견하는(섹스라는 행위가 바로 새로운 생명을 잉태시키는 것이므로) 오태석의 확신에 찬 선언같은 것이 읽혀졌기 때문이다. 이것이 아마 77년 『태』와 근본적인 차이가 아닌가 아닌가 생각된다. 그 차이는 바로 오태석 개인의 차이이며, 또 오태석이 바라본 사회에 대한 차이일 터이다.

　그러나 위와 같은 특징, 그 효과적인 연출 기법에도 불구하고 이번 오태석의 『태』는, 그가 늘 의심받는 왜색풍(노와 가부끼의 연기술과 흡사하다는)이 전혀 근거없는 것이 아니라는 것을 다시 한번 확인시켜준 공연이기도 했다. 그가 채택한 배우들의 연기술, 극도의 움직임을 절제함으로써 힘을 응축시키고, 그 다음 에너지를 일시에 폭발시키는 것, 또 대사의 톤을 한 옥타브 올려 비장하게 뱉어내는 것, 잔

동작을 없애고 일정 방향으로 직선으로 움직이다가 시선을 돌리는 것... 등등의 연기는 일본의 전통적인 연회양식인 가부끼와 노를 본 적이 있는 사람에게는 그다지 낯선 연기가 아니다. 사족이겠지만 그가 조명 기술자로 늘 일본인을 데리고 다닌다는 점과 어울려 그의 연극 방식이 동양적이긴 하지만, 그 동양이 혹시 한국적인이 아닌 일본적이 아닌가 하는가 하는 의혹을 받게 하기에 충분하다. 이와 같은 연기 방식은 과거 『부자유친』에서도 사용되었던 것으로서, 그 당시에도 왜색풍이라는 지적이 여기저기서 일어났던 바 있다. 오태석으로서는 반드시 해명해야 할 의혹임이 분명하다.

추가할 것으로는 이번 오태석의 『태』가 그와 함께 작업을 해온 극단 목화가 아닌, 대한민국의 내노라 하는 명배우들로 구성된 극립극단이었다는 것, 그 협력 관계가 과연 성공적이었는가 하는 것이다. 흔히 오태석은 자신의 방식대로 조련해온 연극배우들에 의해 자신의 작품을 자신의 연출로 공연해온 작가이자 연출가이다. 그런데 이번 공연은 완벽하게 자신과 다른 방식의 연기에 익숙한 배우들에 의하여 공연되었다. 그러므로 극단 '목화'에서 공연하는 것보다는 여러 가지 어려운 점이 많았을 것이다. 즉, 자신의 문법대로 완벽하게 표현할 수 없었다는 것이다. 그러나 이런 한계는, 엄밀하게 말하면, 장애 요소가 아니다. 오히려 공연예술가로서 그에게 새롭고도 가치있는 도전이며, 또 당연히 거쳐야 할 과정이다. 여기서 당연히 거쳐야 할 과정이라 함은, 공연 예술의 특징이 서로 다른 개성과 역할들을 통합하여 드러나는 그 앙상블에 있기 때문에, 그가 종래에 해오던 가부장적 구조 속에서 일방적인 자기 중심의 공연 방식에 견주어, 20

년 공연을 되돌아보는 이 시기 쯤에 반드시 필요한 시도라는 것이다. 이 시도를 통해 그는 또 한번의 새로운 도약을 이룰 수도 있을 것이다. 이런 관점에서 보면, 그의 이번 시도는 어느 정도 성공한 듯 보여진다. 연출로서 출연 배우들에게 일정한 가이드 라인을 설정해주고, 그 범주 안에서 자유롭게 연기를 펼쳐보일 수 있게 한 것이 보여지기 때문이다. 즉 권력을 찬탈하는 과격하고도 폭악한 세조(김재건)와 신숙주(장민호)를 다시 번민하면서도 사려깊은 세조와 권력의 비정한 논리를 가차없이 밀고나가는 신숙주로 나누어, 다시 그들간의 대립과 긴장을 충분히 연출해냈다는 점이 눈에 띄었고, 어린 단종의 비극적인 죽음을 부각시키기 위한 천진난만한 연출들(양위교서를 장난스럽게 읽거나, 영월에서 병풍 사이에서 장난치는 모습)이 눈에 띄었다.

특히 어린 단종의 영월 장면은, 그 이전 공연에서는 없던 것으로서 (기존에 발표된 희곡에 없는 것을 근거로 판단), 그 다음에 오는 죽음을 예고하는 비극성을 강조하는 데에도 한 몫하였지만, 그보다 전체적으로 어둡고 무거운 연극 전체에 간간히 밝은 빛을 발하여 지루함을 제거하는 효과를 얻는 데 더 많은 역할을 발휘하였다. 또 그의 연출이 국립극단 배우들과 좋은 앙상블을 이룬 장면으로는 사육신의 죽음과 그에 이어지는 권속들의 즉음을 나타내는 군중 장면에서, 어찌 보면 춤과도 같고, 어찌 보면 허무한 몸짓과도 같은, 그러면서도 삶과 죽음의 홀연한 일체와 영속성, 그리고 그 단절과 슬픔을 표현해낸 장면이다. 이는 군중 장면의 근본적인 어려움을 극복한 오태석의 연출과 국립극단 배우들의 성의있는 연기에 힙입은 바 크다.

무용탐색

제 2 부

무용대본의 형식 찾기 1

1. 사변 1

소위 무용대본이라는 것을 쓴 지 십 년이 넘었다. 어느 새 십 여 편이 넘어 이십 여 편에 이르고 있다. 물론 전문 무용가도 아니고, 또 모든 것의 중심인 서울이 아닌, 대구를 중심으로 작업한 것이긴 하지만, 어쨌든 십 년이 넘도록 무용의 주변을 맴돈 사람으로서 애정이 없을 수 없다. 특히 나의 원래 일이 극작인 관계로 무용으로 접근한 통로도 무용대본이었는데, 이 일에 관계하면서도 늘 무용대본이라는 게 과연 무엇일까, 하는 의문과 자책에 시달렸다. 어쩌면 이런 시달림도 무용에 대한 애정의 한 결과일 것이다. 그리하여 가끔 무용을 평생 해온 사람들에게 물어보기도 하였다. 그러나 그들 역시 뚜렷한 대답을 가지고 있지 못했다. 또 어떤 때는 어떤 사람이 나에게 물어보기도 한다. 무용대본을 쓰신다고요? 무용대본이라는 게 있습니까? 무용이란 그냥 무용수가 안무가의 지시대로 추는 거 아닙니까? 쓴다면 어떻게 씁니까? 형식은 있습니까?

참으로 난감할 때가 많았다. 그래도 무용대본이라는 것을 쓰고, 그에 대한 대가를 받기도 하였고, 또 때로는 무용대본을 썼다는 이유로 무용에 대한 의견을 피력할 때도 많았다. 그러나 사실 내가 무용에 대해 무엇을 알며, 또 무용에 대하여 뭐라고 말할 것인가?

2. 사변 2

결국 언젠가부터 스스로 이런 생각을 품게 되었다. 분명한 것은 무용대본이라는 것에 대한 필요성이 있다. 필요성이 있다는 것은 그것에 대한 유효함이 거꾸로 증명된 것이고, 문제는 그에 대한 올바른 이해와 작업이라는 것이다. 그리고 그것은 무용과 글쓰기라는 것의 단순한 만남이 아닌, 새로운 형식의 장르가 되어야 한다는 확신이었다. 그러기 위해서는 많은 실험과 연구가 있어야 할 것이라고. 그리고 이왕이면 그 전인미답의 첫 걸음을 내가 딛고 싶다는 망상 같은 것이었다.

그러나 마음만 그렇게 먹었지 사실상 그런 실험과 연구를 할 수 있는 형편도 안 되었고, 또 그럴만한 자격을 갖춘 것도 아니었다. 그저 막연하게 그런 생각을 품고 하루하루, 그리고 한 해 한 해를 보냈던 것이다. 그런 중 어느 날 「무용한국」이라는 잡지사에서 '무용과 주변 인물'이라는 코너가 있는데, 형식은 어떤 것이든 좋으니 글 한 편을 써달라는 청탁을 받게 되었다. 처음에는 그저 아무 것이나 쓸 생각이었다. 수필이나 수상, 혹은 무용과 관련한 에피소드 정도였다. 그런데 책상에 앉아 이런저런 생각을 하다보니, 늘 내가 품어 왔던 생각, 무용대본이란 과연 무엇인가, 하는 첫번째 의문에 대한 나름대로의 경험적 진술을 하는 것이 적합하지 않을까 하는 생각에 이르렀다. 어차피 본격직인 논문을 쓸 수 있는 사람도 아니고, 또 그런 자격을 갖춘 사람도 아니니, 오히려 편한 입장에서 남의 눈치 안 보고 쓸 수 있을 것 같았다. 그리고 그런 의견 피력이 나와 같이 무용대본이라는 것에 대한 의문, 혹은 애정을 가지고 있는 사람에게 조그만 도움이라도 되면 그 이상 좋은 일도 없을 것이라는 생각에 이르렀다. 그리하여 과감하게 「무용대본의 형식 찾기」 제목을 정하고, 컴퓨터를 두서없이 두드리기 시작하였다.

3. 내가 쓴 무용대본이라는 것

이런저런 이유로 무용대본이라는 것을 쓴 이래, 내 개인적으로는 그때마다 형식을 바꿔 써왔다. 다른 사람들이 쓴 것을 본 적이 있으나 그것들에 대해서는 완전한 검토가 이뤄지지 않았고, 또 실제 그것이 어떤 방식으로 작업되었는지 알 수 없으므로 언급할 수가 없고, 또 언급하지 않겠다. 나의 경우에 있어서 지금까지의 무용대본은 크게 세 가지 형태로 나뉘어질 수 있다. 첫번째는 서정적인 진술의 형태를 띠는 것으로, 주로 초기에 이런 작업을 많이 했다. 쉽게 생각하자면, 미리 어떤 무용을 상상 속에서 그리고, 그 떠오르는 이미지를 주로 시의 형태로 쓴 것이다. 두번째는 도표식 기술이었다. 몇 개의 칸으로 구획을 정해놓고(예를 들면, 동작, 느낌, 시간, 무대... 등) 그 도표 안을 채우는 콘티 방식이었다. 세번째는 주로 요즘 사용하는 방식으로서, 서사적 진술의 형태를 취하는 것이다. 즉 만들어질 무용, 특히 극장 무대에서 보여질 무용 장면들을 비교적 사실적으로 묘사하는 방법으로, 가끔씩 그 장면에 대한 의미나 느낌을 덧붙인다. 그러나 위의 세 가지 형태의 무용대본이 때로는 섞여 사용되기도 하고, 또 때로는 안무가에 따라 위의 형태 몇 가지를 동시에 만들어 제시하는 경우도 있다. 무용극을 한 번 쓴 적이 있는데, 형식은 달랐으나, 대체로 세번째 경우와 비슷했다고 생각한다.

4. 그러나 작금의 무용대본은...

그러나 어떤 방식으로 무용대본을 썼든, 중요한 것은 그것이 실제 무용작업에 어떻게 기능해 왔는가일 것이다. 그런데 어떤 방식으로 대본을 썼든, 실제 작업 과정에서 무용대본은 그다지 유용하게 사용되지 않는 듯 보였다. (내가 쓴 대본에 직접 연출을 맡을 경우에는 좀 달라지지만) 그것은 안무가와 대본가의 대화가 부족하거나 상호간의 이해가 부족해서가 아니었다. 서로의 예술매체가 다른, 그 절대적인 차이를 극복하지 못한 것이 가장 중요한 이유였다. 글을 쓰는 사람은 구체적인 주제와 분위기에 매달리는 데 반하여, 안무하는 사람은 동작과 움직임, 그리고 힘(energe)에 매달린다. 아니, 매달린다기보다 발상의 방법이 바로 그것이다. 또 무용대본은 안무가 외에 사람들, 즉 무용수나 스텝들에게도 그다지 유용하게 사용되지 않는 듯 보였다. 무용수들에게 전달되는 것은 무용대본의 제목 뿐이다. 그리고 스텝들에게도 마찬가지다. 무용수는 제목을 안 다음, 안무가의 지시대로 동작을 하고, 스텝들은 제목을 안 다음, 무용수들의 동작을 보고 안무가의 요구사항을 듣는다. 아마, 이런 경우가 나에게만 해당된다고는 생각하지 않는다. 대다수 무용내본들이 그럴 것이라 확신한다. 무용수와 스텝들에게 무용대본이 돌려지고, 그것을 바탕으로 작품에 대해 토론하거나 서로의 의견을 교환하는 과정이 있다고는, 절대 믿지 않는다.

5. 그래도 무용대본은 있고

그렇다면 무용대본이 왜 필요한단 말인가? 그러기에 일부는 무용대본이라는 것에 대해 신뢰하지 않는다. 또 없어도 되는 것이라고 믿는다. 그러나 생각해보라. 종합예술인 무용공연을 함에 있어, 어떤 것이 있어, 공연 참가자들 상호간에 공통의 의견 일치를 나눠갖는단 말인가? 안무가의 구두 지시? 그것만 있으면, 요즘처럼 총체화되는 무용공연을 이끌어갈 수 있다고 믿는가? 만약 그렇다면 그 안무가는 천재임이 분명하다. 생각을 말로 완벽하게 이해시킬 수 있고, 또 극장의 모든 요소들을 장악할 수 있는 사람일 테니 말이다.

그러나 내 개인의 경험으로 봐서, 그런 사람은 보지 못 했다. 그건 비단 안무가 뿐만 아니라, 연극 연출가, 영화 감독... 모두 마찬가지다. 혼자 골방에 처박혀 글을 쓰거나 그림을 그리는 사람이 아닌 한, 서로의 독특한 영역이 있고, 그 영역을 통합해주는 메시지, 혹은 지

시사항이 적힌 글이 있다. 그것이 대본이고, 그 대본이 비록 전지전능한 권능을 갖고 있지는 않지만, 그래도 그것이 있어, 서로 다른 영역의 예술가들이 한 방향으로 생각을 모으게 되고, 그 모은 생각이 하나의 작품으로 떠오르게 하는 데 결정적인 역할을 하게 되는 것이다. 대본이란 모름지기 그래야 한다고 믿는다. 장르에 따라 그 형식과 방법이 다르긴 해도, 대본이란 하나의 공연을 이끌어가게 하는 통합된 지시문이어야 한다. 그리고 무용대본도 그렇게 써야 한다.

물론 개인적인 경험의 일천함과 게으름 탓이겠지만, 아직까지 나는 그런 완벽한 무용대본을 보지 못했다. 대다수의 무용대본이 '줄거리'라는 이름 아래 공연에 대한 막연한 언급으로 일관되어 있다. 그리고 그 언급은 대체로 주제에 대한 설명과 각각의 장이 나타내고자 하는 느낌으로 되어 있는데, 그 내용은 안무의도와 중복되기가 일쑤다. 즉, 무용대본에 무용이 없다. 그래서 무용대본만을 읽고서는 그 무용을 알 수 없는 경우가 허다하다. 그런데도 무용제를 하면, 사전에 무용대본을 요구하고, 또 문예진흥기금과 같은 것을 신청하려 해도 무용대본이 들어 있어야 한다. 즉, 어떤 무용인지를 알아야 참가도 시킬 수 있고 지원도 할 수 있다는 것인데, 우습게도 무용대본을 보면 그게 어떤 무용인지를 모른다. 알 수 있다면 그저 막연한 주제 설명이나 분위기뿐이다. 그래서 선정은 관록이나 연줄에 의해 결정되는 것이라고 말한다면 잘못된 걸까?

6. 다시 한 번 무용대본에 대하여 생각하자

이제 정말 무용대본에 대하여 진지하게 생각해볼 때라고 믿는다. 그것의 기능, 역할, 형식, 내용, 그리고 전문 무용대본가의 양성... 등등에 관하여 정말 고민하여야 한다. 왜냐하면 이제 무용은 단순히 과거의 춤을 전수받아 원형 그대로 추는 것만이 아니고, 또 영감이 분출하는대로 추는 것, 또한 아니기 때문이다.

이제 무용은 마사 그레이엄이 말했듯이 그냥 추는 것이 아닌 "의미 심장하게 추는 것"이고, 또 그것은 첨단의 매체들의 도움을 받아 극장에서 공연되는 것이기 때문이다. 상황이 이럴진데, 언제까지 안무가의 독단적인 판단에 의존할 수 있단 말인가.

사전에 충분히 구상되고 검토된 무용대본이 만들어지고, 그 만들어진 대본에 의하여 공연 참가자들이 서로의 아이디어를 제시하고 토론한다. 그리고 그것은 동시에 극장과 관련한 각 스텝들(음악, 연출, 무대미술, 조명, 의상... 등등)에게도 나눠져 이번 공연이 진정으로 표현하고자 하는 것에 대한 의견 일치를 가질 때만이 진정으로 훌륭한 공연이 될 것이다.

설사 좋은 공연이 아니었더라 하더라도, 적어도 그런 작업 방식으로 공연이 이뤄졌다면, 그 잘못된 공연에서 실패의 교훈을 정확하게 찾아낼 수 있을 것이며, 그건 안무가 개인의 교훈으로 끝나는 것이 아닌 공연 참가자 모두에게 좋은 교훈이 될 것이다. 그리고 사실 그런 시스템 속에서 작업을 한다면, 기존의 방식보다도 훨씬 더 실패의 가능성을 줄일 수 있다고 믿는다.

또 이런 방식으로 작업을 하면 무용인을 교육하는 데에도 많은 도움이 될 것이다. 그리고 시공간 예술로서 갇혀버린 무용공연을 확산시키는 데에도 도움이 된다. 또 무용을 연구하는 학자들을 위한 기록으로도 유효하다. 현재 무용 공연에 가장 유효한 기록으로 여겨지는 비디오가 있다. 그러나 모든 영상 매체가 그렇듯, 프래임의 선정과 편집이라는 과정이 사실을 얼마나 왜곡할 수 있는가를 안다면 그 위험성은 너무나도 크다.

이제 무용대본은 그 황량한 들판 입구에 서 있다. 저 앞에 달려간 무용대본들은 대다수 길을 잃고 실종되었거나 홀로 외로이 떠돌고 있다. 이제 출발할 무용대본은 앞의 실패를, 혹은 무시와 멸시를 그대로 답습할 수 없다. 그러기 위해서는 새로운 방식의 훈련과 무장이 필요하다.

7. 그렇다면 새로운 무용대본은 무엇을?

현대춤, 정확하게 말하자면, 창작춤은 박제화된 춤이 아니다. 일찍이 마사 그레이엄은 "나의 목표는 의미심장하게 춤추는 일이다… 나는 나무도 꽃도 파도도 되고 싶지 않았다. 무용가의 몸 속에서 우리들 관객은 '우리들 자신'을 목격해야 하고, 일상적 행동을 모방한 행위, 자연 현상, 다른 행성에서 건너온 이상한 피조물이 아니라 자극받고 훈육되며 정신이 집중된 인간 존재인 경이로운 그 무엇을 목격해야 한다."고 말했다.

이 말은 존 마틴이 '현대춤(morden dance)'이라는 용어보다 '표현의 춤(expressional dance)'이라고 말해야 한다고 한 것과 일치한다. 이런 생각은 현재 우리나라 무용에도 적용된다. 그것이 현대무용이든 한국무용이든 발레든, 이제 거의 모든 안무가들은 과거의 것을 그대로 연마하여 보여주는 것이 아닌, 자신의 춤 혹은 생각을 움직임을 통해 표현하고자 한다. 이름하여 창작춤이라고 이야기 할 수 있다.

무용대본은 바로 이런 창작춤의 경향 위에 형성된 것이라고 볼 수 있다. (물론 과거 전통 발레에도 대본은 있었지만, 요즘 말하는 무용대본과는 거리가 있다고 봐야 할 것이다.) 그렇기 때문에 여태껏의 무용대본은 주로 춤의 형식보다 주제를 드러내는 글, 혹은 작품의 이해를 돕는 안내문 정도의 역할을 해왔다.

그러나 이런 것은 무용대본이 아니다. 그건 시고, 극본이고, 지시문이고, 설명문일 뿐이다. 무용이 없는 대본이 어찌 무용대본이겠는가? 그렇다면 무용대본에는 무엇이 담겨야 할까?

사람마다 생각이 다르겠지만, 개인적으로 생각하기엔 무용대본에는 적어도 '움직임'이 있어야 한다고 생각한다. 그리고 그 움직임은 시간, 공간, 힘, 동기를 가져야 한다. 각각 하나의 장면 설명이 없어도 좋다. 적어도 그 작품에서 주제를 드러내는 데 사용한 핵심적인 움직임, 그것에 대한 언급이 있어야 하고, 또 그 작품을 끌어가는 구성(장)마다의 특징적인 움직임에 대한 언급도 있어야 한다.

움직임이야말로 무용의 가장 중요한 예술매체이기 때문이다. 그 매체를 통해 안무가는 인간 존재를 들여다보거나(look inward) 세계를 내다보는 것(look out)이다. 그리고 무용대본에 있어 움직임에 대한 설명은 두 개의 영역을 포함하고 있어야 한다고 생각한다. 그것은 마사 그레이엄의 용어대로 하자면 '내부적 지침(움직임의 느낌)'과 '외부적 지침(움직임의 외형)'이고, 존 마틴의 용어대로 하자면 키네시스(kinesis : 육체적 움직임)와 메타키네시스(metakinesis : 심성의 움직임)의 영역이라고 할 수 있겠다. 쉽게 말하자면, 무용대본이라고 하였을 때 그것은 최소한, 움직임에 대한 묘사와 그 움직임에 대한 의미가 글로 적혀 있어야 성립 가능하다는 것이다.

그러면 누군가 이렇게 말할 것이다. 그렇다면 그건 안무가 자신이 써야지, 다른 사람이 쓸 수 없는 게 아닌가, 하고. 사실 그렇다. 그러나 그렇지 않다. 지금의 상황으로 보았을 때 그런 무용대본을 쓸 수 있는 사람은 거의 없다.

그러나 지금이라도 그런 내용을 담을 수 있는 형식이 만들어진다면, 쓸 수 있는 사람은 얼마든지 있을 수 있고, 또 그런 사람이 얼마든지 길러질 수 있다고 믿는다. 극작을 하는 사람에게 연극과 문학에 대한 이해가 요구되듯이, 무용대본을 쓰는 사람에게는 무용과 문학에 대한 이해가 요구된다.

그리고 그러한 이해를 바탕으로 무용대본이 쓰여질 때 '무용대본'이라는 새로운 문학 장르가 탄생하게 될 것이다. 다만 현재와 같이 두 영역에 대한 이해와 능력을 갖춘 사람이 흔하지 않는 상황에서는, 과도기적인 방법으로, 작가와 안무가가 공동으로 대본을 집필하는 것을 권하고 싶다. 한 순간의 공연을 위한 것이 아닌, 몇 번에 걸쳐 실험하는 마음으로 공동 집필을 거듭하다보면 분명 좋은 무용대본가 두 명이 탄생할 것이라고 믿는다.

그럼 무용대본의 형식은 어떠해야 할까? 무용의 핵심인 움직임이라는 내용을 어떤 그릇에 담아야 가장 효과적일까? 그리고 움직임 외에 무대에 대한 지시문은 어떻게 표현하여야 할까? 생각의 출발은 바로 여기서부터 시작해야 한다.

8. 어떻게

일단 주제는 무용대본에 나오지 않아도 될 것 같다. 세상 어떤 장르의 글쓰기가 주제를 명시한단 말인가. 주제는 '작의' 혹은 '안무의도'에서 언급되는 것이 바람직하다. 기록되어야 하는 것은, 시간의 흐름에 따른 움직임과 무대의 변화다. 움직임에 대한 기술은 두 가지 형태를 취해야 할 것 같다.

하나는 움직임의 외형(혹은 kinesis)을 설명하는 객관적 진술로서, 이것은 서사적 진술 형태를 취하는 것이 좋을 듯 여겨진다. 서사적 진술이라 함은 무용 공연에서 주요 움직임을 구체적으로 설명하는 것이다. 각 신체 부위의 동작, 속도, 균형, 거리, 호흡... 등등이다.

이것은 움직임이 무용에서 예술매체이자 곧 예술가(대본가, 안무가)의 전략이기 때문에 반드시 필요하다. 그리고 장의 변화에 따른 주요 움직임도 역시 마찬가지다. 그리고 각 장이 움직임의 변화를 적시하는 것도 필요할 것이다. 이런 변화가 바로 주제로 접근하는 통로이자 단서가 되기 때문에 그렇다.

다음은 움직임의 느낌(혹은 metakinesis)을 설명하는 주관적 진술이 필요하다. 이것은 위에 언급된 움직임의 외형이 가져다 주는 분위기, 색조, 감정에 관한 것으로서, 서정적 진술이 바람직할 것으로 판단된다. 그래야 움직임이 갖는 의미와 상징을 보다 깊이있게 표현할 수 있다고 생각하기 때문이다.

그러나 이 부분에서 서정적 진술이라고 해서 꼭 시의 형태로 쓰여질 필요는 없다. 산문시 정도가 낫지 않을까 생각해본다. 다음은 무대에 대한 지시다. 이는 철저히 사실 그 자체에 천착하여 기록하는 교술적 진술이 필요하다고 생각된다.(즉 설명문이나 지시문 형태) 가능한 이 부분은 희곡이나 시나리오처럼 구분되는 표시, 예를 들어 괄호로 묶는다거나 한 줄을 비워두는 방법 같은 것이 채용되는 것이 좋을 듯 하다. 그래야 무용대본을 읽어갈 때 무용의 부분과 무대 변화를 쉽게 구분하여 읽어갈 수 있으리라 생각하기 때문이다.

결국 무용대본은 문학의 네 가지 장르인 서정, 서사, 극, 교술 중에서 세 가지 영역을 아우르는 형태의 장르가 될 것이다. 하나의 글에서 이와 같은 형태의 글쓰기가 가능한 것인지 확신할 수는 없지만, 개인적인 판단으로는, 무용대본을 구성하는 데에는 이상의 방법이 최선일 것이라는 판단이 든다.

지난 십 년 동안 무용대본이라는 것을 쓰면서 방황했던 경험에 비추어, 이와 같은 무용대본이 만들어진다면, 분명 그 무용대본만으로도 그 무용 공연이 보여주려고 하는 것을 사전에 짐작할 수 있고, 또 공연 후 기록으로도 어느 정도 유효성을 가질 것으로 판단된다. 그리고 그 공연에 관한 작의, 안무의도, 혹은 평이 덧붙여진다면 더욱 그 유효함은 배가될 것이다.

9. 그리고 남은 문제

그러면 과연 이런 무용대본은 누가 쓸 것인가, 하는 문제에 봉착하게 된다. 이와 같은 무용대본을 쓰려면, 분명 그 사람은 무용에 대한 이해도, 또 글쓰기에 대한 능력도 갖추어야 한다. 그리고 그 선후를 따진다면 무용에 대한 이해다. 지금처럼 글쓰기의 능력이 아니다.

내 생각으로는 당분간 글쓰기의 능력을 갖춘 안무가들이 될 것 같다. 그러나 차차 이런 관행이 계속된다면, 현재 무용을 전공하고 있는 후배들 중 뛰어난 무용대본가들이 나올 수 있을 것이라는 생각이 든다.

분명 그들은 이런한 작업 관행을 보고 배우며 나름대로 무용, 미학, 문학, 공연학... 등의 이론을 습득하게 될 것이며, 또 스스로 습작하게 되기 때문이다. 즉 무용과 학생들이 졸업한 후, 무용수, 안무가... 이 두 개의 길 중 무용대본가 라는 또 하나가 추가되는 것이다.

또 하나의 문제는 그럼 무용대본가와 안무가의 관계는 어떻게 되는가, 하는 것이다. 그러나 이것은 전혀 걱정할 것이 없다고 생각한다. 현재 연극에서도 작가와 연출이 뚜렷이 그 역할과 기능이 다르고, 또 그 창조력이 다르듯, 무용에서도 그럴 것이다. 아니, 무용에서는 그래도 안무가의 우위가 절대적일 것이다. 무용대본에서 동작 하나하나(프레이즈) 자체를 묘사하는 것이 아닌, 전략과 매체로서 움직임을 제시하는 것이므로, 안무가는 주제의 해석, 동작의 완성, 연결... 등 그 절대적이고도 고유한 역할을 계속 수행하게 된다.

10. 길

이제 무용대본은 새로운 출발점에 서 있다. 장식이나 서류를 위한 무용대본이 아닌, 진정한 의미의 무용대본의 출발이다. 이것은 글쓰는 몇몇의 사람을 등에 태우고 가는 길이 아니라 함께 가는 길이다. 그리고 종국에는 무용인에 의한 무용대본을 얻는 길이다.

무용대본의 형식찾기 2

1.

　지난 『무용한국』 가을호에 나는 무용대본에는 무용이 있어야 한다고 말했다. 그리고 그 무용이란 바로 움직임이어야 한다고 했고, 또 그 움직임은 외부적 지침(키네시스, kinesis)과 내부적 지침(메타키네시스, metakinesis)으로 나누어진다고 말했다. 움직임이야말로 무용의 절대적인 미학적 매체이자 재료이다. 무용대본은 바로 무용이라는 일시적인 공연예술의 출발점으로 그 '시적 발상지(poetic womb)' 역할을 수행해야 하는 바, 그것은 주제나 소재, 혹은 설명이 아니라, 바로 그 작품이 갖는 바 움직임의 특성과 의미에 관한 것이며 동시에 무대(극장이든 야외든)에 관한 전략을 담고 있어야 한다. 그것을 근거로 안무가는 안무하고, 훈련시키고, 공연한다. 그리고 음악과 무대미술, 의상과 분장이 상상력을 펼치기 시작한다. 결코 자신만의 독자적인 미적 세계를 고집하는 것이 아닌, 통일된 지향점을 향한 상상력의 날개를 말이다.

　그러나 분명히 해둬야 할 것이 있다. 여기서 말하는 무용대본은 어디까지나 창작무용에 대한 것이다. 현재 한국무용, 현대무용, 발레로 나뉘어진 삼분법과 관계없이 20세기 현대춤 정신에 의거 안무가의 상상력에 의한, 인간을 들여다보거나(look inward) 세계를 내다보는 (look out) '의미의 춤', 바로 그것을 염두에 두고 이 무용대본의 형식찾기는 이뤄지고 있다. 결코 발레 닥시옹(ballet daction)과 같은 이야기 중심의 대본이나 무용극을 의미하는 것이 아니다. 물론 한국무용의 경우, 그것이 전통춤일 경우에는 해당되지 않는다.

2.

　일반적으로 움직임이라고 할 때 우리는 라반의 네 가지 요소(무게, 시간, 공간, 흐름)를 생각하기 쉽다. 그러나 그 네 가지 요소는 너무나 외부적 지침(물리적인 운동)에 한정되어 있다. 무용 공연의 단초로서 무용대본은 그 물리적 운동, 혹은 외형 뿐만 아니라 다른 것도 담고 있어야 한다. 그리고 그것은 그러한 외형의 운동(동작)의 근거가 될 수 있는 것, 그리고 그것에 대한 의미 부여가 가능한 것, 그래서 관객과 의미있는 의사소통을 가능하게 하는 내부적 지침이어야 한다. 이것을 존 마틴은 그의 대표적인 저서 『현대무용론』에서 메타키네시스(metakinesis)[1]라고 말하고 있다. 존 마틴은 현대무용의 특성을 다음과 같이 네 가지로 말하고 있다. 첫째는 움직임, 둘째는 메타키네시스, 셋째는 역동성(dynamism), 넷째 각각의 춤에 맞는 형식이 바로 그것이다. 존 마틴은 현대무용이 과거 발레에서 자세나 포즈를 중시했던 것에서 오히려 그 사이를 이어가는 흐름을 중시하는 경향에 주목하여 이를 현대무용의 뚜렷한 특성이라고 생각하였다. 그리고 그런 움직임이 단순히 '마구잡이로 추어지는 것'이 아닌, 그 어떤 의미를 가지고 추게 하는 마음의 움직임을 바로 메타키네시스라고 하였던 것이다.

그러나 현대무용의 이러한 특성, 즉 물리적 운동 외에 심성의 움직임이 있어야 한다는 데에 주목한 사람은 초기의 현대춤 선구자들부터 현대에 이르기까지 수없이 많았다. 이사도라 던컨이 미래의 춤은 영혼과 몸이 조화를 이룬 것이라고 할 때 그 영혼의 의미로부터, 라반의 '에포트(effort)', 그리고 무용현상학을 말한 막신 쉬츠-존스톤의 '움직임이라는 형태의 사고(thinking in movement)'도 따지고 보면 바로 이 점에 주목한 것이라고 말할 수 있다. 그래서, 누군가가 말했듯이 무용수의 몸은 단순한 몸이 아닌 '마음이 있는 몸(mindful - body)'인 것이다.

3.

결국 무용대본은 그 출발부터 움직임을 위한 발상을 요구한다. 결

---

1) metakinesis : 심성 혹은 마음의 움직임을 의미하는 그리스어. 이 말은 단순한 움직임을 뜻하는 kinesis라는 그리스어에 마음을 뜻하는 meta라는 접두어를 붙여서 만든 것으로 보인다.

코 철학적이거나 명상적인 것이어서는 안 된다. 언어로 표현할 수 없는 그 어떤 미적세계에 대한 탐구와 감각을 요구하는 것이다. 그래서 그것은 언어에 비해 한계를 가지기도 하고, 또 동시에 언어보다 황홀한 체험을 주기도 한다. 존 마틴이 말한 '비이성적인 매체(irrational medium)'라는 용어는 이러한 무용의 특성을 가장 잘 함축하고 있다. 이는 또 무용의 창작자 뿐만 아니라 무용의 감상자에게도 요구되는 덕목이기도 하다. 무용을 감상할 때 언어적인 태도(합리적, 이성적, 절대적... 등등)는 오히려 무용을 이해하는 데 가장 큰 적이다. 움직임은 언어보다 먼저 존재하였으며 그것은 본능적이고 원초적인 의사소통 방법이다.

무용대본은 바로 그 점에서 출발한다. 도리스 험프리가 무용의 주제를 말할 때 "주제가 본질적으로 움직임을 위한 동기를 가지고 있는 것인가?"라고 물었던 것은 바로 이러한 이유에서이다. 그리고 이 중 '움직임을 위한 동기'라는 말은 무용대본 창작에 중요한 두 가지 요소를 시사하고 있다고 봐야 할 것이다. 그것은 '움직임'과 '동기'라는 말인데, 그것은 다름 아닌 위에서 말한 바 있는 움직임의 외부적 지침과 움직임의 내부적 지침이다.

4.

이제 구체적인 예를 들어가며 논의를 진행시켜보자. 다음의 예는 필자가 1996년 전국무용제에 참가하였던 박현옥 & 대구컨템포러리무용단의 『그리고 아침이 오다 - 처용·96-』에 썼던 대본이다. 이 당시 필자는 세 종류의 글을 썼는데 첫째는 작품의 내용을 은유적으로 표현한 분위기 중심의 글이고, 두 번째는 진행되는 장면에 대한 묘사와 설명을 기록한 글이고, 마지막 세 번째는 무대 변화와 함께 이뤄지는 구체적인 춤의 구성안이었다. 물론 이 때는 위에 언급한 무용대본에 대한 원칙이나 생각이 없었던 시기였으므로 앞에서 언급한 내용대로 되어 있지 않다. 그러므로 당연히 내부적 지침이나 외부적 지침이라는 분류항에 의한 분류가 쉽지 않다. 그러나 필자가 이 대본을 선택하여 논의를 진행하고자 하는 것은, 이때 이미 현재의 나의 생각을 예견케 하는 구성 방식으로(비록 각각 세 편의 글로 나뉘어져 있지만) 되어 있다는 것과 또 다른 사람의 완벽한 무용대본을 구할 수 없다는 것에서 기인한다. 그리고 부언하건데 실제의 춤은 여기 인용되는 바대로 이뤄지지 않았다. 그것은 이 대본이 춤을 안무하기 훨씬 이전에 쓰여진 것이라는 데 있다. 그러나 실제의 춤 구성이 이 대본에서 영감을 받아 발전해나갔다는 것은 분명하다. (그리고 여기서 인용되는 대목은 5개의 장면 중 두 번째 장면에 해당된다.)

> 천길 나락(奈落)으로 떨어져도 이것보단 아득하지 않으리.
> 가슴은 찢어져 피로 흐르고,
> 영혼은 흩어져 밤공기로 스민다. 창궐(猖獗)하는 살기.
> 안개가 핏빛으로 보인다. 〈대본 1〉

이 글은 처용이 역신과 동침하고 있는 아내의 모습을 보았을 그 순간의 분노를 은유적으로 표현한 것이다. 시라고 하기엔 너무나 서사적이고 산문이라 하기엔 너무나 서정적이어서 문학의 갈래 중 어느 곳에 편입되어야 할지 애매한 면이 있다. 그러나 이 글의 목적은 안무가로 하여금 처용의 분노, 그 처참하고도 고통스런 분노의 감정을 느낄 수 있도록, 또 그런 감정이 솟구칠 수 있도록 쓴 것이다.

> 역신(疫神)과 아내의 동침을 본 처용의 분노. 그러나 분노 이전에 습격한 정신적인 공백과 허탈을 먼저 표현한다. 마치 폭풍 전의 고요처럼. 그런 후에 몰아치는 분노. 도저히 견딜 수 없는 분노. 심장조차 찢어져 사방에 뿌려지고, 영혼마저 온 사방으로 흩어져 질주한다. 그리하여 처용은 모두를 죽이고 싶다는 적의와 살기, 그 자체가 된다. 그런 분노는 새벽의 하얀 안개마저 핏빛으로 보이게 한다.
> 춤의 처음은 느리면서, 비틀댄다. 때로 쓰러지기도 한다. 때로 미동조차 않는다. 사방은 어둡고 괴괴하다. 그러다 폭발한다. 무용수들은 폭풍처럼 사방으로 흩어진다. 격렬하게 솟구치거나 추락한다. 또 서로 부딪친다. 음악은 무섭고 광적이다. 그러다... 정지. 적막으로 견딜 수 없다. 〈대본 2〉

이 글은 두 부분으로 나뉘어져 있다. 첫 번째 문단은 대체로 설명조로 장면의 내용을 적고 있으며 두 번째 문단은 이 장면에서 나타나야 하는 동작들의 특징을 열거하고 있다. 또 장면은 두 개로 나뉘어져 있음을 알 수 있는데, 일순간의 공백(느리다, 비틀대다, 미동조차 않는다)과 몰아치는 분노(폭발하다. 폭풍처럼 흩어진다. 격렬하게 솟구친다. 추락한다. 부딪친다. 무섭고 광적이다.)의 장면이다. 그러나 주로 뒷부분이 이 장면의 주된 장면이며 이미지임을 알 수 있다.

〈대본 3〉

장	상　황	기타
2	– 무대 앞에 펼쳐진 직사각형의 붉은 천 – 그 뒤로 반원 형태로 앉아 있는 무리들 　(앉아서 조금씩 몸을 비틀거나, 나름대로의 각기 　다른 동작.) – 한 명씩 굴러서 우뚝 선다. 그리고 정지. – 모두 나오면 흩어져 격렬한 동작 시작 　(직사각형의 붉은 천과 특별한 거리 유지) – 마지막 순간, 한 명의 무용수가 붉은 천을 밟는다. – 동시에 그 무용수 위로 올라타는 또 다른 무용수. – 일제히 스톱 모션.	

이 글은 시간의 흐름에 따라 무대 위에서 펼쳐질 상황을 비교적 구체적으로 적은 구성안이다. 이 글은 안무자와 최초 면담 때 들은 내용을 참고로 하기는 하였으나 전체적으로 볼 때 안무자와는 관계없이 임의로 구성한 것이다. 그러므로 안무자는 실제 춤을 구성할 때 이 구성안에 구속받지는 않았다. 물론 이 글을 쓸 때 필자 역시 그러기를 요구하거나 기대하지도 않았다. 이 글을 쓴 이유는 단지 위에 적은 두 개의 대본이 갖는 바 관념적인 한계를 좀 탈피하자는 것뿐이었다. 그리하여 안무가가 소위 대본이라는 것을 읽을 때 그것에서 작품의 주제나 분위기만 익히는 것이 아닌, 무대 위의 그림도 그려볼

수 있도록 한 것이다. 그렇게 함으로써 다시 되돌아와 대본1, 2의 내용을 좀더 잘 이해할 수 있지 않을까 하는 기대감 때문이었다.

5.

이 작품은 『삼국유사』에 나오는 처용설화를 소재로 삼았으나 그 처용 설화에 나오는 모든 이야기를 대상으로 삼은 것이 아니라 처용이 놀다가 들어와 역신과 아내가 동침하는 것을 보고난 순간으로부터 마당에 나와 춤을 추기까지 그 마음의 변화를 섬세하게 헤아려, 분노-추억-번민-환희의 4개장으로 나누어져 있다. 현대 삶의 황량함을 나타내는 프롤로그까지 포함한다면 모두 5개의 장으로 되어 있다. 위에 예를 든 것은 두 번째 장면 '분노'의 장면이다.

〈대본1〉은 그 분노의 감정을 은유적으로 표현한 것으로, 안무자에게 분노의 깊이를 느끼도록 쓰여진 것이다. 그러나 이 은유적인 글이 앞서 언급한 내부적 지침(metakinesis)으로 상치(相値)되기에는 적합하지 않다. 그 이유는 〈대본〉이 너무 포괄적이라는 것이다. 장면의 전체 분위기를 느끼기엔 적합할지 모르나(문장의 완성도와 관계없이) 공연의 시·공간적인 흐름과 변화에 일치하지 않는 탓에 대본을 통해 무용 공연의 흐름을 예측하거나 안무 계획을 잡는 데 무리가 따른다. 또 단순한 비유로 일관한 것도 깊이를 획득하는 데 어려움을 준다.

〈대본2〉는 설명과 움직임이다. 그러나 역시 이것도 시·공간적인 흐름에 일치하지 않는 탓에 외부적 지침으로 이야기 되기에는 무리가 따른다. 그러나 〈대본2〉에서 진짜 문제가 되는 것은 여기서 언급한 움직임이 너무나 일상적인 것이라는 데 있다. 상투적이고 관념적인 일상 행동에 불과하기 때문에 이것으로는 미학적인 무용 언어를 착안해낼 수는 없을 것 같다. 미학적인 거리감(virtural entity)이 획득되지 않는 글이라고 할 수 있다.

〈대본3〉은 구체적인 무대 변화를 시간의 흐름에 따라 적은 것이다. 무대 미술이나 조명의 느낌을 기록하기 위한 난이 마련되어 있었지만 기록되지 않았다. 여기에 있는 붉은 천은 안무가가 처음부터 사용하고 싶다고 밝힌 것이다. 안무가는 이 붉은 천을 신으로서의 처용의 권위, 혹은 아내와 사랑을 나누었던 침실의 의미로 설정하려고 했다. 그리하여 마지막 무용수들에 의하여 밝혀지는 장면은 그 권위와 신성이 침해받는 것으로 나타내고자 했던 것이다.

그러나 그럴 경우, 이 장면에서 설정된 분노의 이미지와는 미묘한 틈새가 발생하게 된다. 즉 분노의 동작들 앞에 유린당하는 이미지가 설정된다면 모르되, 분노의 동작들 다음에 유린의 이미지가 나타난다는 것은 아무래도 작품의 결말(춤을 추도록 처용의 마음을 일으켜 세우는 평화의 힘)에 어울리지 않는 것 같았기 때문이었다. 그러나 안무가는 그런 논리적인 배열 자체를 인정하고 싶지 않은 듯 보였다. 결국 한 장에서 다 보여지는 것이므로 극적인 효과, 그 자체를 우선으로 하여 안무하기를 원했다. 몇 번의 논의 끝에 결국 구성안은 안무가의 의도에 맞춰 쓰여졌다. (그러나 실제 공연에는 붉은 천이 긴 이등변 삼각형으로 바뀌었고, 또 그것도 무대 위 천장에서 떨어지는 형태가 되었다. 그런 후 붉은 천의 날카로운 끝이 바닥을 향해 떨어

지는 장면을 연출함으로써, 무대 공간 전체를 분노의 극으로 몰아가
는 듯한 효과를 불러일으켰다.)

6

　이제 위의 대본 셋을 기본으로 하여 하나의 무용대본으로 엮어보
자. 이번의 무용대본은 앞서 말한 움직임이 있는 무용대본, 즉 내부
적 지침과 외부적 지침이 있고, 또 무대 변화에 대한 설명이 있는 무
용대본이다.

　　역신(역신)과 아내의 동침을 본 처용의 분노. 그는 천길
나락으로 떨어진다 해도 이 순간처럼 아득하진 않을 듯 싶
었다. 짧은 순간 아무 것도 생각할 수 없는 진공의 시간이
다. 그러나 곧이어 몰아치는 분노. 가슴이 찢어지는 듯 아파
온다. 두 눈에서 피라도 솟구치는 듯 불이 튄다. 그리고 세
상이 온통 붉은 색이다. 죽이고 싶다. 다 죽이고 나도 죽으
리라. 온몸 가득히 스며나와 주변 가득 퍼져나가는 살기로
세상은 차갑게 차갑게 얼어붙는다.

　　춤은 5인무 정도가 적합할 것 같다. 5인은 처용의 사지(四
肢)와 머리를 의미한다. 즉 분노로 치를 떠는 처용의 몸이
다. 그리고 춤은 단순하면서도 힘이 넘치는 불안한 불균형
으로 이뤄진 춤으로 계속된다. 그리고 그 강도는 시간이 지
남에 따라 강해진다. 가볍고 돌연하면서도 날카로운 동작에

서 무디지만 지속적으로 충격이 강해지는 춤으로 발전한다. 그리고 깊이 역시 낮은 곳에서 중간, 그리고 깊고 높은 곳으로 점차 발전한다.

가끔 정지하는 듯한 동작이 있으나 이것은 더욱더 증대되는 힘을 표현하기 위함이다. 절도있는 동작으로 찌르기, 뻗기, 튀어오르기, 버티기 등의 동작들이 계속된다. 그러다 가끔 5인의 무용수 중 한 명이 빠져나와 솔로를 추고, 나머지는 배경을 이룬다. 그 솔로는 결국 처용의 머리이자 그 자신이다. 그리고 이때 솔로의 춤은 처용의 외로운 분노다. 그리고 나머지 4인은 그런 처용의 분노를 더욱더 높이 떠받쳐 올린다. 직선의 움직임이 무대 중앙의 전후좌우를 중심으로 각진 형태로 일사불란하게 움직인다.

프레이즈(phraze, 동작구절)의 변화가 점점 빨라진다. 날카로움과 육중함이 빠르게 교차한다. 높이의 변화 역시 심하다. 그러다 일순간 그 높이가 극대화된다.

극대화된 그 순간, 하늘에서 날카로운 끝을 가진 붉은 천이 떨어진다. 그것은 과거 자신의 위엄과 사랑의 정열을 의미한다. 무용수 중 튀어오른 한 명이 가차없이 이를 바닥으로 떨어뜨린다. 허공을 가르며 붉은 천이 떨어진다. 이어 분노의 춤은 계속된다.

적당한 시간이 흐른 후 서서히 호흡을 고른다.

7

이와 같은 무용대본이 과연 적합한 것인지 솔직히 확신할 수 없다. 그러나 분명한 것은 과거 무용대본이라고 쓰여진 시와 같은 것, 주제 설명문 같은 것... 등등의 것과는 다른 출발과 내용을 담고 있다고 생각한다. 무용대본에는 무용이 있어야 한다는 소박한 생각의 시론으로 쓰여진 것이기는 하지만, 이것은 나름대로 무용 현장에서 오랫동안 무용대본을 써온 사람으로서, 어느 정도 유효할 것이라는 믿음을 가지고 있다.

이후 무용대본을 쓸 때는 이와 같은 방식, 기준을 가지고 쓸 것이다. 그리하여 그 결과물들이 쌓이면 언젠가 다시 제대로 된 형식과 내용을 가진 무용대본을 자신있게 내놓게 될 것이다. 아울러 이와 같은 방식으로 무용대본을 쓰는 사람이 필자 외에 다른 사람이 더 있게 된다면 더욱 좋겠다. 분명 그들은 자기 나름대로 다른 생각을 가지고 있을 것이고, 그 다른 생각과 만나 정반합을 거듭하다보면 분명 제대로 된 무용대본의 형식과 내용이 발견될 것이기 때문이다.

분명 길은 멀지만 가야 할 길이다.

무용연출 노트 1
– 현대무용『아니마 아니무스』관련 –

1. 현대무용이란?

　일반적으로 현대무용의 시작은 이사도라 던컨으로부터 시작한다고 한다. 1900년 3월 영국 런던에서 공연된 그녀의 춤은 당대 춤이 고집하고 있었던 몇 가지 관습, 즉 코르셋과 토슈즈을 과감하게 벗은 맨발의 춤으로 인하여 유럽의 예술계에 충격을 주었다.

　그녀의 춤은 철저한 형식주의와 고답적 기교주의를 본질로 삼는 고전 발레에 대한 반발에서 출발되었다. 그러나 유미주의와 형식주의에 대응하는 미학을 제시하지 못한 채, 무원칙한 신체운동만 거듭하기에 이르러, 한때 현대무용은 아마추어 수준으로까지 빠져들었다. 이에 대한 반성은 라반에 의해 육체문화의 이론적 정착을 가능하게 하였으며, 그의 제자 뷔그만의 표현주의 무용 영역을 개척하게 하여, 미국의 데니스, 그라함, 험프리 등으로 이어지는 미국의 현대무용과 함께 양대산맥을 이루게 하였다.

우리나라는 일본인 무용가 이시이의 문하생이었던 조택원, 최승희의 신무용에 이어 50년대 말 일본에서 현대무용을 공부하고 돌아온 박외선이 이화여대에서 무용과를 개설하여 가르치기 시작함으로써 본격적으로 시작하였다. 이후 63년 미국 유학을 마치고 돌아온 육완순이 마사 그라함의 테크닉을 가르치기 시작함으로써 바야흐로 한국에서도 현대무용이 개화기를 맞이하게 되었다. 그리하여 그 다음 세대인 이정희, 박인숙, 정귀인, 장정윤, 최청자, 남정호 등으로 이어지고 있으며, 이외에 전통적인 무용 방법에서 벗어난 홍신자 등의 현대무용이 있다.

2. 무용대본에 대한 생각

최근 무용계에 대본의 역할이 확대되고 있다. 사실 무용대본이란 것에 대한 정확한 정의나 형식이 없음에도 불구하고, 또 그 필요성에 대한 회의에도 불구하고, 여전히 무용대본은 확대일로에 있다. (이번 민족춤 제전의 경우 10작품 중 5작품에 대본이 있고, 작년 서울국제무용제의 경우 20작품 중 14작품에 대본이 있었다. 이 중 대본이 없는 6작품은 다 외국 작품이었다.)

이런 현상이 비단 우리나라에만 해당되는 것인지 외국의 경우에도 그런지 정확히 알 순 없지만, 대체로의 의견이 우리나라에만 있는 특이한 경우라는 것이다. 그럼 왜 이런 현상이 우리나라에만 있는 것일까? 외국의 경우도 무용대본이라는 것이 있기는 있다는 것으로 보아, 정확히 말하자면, 왜 이렇게 우리나라에만 이런 현상이 지나칠 정도로 확대되고 있는 것일까?

지극히 주관적이고 개인적인 판단임을 전제로, 나는 다음과 같은 두 가지 이유에서 비롯되지 않았을까 생각한다.

첫째, 서울 무용제 등 각종 무용제가 사전에 참가 신청을 받으면서 작품의 줄거리, 혹은 의도라는 글을 받는 데에 가장 큰 이유가 있지 않을까 생각한다. 외국의 경우처럼 그 단체나 안무가의 작품 이력으로 참가팀을 선정하지 않고, 참가 희망 단체가 공연하려고 하는 작품의 내용을 사전에 글로 받는 국내의 관행이 시·공간예술인 무용 공연을 텍스트화할 필요성을 만들었다는 것이다. 이는 또 공연 지원을 하는 정부나 문예진흥원의 관료들이 지원 대상을 뽑을 때도 똑같은 요건을 요구하는데, 이는 공무원들의 증거주의와 사전검열 관행이 겹쳐, 오랜 시일에 걸쳐 이뤄진 것으로 보인다.

둘째, 안무가 자신들의 문제에서 대본이 필요하게 되지 않았을까 하는 판단이다. 일반적으로 무용 공연은 5분에서 10분 정도가 적합하다고 한다. 느낌이나 생각을 동작으로 만들어 표현하는 데 그 정도 시간이면 충분하고, 또 사실 그 정도 길이의 새로운 동작을 꾸미는 데에도 많은 노력과 고통이 따른다. 그런데 일반적으로 안무가들은 5분이나 10분짜리는 소품으로 생각하고, 30분 이상 공연을 하려고 한다. 이럴 경우 내부적인 논리 없이는 추상작업인 무용을 만들어낼 수 없다. 그리고 그 내부적인 논리는 관객을 설득하는 데에도 유효하다. 그리하여 그 내부적인 논리를 글로 정리하여 공연과 함께 제시하게 되는 것이다. 현대무용의 탄생이 형식이 아닌 정신의 표현인 까닭에 이러한 정신의 표현(동작으로 전달하는)이 갖는 난해함과 추상성을 어느 정도 불식시키는 위해서는 어쩔 수 없는 것이기도 하다. 이 시점에서 무용가는 글을 쓰는 전문가가 필요하게 된 것이라는 생각이다. 즉 안무가가 작품을 만드는 데에도 필요하고, 안무가의 작품을 일반에게 설득시키는 데에도 필요했을 거라는 것이다.

그러나 소위 무용대본이라는 것이 그 정도의 역할만이라도 하고 있을까? 그건 그렇지 않는 것 같다. 일반적으로 대본 작가는 다음 세 부류의 사람들로 나뉘어져 있는 것 같다.

첫째, 시인 그룹이다. 이들은 언어의 이미지를 통해 안무가의 상상력을 자극하고, 안무가는 그 이미지의 파편을 이어 동작과 분위기 창조에 도움을 받는다.

둘째, 극작가 그룹이다. 이들은 치밀한 구성을 바탕으로 하여 극장 공간에 대한 활용을 덧붙여 줌으로써 대극장에서 무용 공연하는 안무가들에게 특히 많은 도움을 준다.

셋째, 무용가 자신들이다. 최근에 두드러지고 있는 현상으로, 이들은 자신의 무용 경험을 바탕으로 글을 쓰는 까닭에 다분히 추상적이고 애매모호한 점이 많지만 실제 무용을 만들 때 많은 도움을 받게 된다.

그런데 대본을 어떤 부류의 사람이 쓰든, 무용 동작의 구체적인 지시문이 없는 바에, 어떤 식으로든 글과 무용 동작은 따로 돌 수밖에 없다. 시인들이 시 한편을 무용대본이라 할 때나, 극작가가 무대 운용에 관한 긴 글을 한 편 쓸 때나, 무용가가 직접 춤의 이미지들을 이리저리 쓸 때나, 그건 어디까지 글일 뿐, 대다수 무용 작품은 그 내용과 관계없이 안무가의 취향 중심의 동작들로 짜여지는 게 일반적인 현상이다. 그리하여 관객들은 무용 공연을 봤을 때 그 춤의 형식이나 동작에 대한 느낌만을 받을 뿐, 결코 주제나 말하고자 하는 바에 대해선 이해하지 못한다. 단지 분위기 파악에 조금 도움을 받는다고나 할까. 결론적으로 말하자면, 아직까지 무용대본은 단지 그럴 듯한 제목을 받는 것과 정부 보조금을 받을 때나 필요할 뿐 실제 공연 행위나 과정에 크게 도움을 주지 못하고 있는 것 같다.

그렇다면 무용대본의 가능성은 전혀 없는 것일까? 이 문제에 대해서는 좀더 깊은 생각과 조사가 필요하겠지만, 개인적인 생각으로는 그 가능성이 얼마든지 존재한다는 것이다. 요즘처럼 공연이 종합화, 총체화되는 상황에서는 무용가 혼자 그 모든 구상을 다 할 수 없다. 춤의 내용, 동작 뿐만 아니라 춤 외의 극장 요소들, 즉 무대, 음악, 의상, 조명, 소품... 등의 컨셉들을 일치시키는 데 무용대본이 기여하고, 또 작품 구성(안무)에 풍부한 상상력을 제공할 수 있는 문자 텍스트가 있는 것은, 분명 공연을 조직하는 데 큰 도움이 된다. 다만 그런 역할을 다할 수 있는 공연대본이 나올 수 있느냐가 첫째가는 관문이겠지만, 누군가에 의해 그런 내용을 담아낼 수 있는 형식을 완성시켜진다면, 그리고 그것이 일반화될 수만 있다면, 그 다음부터 무용대본은 엄청나게 발전할 것이고, 그런 무용대본의 발전은 분명 무용의 발전과 관객과의 교감에 많은 도움을 줄 것이다.

3. 무용연출에 대한 생각

최근 무용 공연에 있어, 무용대본이 확대되는 것과 똑같이 무용연출이 늘고 있다.(작년 서울국제무용제의 경우, 한국 작품 16편 중 8편에 연출이 있음) 연출, 무대연출, 총연출 등의 표현으로 사용되는 무용 공연에서의 연출은 일반적으로 안무 외 극장 요소들을 조직하는 역할을 한다. 그 중에서도 특히 무대 미술, 무대 운영, 그리고 조명을 장악한다. 때에 따라서는 춤의 구성조차 개입하기도 한다.

이러한 현상은 대다수 무용단, 혹은 안무가가 극장에 대해 구체적으로 알지 못하거나, 추진할 수 없다는 한계에서 비롯된 것이기도 하지만, 시야를 넓혀보면, 최근의 무용 공연이 종합화, 총체화되는 경향에서 비롯된 것이다. 춤의 동작 하나만을 보여주는 것이 아닌, 극장이 불러일으킬 수 있는 모든 요소들을 총체화시켜 보여주겠다는 안무가의 욕망은, 그래서 당연하다. 혹자는 무용의 기본적인 표현 매체인 육체가 소홀히 여겨지는 데에 대한 불만도 있지만, 이런 종합화, 총체화 양상은 요즘같은 영상중독시대에 순수예술이 살아남는 또 하나의 전략이기도 한 까닭에, 당분간 그리고 앞으로도 오랫동안 계속될 것이 분명하다.

문제는 무용에서 연출이 필요하냐 아니냐가 아니라, 얼마나 효과적으로 무대를 연출해 내는가인 것이다. 그 역할을 안무가가 담당하든 연극 연출가나 선배 무용가가 담당하든 중요한 것은 연출가와 안무가, 그리고 연출된 것과 안무된 것이 서로 상승 효과를 일으켜 작품의 완성도를 높이여야 한다는 것이다. 흔히 연출가가 무용 작품에 개입할 경우, 춤의 내용이나 형식과 아무런 연관성도 없는 잔재주를 부리는 수가 많다. 과도한 스모그, 장치의 변환, 바람, 자극적인 조명, 심지어 연극에서조차 확실하게 그 미학적 가치를 인정받지 못한 실험적 요소들이 개입할 때가 그것이다. 연출하는 사람마다 입장과 태도가 다르겠지만, 무용에서 연출이란 연극과 달리, 춤에 일차적으로 복무해야 하는 스텝으로서의 겸손함과 주도면밀함이 필요할 것이다.

4. 『아니마 아니무스』 작업 개요

1)

처음 안무가한테 민족춤 제전에 참가한다는 말을 들은 때가 3월경이었다. 안무가는 민족춤 제전은 다른 무용제와 달리 한 가지 주제를 두고 춤을 춘다는 것, 그리고 그 주제가 '여성, 우리 세상의 절반'이라는 말을 들었다. 또 한 가지, 민족춤 제전은 하루에 다섯 편 내지 여섯 편의 작품이 공연된다는 것이었다.

2)

'여성, 우리 세상의 절반'이라는 주제에 적합한 작품 소재를 생각하다가, 우연히 책에서 발견한 아니마(여성성), 아니무스(남성성)라는 단어를 작품의 제목, 그리고 내용으로 삼아볼 것을 권했다. 처음 생각에는 여성이니 남성이니 하는 성적 구별이 아닌, 여성다운 것과

남성다운 것의 의미와 그 귀함을 각각 다룰 수 있을 것이라는 생각에
서였다.

3)

안무가가 동의한 제목 '아니마, 아니무스'는 그렇게 해서 합의를
봤다. 그래서 나는 두 가지 제안을 다시 내놓았다. 첫째는 프랑스말
에서 여성명사에 해당되는 생활용품과 남성명사에 해당되는 일상용
품들을 가능한 많이 조사해서, 그것들을 오브제 삼아 춤을 꾸며보면
어떻겠느냐 하는 것이었고, 다른 하나는 그런 사물들을 몽땅 무대 위
에 늘어놓자는 것이었다. 그리하여 무용수와 그 사물과의 긴장과 화
해 등을 보여주자는 것이었다. 그러나 하루에 다섯 편이나 공연되는
이번 경우에 그런 시도는 기술상 문제가 많다는 판단으로 이러한 제
안은 철회되었다.

4)

'아니마'가 단순히 여성성을 의미하지 않고, 남성 속에 포함된 여
성성이라는 것, 또 '아니무스'가 단순히 남성성을 의미하지 않고, 여
성 속에 포함된 남성성이라는 것을 알았다. 그럼으로 작품 구상에 혼
선이 생기기 시작하였다. 그러나 안무가는 그러한 디테일에 빠지지
말고 단순히 '여성성' '남성성'이라는 개념으로 단순화하여 작품을
꾸미겠노라 말했다.

5)

안무가는 작품의 구성이 3장으로 되어 있으며, 처음은 남성성에 의해 고통받는 여성성에 대하여, 2장은 그런 남성성의 강화와 여성성의 반발 혹은 공격, 그렇게 함으로써 입장이 바뀌는 것을, 마지막 3장은 대립 관계에 있던 여성성과 남성성의 조화와 화해를 보여주겠다고 말했다. 개인직으로 그런 이분법석인 단순 구도가 맘에 안 들었지만, 무용이라는 장르의 추상성에 비추어 오히려 그런 단순한 구분도 괜찮을 것이라는 생각을 하여 동의하였다.

6)

4월 말경 처음으로 안무된 작품을 봤다. 보는 순간, 남성 무용수가 없는 무용단에서 남성성을 드러내기 위해 채택된 방법(여성 무용수가 남성적인 이미지가 담긴 몸짓이나 행위)이 눈에 거슬렸다. 이에 나는 아예 남성 역할의 무용수를 등장시키지 말고 차라리 그 역할을 세트나 오브제에게 맡길 것을 제의했다. 그런 제안에 동의한 안무가에게 나는 인형을 권했고, 안무가는 이왕이면 그 인형이 사실적이지 않기를, 그리고 참고로 볼떼르라는 프랑스 조각가의 작품을 보여줬다.

7)

인형 제작에 들어갔다. 처음 의도와 달리 볼떼르의 조각은 어려움이 많았다. 그리하여 즉흥적으로 모양을 바꿨다. 결국 그 모양이 마치 로보트처럼 보이기는 하였지만, 억압적인 남성성, 그러면서도 가슴과 머리가 텅 빈, 불쌍하게 보이는 남성성 인형을 만들었다.

8)

인형 조작에 대하여 이야기를 나누었다. 나는 1장과 3장에서는 인형을 움직이지 않고, 내용이 반전되는 2장 부분에서 변화를 주자고 제의했고, 그 제의는 받아들여졌다. 그리하여 인형의 움직임을 여러모로 생각 끝에 상승시키다가, 뒤집어지고, 다시 떨어지는 단순한 방법이 채택되었다. 그러나 안무가는 그런 변화가 무대 위에서 가능한가, 또 다섯 편이나 동시에 공연되는 상황에 그런 동작이 나올 수 있는 충분한 바톤 확보가 가능한가에 대해 의문을 품었으나, 강행하기로 결정하였다.

9)

안무가가 의상을 잠옷 스타일로 한다는 의견을 말했다. 나는 침대 매트가 사용되고, 인형조차 나체에 가까운데 잠옷 스타일이 너무 성적인 구도로 간다는 의견을 말했다. 그러나 안무가는 그 잠옷의 디자인이 체크 무늬 방식으로 검고 흰 점을 연쇄적으로 중첩시킨 것이라며, 이는 다름아닌, '아니마 아니무스'라는 대립항적인 요소를 모은 것이라며 자신의 의견을 고집했다. 나는 적어도 그런 무늬가 여성들로만 구성된 무용단의 춤에 힘을 실어줄 것이라는 생각을 피력하고, 내 주장을 철회했다.

10)

5월 초에 안무된 작품을 다시 보았다. 마지막 장면이 모두가 평화롭게 손을 휘두르며 중앙을 향해 퍼져나가는 것이었다. 나는 바닥에 내려진 인형을 내버려둔 채 앞으로 전진하는 모습이 작품의 의도와 어긋날 것이라는 의견을 피력했다. 그리하여 안무가는 그 부분을 오히려 인형 쪽으로 무용수들이 다가와, 함께 가족사진을 찍는 듯한 장면으로 만들었다.

11)

공연 일주일 전 쯤 연습된 것을 다시 보았다. 나는 안무된 춤의 과정에 나름대로 의미와 이야기를 붙여 무용수들에게 이야기해줬다. 무용수 나름대로 느낌을 공유하기 위한 것이었는데, 다소 서사적인 것이 마음에 걸렸지만, 안무가도 가만히 듣고만 있었고, 무용수들도 대체로 수긍하는 표정이었다. 동시에 춤추는 동안 인형의 움직임, 그리고 타이밍을 설명했다.

12)

공연 3일전(리허설). 안무가가 없는 동안, 무대 스텝들에게 인형의 움직임, 그 타이밍과 느낌에 대하여 의견을 교환하였다. 무대 스텝들은 인형의 조작을 도르래를 통해 하자고 하였으나, 나는 바톤 2개를 사용할 것을 주장했다. 결국 적당한 거리를 확보한 바톤 2개를 사용하게 되었다. 조명에 대한 개인적인 판단을 안무가를 통해 조명 담당 디자이너에게 전달하였다.

13)

공연.

무용연출 노트 2
– 1996년 9월 8일, 제5회 전국무용제 –

"10번 바톤 옆, 대막 스탠바이"

강경렬 무대감독의 큐를 들으며 마른 침을 삼켰다. 이제 드디어 끝나는구나. 그것도 한 번의 실수도 없이 완벽하게. 마약과도 같은 공연예술의 이 맛...

"10번 바톤 스톱, 대막 다운"

이미 음악은 끝났다. 김지영 선생은 밧줄을 타고 둥근 태양을 가로질러 하늘로 올라가고 있었고, 나머지 무용수들은 소리없는 함성처럼 양팔을 휘저으며 서서히 무대 중앙으로 모여들고 있었다.

무대 조명이 조금씩 어두워진다. 그리고 대막이 천천히 아래로 내려오고 있었다. 짧은 순간, 정막이 도는 듯 했다. '왜 이래?' 뭔가 잘못된 게 아닌가 착각이 들 정도로 객석은 조용했다. 대막이 거의 다 내려왔다. 그 순간, 객석에서 박수가 터져나왔다. 연이어 환호성과 갈채...

"무용수 커텐 콜 위치로- 그리고 대막 스탠바이 "

강경렬 감독이 외쳤다. 그 순간, 나는 아직 공중에 매달려 있는 김지영 선생을 보며 강 감독에게 빠르게 속삭였다.

"10번 바톤 다운, 김지영이 아직 매달려 있어요."

강 감독이 에의 그 사람 좋은 표징으로 웃으며 말했다.

"알아요. 자, 10번 바톤 다운... 스톱... 다시 막 엎."

다시 관객들의 박수소리가 커지기 시작했다. 간간히 섞여들어오는 휘파람 소리도 있었다. 지금 저기서 환호성을 올리는 사람들은 누굴까? 어떻게 생겼을까? 어떻게 해서 공연을 보러 오게 되었을까? 순간, 머리를 스쳐가는 상념을 황급히 지우며 고개를 드니, 무용수들이 일렬로 손을 잡고 어둠 속 저 멀리 관객들에게 인사를 하고 있었다.

"막 다운."

강경렬 무대감독의 마지막 큐 사인이 나왔다. 막이 무대 바닥에 닿고 무대 위 불이 켜지자, 기다렸다는 듯이 무용수들의 환성이 터져 나왔다.

막이 오르기까지 얼마나 마음을 졸였던가. 어제 밤 극장에 들어설 때가 6시 30분 정도. 경북팀과 인천팀의 공연을 보고, 저녁을 먹었다. 그 때가 대충 9시 30분. 단원들이 호텔로 들어가고 나와 무대팀만 남았다. 이미 조명을 맡은 최명석 씨가 바쁘게 움직이고 있었다. 출입문이 열리고 세트가 들어왔다. 지금부터 작업.

나, 강경렬 무대감독, 이학순 무대미술이 모여 바톤 사용에 대하여 짧은 회의를 가졌다. 1번 바톤에 붉은 천, 2번은 함께 공연할 충북팀에게 주고, 4번에 상수 수직 세트, 6번에 전면 수평 세트, 7번에 수직 하수 세트, 8번에 후면 수편 세트, 10번에 밧줄, 11번에 둥근 세트... 결정되었다.

무대 제작팀과 제주대학 아르바이트생들이 바쁘게 움직이기 시작한다. 이미 대구에서 한 번 공연한 적이 있는 세트지만, 제주 극장에 맞춰 새로 제작된 탓에 제대로 맞아떨어질지 모를 일이었다. 특히 4번과 7번, 수평 이동할 수직 세트가 문제였다.

지난번 대구공연 때는 무거운 세트 무게 때문에 도르래가 부서지기까지 했다. 그러나 다행히 이번에 문제점들을 보완한 까닭인지 쉽게 달았고, 또 잘 움직여줬다. 우리 모두는 일단 안도했고, 몇 가지 미비한 것이 있었지만 새벽 3시 30분경 일을 마쳤다. 전날 제주 문화회관 직원들이 철야를 했기 때문에 더 이상은 힘들다고 하였기 때문이다. 극장 밖으로 나오니 제주도의 상쾌한 새벽공기가 얼굴을 스쳤다.

드디어 날이 밝았다. 아침식사를 마치고 공연장에 도착하니 10시 30분 정도. 이미 조명팀은 설치를 마치고 조명을 맞추고 있었다. 우선, 오늘 함께 공연할 충북팀과 시간을 분배했다. 점심시간이 12시부터 1시까지 30분씩 나눠서 무용수들이 무대를 밟아보고, 2시부터 1시간씩 연습, 그 후 4시부터 각각 리허설 한 번씩 가지기로 했다. 여기까지는 아무 문제가 없었다.

문제는 조명으로부터 시작됐다. 조명을 맡은 최명석팀이 충북과 대구를 함께 하는 통에 작업시간이 지연되기 시작했다. 그리하여 점심시간을 이용한 연습시간이 사라졌다. 그리고 진짜 문제가 무대에서 발생했다. 옆막이 붉은 색이기 때문에 조금 더 좋은 그림을 만들기 위해 만들어온 옆막 세트를 4벌 설치하기로 되어 있었는데, 그 중 맨 앞에 달아야 할 세트의 바톤이 없었다. 그냥 고정으로 세우자니, 이를 사용하지 않는 충북팀 때문에 그럴 수 없었다.

그래서 이를 빼놓고 하자니, 왠지 무대가 허전했다. 또 서막 장면에서 무대의 모든 세트를 올리고 할 예정이었는데, 극장용 1번 옆막이 고정이라 움직이질 않았다.

이럴 수가... 옆막이 올라가지 않는 극장이 있었다니...

전혀 예상치 못한 상황이었다. 문제는 이 뿐만이 아니었다. 바쁘게 쫓겨 실시한 연습에서 복잡한 무대 큐를 완전히 숙지하지 못한 무대 감독의 무대 조정으로 연습공연이 엉망이 되었다. 심지어 무거운 무대 세트를 단 바톤을 제 위치에 정지시키지 않은 채 그대로 내려 세트가 우지직 소리를 내며 부서졌다.

무용수들은 춤을 추다 깜짝 놀라 무대 앞쪽으로 도망을 쳤다. 이것뿐인가? 대구에서 제주 문화회관 관계자에게 전화로 확인한 리미트(자동정지) 여부가 말과 달랐다. 모두 수동으로 해야 했다. 이러면 세트 변환에 시간이 달라진다. 미리 계산해왔던 시간을 황급히 변경해야만 했다. 무대 감독과 다시 시간을 계산하고, 부서진 세트를 보수하고 다시 리허설에 들어갔다.

시간이 5시 30분 정도. 앞으로 공연까지 1시간 30분 남았다. 30분 정도 무대 정돈하고 30분 정도 리허설을 하고나면 바로 공연이다. 그런데 아직 무대 세트가 결정되지 않았다. 조명 메모리도 되지 않았다.

이제 조명 수정은 포기하고 무대 세트를 정리해야 했다. 리허설을 한 후에는 시간이 없다. 안무가인 박현옥 선생이 사색이 되어 달려왔다. 서울과 대구에서 격려해주기 위해 내려온 손님들도 어찌 할 바를 몰라 조바심을 치고 있었다.

이제 무조건 결정해야 했다. 어떤 것이 됐든 일관성을 유지하기로 했다. 그리하여 리허설을 미루고, 그 동안 공들여 달았던 무대 옆막 세트를 철거하기로 했다. 주어진 시간은 20분. 달 때 3시간이 걸린 것을 20분만에 떼어내어야 했다.

다행히 무대팀의 노련한 솜씨와 아르바이트생들의 헌신적인 도움으로 옆막 세트 철거는 20분만에 끝났다. 남은 시간 1시간 10분. 우리가 쓸 수 있는 시간은 40분 남짓. 잘못하면 리허설 한 번 없이 공연에 들어갈 판이다.

황급히 무대감독과 마지막 미팅에 들어갔다. 세트 이동 시간을 조정했다. 그리고 리허설 시작. 그러나 결과는 거의 마찬가지. 무용의 내용을 완벽히 숙지하지 못한 무대감독의 큐가 자꾸 무용의 흐름을 방해하였으며, 작품 내용과 어긋나게 들어오는 조명은 작품 전체를 어수선하게 만들었다.

그러나 리허설은 끝나고, 관객이 들어오는 시간이 되었다. 우리는 불안한 마음을 감추지 못한 채, 앞 공연팀인 충북에게 무대를 비켜줘야 했다.

충북팀이 공연하는 동안, 나는 극장 밖 벤치에 앉아 큐시트를 다시 수정하기 시작했다. 가능한 알아보기 쉽도록 설명 없이 바톤의 번호만 기입하고, 그 시간대에 이뤄질 춤 동작을 적었다. 그리고 쉽게 진행될 수 있도록 몇 개의 큐를 바꾸거나 생략했다.

그런 다음 몇 개의 큐가 엉키는 부분에다 적색으로 테두리를 치며 주의 표시를 했다. 그리고 조명실에 갔다. 세세한 이야기는 삼가고, 대신 반드시 필요하다고 생각한 두 세 가지 조명상의 요구 사항을 건네줬다. 그리고 나왔다.

그러자 박수소리가 들렸다. 앞 공연이 끝난 모양이다. 이제 우리 차례다. 나는 분장실에 들러 안무가와 무용수들의 얼굴들을 다시 본 후, 컴컴한 무대 옆 무대감독 자리로 걸음을 옮겼다. 지금 이 순간을 위해 달려온 지난 몇 달의 연습, 연습... 그것을 생각하니, 온몸 가득 긴장감이 살기처럼 돋아 오르는 것을 느낄 수 있었다.

현대춤에 대한 무용비평의 조건

미국의 무용평론가는 고전발레는 움직임(Kinesis)이라 하고 현대춤은 마음의 움직임(Metakinesis)이라고 구분하였다. 이는 고전발레가 테크닉과 기교를 중심으로 미학을 창출하는 반면, 현대춤은 무용가의 생각과 사상 전달을 중심으로 전개되는 것이라고 파악한 것이다.

이는 동시에 단순히 형식을 떠난 파격의 차원이 아닌, 모든 현대예술가들이 그러하듯이, 시대와 사회 또는 인간의 문제에 대한 발언을 무용가들이 하기 시작했다는 것을 의미하기도 한다.

이러한 차원에서 무용비평은 시작해야 한다고 생각한다. 모든 비평에 있어 핵심적인 과제는 분석과 평가이듯, 무용 비평 역시 공연된 작품에 대한 분석은 물론 그에 대한 평가를 담아야 한다. 그리고 여기서 해석은 단순히 무용 동작 해석에 머무는 것이 아닌, 안무가의 의도와 생각을 읽어내야 하고, 또 그 의도가 적절하게 표현되었는가도 살펴보아야 한다.

일부 무용평론에서 보듯 공연 상황에 대한 주관적인 장면묘사가 아닌, 안무가의 의도를 전달하기 위한 적절한 동작과 테크닉에 사용되었는지, 또는 자기만의 의도(가치관 혹은 세계관)를 담아내기 위한 자기만의 무용언어(동작과 테크닉)가 창조되었는지에 대한 분석이 있어야 한다.

분석은 객관적이고 사실적이어야 한다. 비평가 개인의 주관적인 입장이 반영되면 안 된다. 비평가는 분석된 결과치를 바탕으로 자신의 의견을 덧붙이는 것이다.

그래서 분석에는 '맞다' 와 '틀리다' 가 있지만, '좋다' 와 '나쁘다' 는 없다. '좋다' 와 '나쁘다' 는 분석 이후 자신의 의견을 덧붙일 때, 즉 비평가의 해석과 가치판단에 관련된다.

그리고 오늘날의 대다수 무용은 안무가 혼자만의 작품이 아니다. 대본가, 연출자, 무대미술가, 조명 디자이너... 등 많은 관계자들의 합작품인 경우가 많다. 때문에 안무가가 달라도 유사한 분위기의 작품이 공연되기도 한다.

이는 몇 몇의 대표적인 스텝들이 안무가를 중심으로 이합집산을 거듭하기 때문에 그들에 의한 관습적인 작업의 결과로 나타나는 현상이다. 이러한 상황에서 예술가로서 무용가는 자기만의 춤의 세계를 구축하기 위해서는 더욱더 자신의 세계관과 의도를 분명히 할 필요가 있다. 사랑의 장면이라도 아름다운 조명 대신 거칠고 날카로운 색깔을 선택할 수 있는데, 이것이야말로 전적으로 안무가의 선택 지점이다.

때문에 무용비평은 그러한 안무가들의 선택지점이 무엇인지를 파악해야 하며, 그 지점이 바로 타 안무가와 차별화하고 구분해내는 지점이며, 동시에 또 다른 안무가가 필요한 지점이기도 하다. 이러한 구분이 무용 비평에서 해석의 영역이다. 결코 공연된 상황을 소설이나 보고문처럼 묘사하는 것이 아니다.

무용 비평에서는 가치 판단이 있어야 한다. 위에서 언급한 바대로 분석이 있은 후, 그 분석을 기초로 하여 그 의도의 새로움, 그에 따른 동작의 적절성 등을 판단하는 것이다. 또는 취사선택한 의상과 소품, 혹은 무대미술의 적절성 등이다.

창의적인 무용가일수록 새로운 의도를 새로운 방식으로 표현하기 마련인데, 이때 평론가는 그 의도와 방식의 참신함과 적절성을 판단해야 한다. 무조건 새롭다고 해서 가치있는 것은 아니다. 진부한 생각에 대한 진부함 표현만큼이나 새로운 생각에 진부한 표현, 또는 진부한 생각에 새로운 표현 등도 평가절하되어야 한다. 예술의 기본적인 두 개의 축, 형식과 내용의 측면에서 보더라도 새로운 생각과 새로운 표현은 절대적으로 필요한 안무가의 자질이다.

무대 위의 움직임, 움직임 위의 무대
- `97 서울/경기 세계연극제에 공연된 무용공연을 보고 -

1. 서론

마사 그레이엄이 명확하게 선언한 바 있듯이 무용에 있어 예술도구는 몸(신체)이고 매체는 움직임이다. 테크닉을 중요시 여겼던 고전시대에 그 신체와 움직임은 아름다움을 위한 것이었지만 표현을 중요시여기는 현대의 그것은 그 어떤 의미를 위한 것이다. 그리고 그 의미는 무대 위에서 표현된다.

여기서 무대를 꼭 프로시니움 형식의 극장을 전제할 필요는 물론 없다. 그러나 그 무대가 극장이든 야외든 현장이든 무용은 또 하나의 예술도구가 있어야 하는데, 그것은 바로 무대인 것이다.

결국, 현대에 있어 무용은 무대라는 화폭에 무용수라는 붓을 가지고 표현된 안무가의 정신이다. 과거 고전시대에는 무용수가 각광을 받았는데 반하여 현대에 있어 무용수보다 안무가가 각광받는 이유도 바로 이런 이유가 있기 때문이다. 표현, 바로 그것이다. 때문에 현대무용의 이론가인 존 마틴은 현대의 무용을 표현무용(expressional dance)이라고 정의한 바 있다.

현대의 무대는 다양하다. 극장이라는 공간 뿐만 아니라 야외(도심 광장, 아파트 단지, 해변가... 등등) 혹은 현장(파업 현장, 스포츠 행사... 등등)이 다 무대인 것이다. 그러나 뭐니뭐니 해도 역시 무용에 있어 무대라고 할 때는 극장이라는 한정된 공간에 설치된 무대, 즉 좁은 의미에서 무대를 의미한다. 그리고 실제 예술활동으로서 무용의 대부분이 바로 여기서 이뤄진다.

그러나 여기서 무대라고 말하는 것은, 엄밀한 의미에서 극장의 특정한 장소로서 무대(stage)만을 지칭하는 것이 아니라 그 무대와 어우러지는 극장의 모든 요소를 일컫는 말이다. 왜냐하면 무대 위에 비춰지는 조명, 장치 전환, 음향, 객석, 의상, 분장, 소도구... 등등이 모두다 안무가의 표현도구이기 때문이다. 즉 여기서 무대라 함은 실제의 무대(stage)를 포함한 그와 관련한 모든 요소, 즉 무대 요소를 의미하는 것이다.

그런데 문제는 이러한 극장이 현대 산업기술의 발달에 따라 그 메커니즘이 엄청난 발전을 이루었다는 것이다. 과거 전등 몇 개를 밝혀놓고 춤을 추던 때의 극장이 아닌 것이다. 또 테크닉의 아름다움(움직임의 그 자체)을 보여주는 것이 아닌, 의미를 위한 움직임을 표현하는 현대의 춤은 수많은 오브제를 사용하게 되는데, 그것이 극장의 메커니즘과 어울려 걷잡을 수 없을 정도로 자가발전을 하고 있다. 현대의 춤 공연에 있어 안무가 외에 다양한 종류의 스텝들이 참여하게 되는 것은 바로 이런 이유에서이기도 하다.

그러나 이러한 요소들, 즉 극장 혹은 무대의 요소들이 최근에는 무용에서 가장 중요한 예술매체인 움직임, 그 자체를 압도하는 경우가 종종 나타나고 있다. 무대의 장엄함과 압도적인 효과의 남용으로 인한 무용 본질에 대한 위협은 이미 많은 무용가들에 의해 지적된 바있다.

그럼에도 불구하고 극장과 관련한 모든 요소들의 과다한 사용은 멈춰지지 않고, 오히려 더욱더 증대되고 있는 경향이다. 그리고 실제 이러한 효과의 과다 사용이 무용의 표현(정확하게 말하자면, 안무가의 표현)을 훼손시킨다기보다 오히려 그 표현의 영역을 넓혀가고 있다는 인상을 주기도 한다.

이에, 이번 97 서울/경기 세계연극제에 초청된 국내외 무용 공연을 중심으로 그들이 사용한 무대의 요소들이 과연 무용에 있어 가장 중요한 매체인 움직임과 어떻게 어울려졌는가를 알아보고자 한다.

그것은 궁극적으로 그 무대의 요소들이 적절하게 사용되었는가 여부로부터, 과연 안무가의 예술정신이 무용의 기본 출발점인 움직임을 탈피할 수 있는가 하는 탈장르에 대한 방향까지를 모두 아우르는 현대무용의 총체적 현상을 되새김질하는 작업이 될 것이다.

2. 본론

1) 세계연극제에 공연된 무용 작품

이번 세계연극제에 공연된 무용 작품은 총 19단체에 28작품이다. 그러나 창무국제예술제가 별도의 행사임을 감안한다면 실제 세계연극제에 초청된 작품은 9개 단체에 11개 작품이다. (국립무용단의 '오셀로'와 국립발레단의 '신데렐라'는 자체 공연의 성격이 강하다.

이 점은 세계연극제 맴버쉽 카드로 공연을 관람할 수 없었다는 점에서도 알 수 있다. 그러므로 대상 작품에서 제외한다.) 이중 국내 단체와 작품은 이정희무용단 '살풀이9', 서울현대무용단 '에미', 웃는돌무용단 '순례', 김복희무용단 '진달래꽃', 한국컨템포러리 '만남', 툇마루무용단 '불림소리'이고 국외 단체와 작품은 자샤발츠무용단 '코스코나우텐 거리에서', 헝가리 이베트보직 무용단과 부다페스트 카토나 요제프 극장 '두 개의 초상', '신비한 중국인', 마기마랭무용단 '바떼르조이', '메이비'이다.

국내 작품은 과거 서울무용제에 대상을 받았던 작품들을 중심으로 선정되었고 국외 작품은 어떤 원칙에 의해 선정되었는지는 알 수 없으나 하여튼 세계연극제 조직위원회에서 일정한 절차를 거쳐 초청되었다. 때문에 이들 무용 공연이 현대의 무용 경향 모두를 나타내는 것이라고는 단정지을 수는 없다.

그러나 적어도 국내 6작품은 한국무용계에 가장 큰 경연행사인 서울무용제의 대상 작품이라는 검증된 절차를 거친 바 있는 작품이기에 적어도 몇 년간의 한국 무용 전체적 흐름을 읽을 수 있는 작품인 것만은 분명하다. 또 여기에 서울무용제에 대상을 받은 작품은 아니지만 한국 무용계의 또 다른 한 축을 구축하고 있는 홍신자 씨의 웃는돌무용단의 공연이 곁들여짐으로써 명실공히 국내 무용 공연 작품은 한국무용의 일정한 흐름을 진단할 수 있는 작품임이 분명하다.

그러나 국외 무용 공연 작품은 현대무용의 가장 큰 흐름을 형성하고 있는 미국의 단체가 선정되지 않았고, 또 제3세계의 무용 공연이 없음으로 인해서 그들 공연이 현재 세계 무용 공연의 일정한 경향을 파악할 수 없다는 한계를 가지고 있다. 그러나 분명한 것은 이들 단체들을 통해 현재 유럽에서 형성되어 있는 뚜렷한 한 경향을 엿볼 수 있었다는 것이다. 그리고 그 경향은 바로 독일의 피나 바우쉬로부터 시작된 극무용의 경향이다.

그러나 논의는 이 모든 작품들을 대상으로 하지 않고 움직임과 무대의 두 요소가 어떻게 상호작용하는가 하는 주제를 극명하게 드러내는 네 편의 작품(국내 2, 국외 2)을 대상으로 한다. 그 각각의 작품은 움직임과 무대가 잘 조화를 이룬 것과 이루지 못했다고 판단되는 두 편씩을 짝으로 하는 것이다.

2) 공연된 무용 작품의 움직임과 무대

(1) 이정희무용단의 '살풀이9'
남북 이념 대립의 현장을 몸짓으로 보여준 작품이다. 남북 분단의 과정과 현상을 모두 보여준 뒤에 그 한과 고통을 한국 전통적인 굿형식에서 차용한 '살풀이' 라는 방식으로 씻어내고 치유하고자 하는 소망을 담은 작품이다.

이 작품은 92년 서울연극제에 공연된 작품으로서 그 당시 '쿠스트요스의 「녹색 테이블」을 연상시키는 무용극적인 동작과 압축된 공간

구성으로 주목을 받았다' 는 평가를 받았다.

안무가는 "철조망 앞에서 느끼는 것은 이념의 대립이나 가공할 군사력만은 아니다. 분단의 깊은 강은 흙탕물이 되어 인간의 어리석음 속으로 소용돌이치며 우리 가슴에 한을 심고 있다."라고 이야기하고 있다. 그리하여 안무가는 그러한 인식의 주요 이미지, 즉 대립, 분단, 강, 흙탕물, 어리석음, 소용돌이, 한... 등을 나타내는 움직임을 주로 구사하고 있다. 유령처럼 흐느적거리는가 하면, 어느 새 격렬한 몸짓으로 뛰고 구르고 미끄러진다. 두 패로 나뉘어진 무리들은 서로 으르렁거리고 싸운다. 그러다 도망치고 쫓아간다.

그러나 갑자기 깊은 침묵으로 빠져든다. 그 침묵 속에서 그들은 피난민과도 같은 느린 걸음으로 행렬을 지어 걷기도 하고 또 울음을 겨우겨우 참고 있는 어머니의 모습처럼 애처롭게 무대 위를 맴돌기도 한다. 그러한 느림이 계속되다가 작품의 끝무렵에 와서는 미친 듯 도약을 시도한다. 절규하는 몸짓으로 허공에 외치는 그들의 모습은 분명히 분단의 절망감을 표현하는 듯 보여졌다.

그러다 마지막에 안무가 스스로 무대에 올라와 빗자루를 들고 무대 위를 쓸어낸다. 그가 쓸어내는 것은 분단의 어느 한편이 아니라 분단으로 야기된 적대감과 절망이다.

이 작품에서 사용된 무대 요소들 중에 가장 눈에 띄는 것은 무엇보다 협상 테이블과도 같이 생긴 커다란 사각 입체 무대다. 이 입체 무대는 극장의 무대를 거의 다 덮을 정도로 큰 것이기에 무용수들의 동작 대부분이 이곳에서 이뤄진다. 또 하나 눈에 띄는 것은 무용수들의 분장이다. 길게 머리카락을 위로 솟구치게 하고 얼굴에 하얀 회칠을

한 모습은 마치 그 모습이 유령처럼 보이도록 하였다. 그 다음 중요한 것은 마지막에 안무가가 직접 들고 나온 빗자루다.

이 세 개의 무대 요소, 협상 테이블, 분장, 빗자루는 작품의 주제를 분명하게 드러낸다. 분단 상황, 분단의 고통과 한, 살풀이가 바로 그것이다. 그 상징이 너무 직설적이어서 무용수들의 움직임이 차라리 부속물처럼 느낄 수밖에 없다.

그래서 이정희무용단의 '살풀이'는 작품 주제를 드러내는 데 유효한 움직임으로 구성된 무용이었지만, 무대 요소가 그 움직임과 조화를 이루는 데 실패한 듯 보여진다. 이른바 움직임의 추상성, 그로 인해 획득되는 깊이를 잃어버린 것이다.

현대무용이 안무가의 표현을 전제로 한 것은 분명하지만, 그건 어디까지나 의미있는 움직임으로 일궈내야 하는 정신세계다. 절대, 구호나 설득, 혹은 서사가 아니다. 그건 차라리 시처럼 표현 대상으로부터 느낀 서정적 자아를 표현하는 것이다.

그런 까닭에 무용은 연극이나 소설과는 또다른 감동을 주는 것이다. 그리고 무대는 그 서정적 자아를 부드럽게 싸고도는 은유와 같은 것이 되어야 한다. 왜냐하면 무대의 모든 것은 너무 구체적이어서 상상력을 제한할 수 있기 때문이다. 안무가는 그것을 간과했다.

(2) 서울현대무용단의 '에미'

박명숙의 '에미'는 96년에 발표된 작품으로서 우리 민족의 끈질긴 생명력과 역사의 근원을 여성, 특히 모성으로 파악한 작품이다. 모성에 흐르는 한과 인고의 정서를 우리의 전통적 통과의례인 결혼식과 장례식, 그리고 놀의 형식을 통해 형상화했다.

'에미'는 에덴의 낙원으로부터 추방당한 이브, 군화에 짓밟혀 정신대에 끌려간 우리네 할머니, 붉은 조명 아래 성을 파는 소녀 등 시공을 뛰어 넘어 상처받은 여성의 혼을 달래는 춤이다. 또한 여성 스스로 속살을 부끄럼 없이 드러내 보임으로써 다시 태어나려는 몸부림과 모든 생명의 근원인 모성에 대한 찬가를 보여주고 있다.

96년 공연 당시 "한 노파의 인생역정을 통해 여인들의 가련한 삶을 보여주면서도 끊임없이 살아 숨쉬는 여성들의 끈질긴 생명력과 다시 태어나는 모성의 위대함을 그려낸 수작"이라는 평가를 받은 이 작품은 이번에도 그 명성에 걸맞는 작품을 보여줬다. 오히려 한 단계 더 나간 작품으로 평가받기도 했다.

작품은 모두 11개의 에피소드로 되어 있다. 그 에피소드는 일관된 이야기로 엮어진 것이 아니라 여성 혹은 어머니로 지칭될 수 있는 여성 삶의 궤적을 옴니버스식으로 짜여져 있다. 간혹 노파의 역을 하는 무용수가 지속적으로 등장하지만 그렇다고 그 무용수가 각각의 에피소드 속에서 어떤 분명한 역할을 하는 것은 아니다.

움직임은 각각의 에피소드에 맞게 구성되어 있지만 그 차별이 뚜렷한 것은 아니다. 그건 박명숙이라는 안무가가 즐겨 취하는 움직임, 격렬하면서도 즐겁고 빠르면서도 서정적인 이중적인 움직임의 특징을 버리지 않고 있기 때문이다.

안무가는 움직임의 변화보다는 무용수들 상호간의 교류 혹은 반발 등을 주로 사용하는 모습을 보여주었는데, 특히 눈에 띄는 것은 여성 중심의 무리들의 조화로운 움직임과 여성이 남성들 무리로부터 받는 움직임의 충격과 반발, 그 고통의 확산 등이 자주 보였다. 그건 너무나 뚜렷하여 안무가가 남성 혹은 남성 세계에 대한 적의를 보여주는 것 같았다. 만약 그런 적의가 없다면, 안무가의 인식은 너무나 얕고 짧은 것이 된다.

그러나 박명숙이라는 안무가를 그렇게 얕볼 수 없게 만드는 요소는 각각의 에피소드 속에 스며들어 있는 해학의 정신이다. 그건 분명 대상으로부터 적당한 거리를 유지하고 있을 때 나올 수 있는 것이다.

할머니의 요살스런 움직임, 무용수들의 삐에로 연기, 이와 유사한 움직임들이 끊임없이 각각의 장에 개입하여 자칫 심각해지기 쉬운 격렬한 움직임들을 완화시켜주면서 문제의 본질을 꿰뚫어볼 수 있는 객관적인 비례를 형성시켜 주고 있는 것이다.

이러한 대조 기법은 작품의 마지막 장면에서 분명하게 드러나는데, 화려하고 압도적인 무대 세트(대나무 숲)의 신비함에 어울리는 집단의 무거운 발걸음 사이사이로 살살 엉덩이를 흔들며 살짝 나타났다가 사라지는 노파의 모습은 실로 압권이었다. 압도적인 무대와 균형을 잡는 움직임이 꼭 그와 같이 클 필요는 없다는 사실을 여실히 보여준 장면이었던 것이다.

그러나 이 작품은 11개의 에피소드를 소화하기 위해 너무나 많은 소품들이 등장한다. 자전거, 접시돌리기, 병원 침대, 전등, 수술대, 후라이 팬, 장롱, 쓰레기통, 보따리, 재봉틀… 아마 출연한 무용수들은 각각의 장면마다 갈아입을 의상과 갖춰야 하는 소품들로 무대 뒤에서 정신이 없었을 것으로 생각이 될 정도였다.

그러나 중요한 것은 이러한 무수히 많은 자잘한 소품 혹은 대도구들이 작품의 주제와 움직임에 유효 적절히 사용되었는가 하는 것이다. 이렇게 많은 소품과 대도구가 필요했던 것은 작품이 11개의 에피소드로 나누어졌다는 형식 자체에서 기인된 것이다.

필자의 개인적인 견해로는 그것들이 별 무리 없이 잘 사용되었다는 판단이 든다. 그건 특히 그런 자잘한 소품들이 거듭 사용되다가 마지막 장면에서 거대한 무대 세트의 등장으로 마감시키는 데서 특히 그렇다.

결국 박명숙은 움직임에 장애가 될 만큼 수많은 대소도구와 소품을 사용하였지만 그것이 하나도 거슬리지 않은 것은 작품 자체가 가지고 있는 형식에 부응했다는 것, 그리고 그 많은 번잡한 이미지를 최종적으로 마무리하는 무대 세트와 장면을 이미 가지고 있다는 것으로서 그의 무용은 움직임과 무대가 잘 조화된 공연이었다고 생각된다.

(3) 헝가리 이베트 보직 무용단과 부다페스트 카토나 요제프 극장의 '두 개의 초상'

'두 개의 초상' 은 2 명의 여자가 성인으로 성장해가는 과정 중에 겪게 되는 미묘한 감정을 달콤하면서도 씁쓸하게 그린 작품이다. 2 명의 여자가 어릴 적 함께 놀던 놀이터에서 만나는 장면으로부터 시작하여 그들 각각이 느끼는 삶의 고독과 그리움, 그리고 회상을 보여주고 있다.

움직임은 발레와도 같은 날렵함을 기본으로 하되 마치 마네킹처럼 각도를 유지하고 움직인다. 즉 직각으로 꺾이거나 딱딱 부러진다. 마치 장난을 치듯 경쾌하게 움직이지만 무표정한 표정연기로 인하여 그들의 동작은 왠지 슬프다. 사탕을 빨거나 하이힐을 벗는 등 일상의 동작이 자주 등장한다.

이러한 움직임들은 성인이 된 여자가 가졌던 소녀 시절의 꿈, 그러나 이제 멀리 사라진 것에 대한 정시를 애틋하게 나타내준다. 가볍게 움직이면서도 각진 동선, 즐겁게 장난을 치면서도 슬픈 표정, 거기에 이어지는 일상의 행위들. 이것은 이들의 미묘한 감정을 분명하게 전달해주고, 전달할 뿐만 아니라 절실히 느끼도록 해준다.

무대에는 2명의 무용수가 등장한다. 때문에 움직임은 전체적으로 단순하다. 그러나 처음부터 끝까지 이들의 움직임은 세트와 소도구에 의존한다. 우선 그들이 입은 검은 색과 흰색의 밍크 코트가 그렇고 지나치게 높은 하이힐이 그렇다. 그리고 놀이터 회전놀이 기구가 그렇다. 거기에 핸드백까지 단정하게 낀 모습은 움직임 자체를 구속한다. 물론 그것이 안무가의 의도이긴 하다.

그러나 그 의도가 더 이상 발전하지 않는다. 마지막에 코트를 벗어 옷걸이에 걸어두었다가, 그 옷에 갇혀 공중으로 떠오르는 장면의 움직임은 명확하지 않다. 그것이 꿈의 상실을 의미하는 것이라고 보여지기보다 단지 극적인 전환을 노린 형식상의 의도로밖에 보여지지 않는다.

왜냐하면 공중으로 올려진 무용수의 동작, 즉 평범한 일상의 걸음걸이와도 같은 부드러운 움직임이 계속되었기 때문이었다. 그건 자칫 일상에서 간혹 느끼는 고양된 기분 같은 것을 표현하는 것처럼 보일 수도 있는 장면이었다. 그래서 작품이 끝났을 때 관객들이 가졌던 황당한 표정은 바로, 움직임과 일치하지 않은 무대 요소의 활용(공중 부양)과 무관하지 않다.

결국 이 작품도 역시 주제에 부응하는 적절한 움직임을 선택하긴 하였으되 무대의 요소들이 잘못 선정되고, 또 그 잘못된 무대 요소에 지나치게 의존하여 구성을 발전시킴으로 인해서 무용 작품으로서의 가치를 반감시켰다. 부드러운 몸놀림과 뛰어난 표정 연기를 보여주었던 두 명의 무용수의 연기력이 퇴색되어 보인 것은 바로 그런 의미에서였다.

(4) 독일 자샤발츠무용단의 '코스모나우텐 거리에서'
'코스모나우텐 거리에서'는 각기 다른 상황의 사람들을 실제 인터뷰한 내용을 바탕으로 안무된 작품이다. 6명의 가족 구성원이 보여주는 일상의 움직임을 크로키하 듯 빠르고 선명하게 그 특징만을 잡아 무대 위에 펼쳐주고 있다.

할아버지는 아코디언을 켜고 사위는 브레이크 댄스를 춘다. 서로는 몸을 날리고 부딪치고 탁자 밑으로 사라졌다가 다시 나타나 진공청소기와 춤을 추기도 한다. 두 명의 무용수가 든 판자는 선반이 되고 놀이 기구가 된다. 그들 모두는 번갈아 나타나 자기의 일상을 빠르게 보여주기도 하고 또 어울려 일상의 여러 관계를 보여준다. '코스모나우텐 거리에서'는 마치 인간의 삶이 그렇게 정신없이 왔다가 사라지는 것이라고 말이라도 하는 것처럼 그렇게 무수히 많은 일상의 장면을 마치 영화필름처럼 보여주고 사라진다.

움직임은 일상의 장면을 보여주면서도 실로 고난도의 테크닉을 구사한다. 아슬아슬하고 위험한 연기의 연속을 보여주는 그들의 움직임은, 그래서 서커스의 묘기처럼 보이기도 한다. 또 결코 아름답지 않은 그들의 몸으로 펼쳐 보이는 그런 화려한 테크닉과 함께 관객을 경탄에 빠지게 한 것은 무대의 소도구들 활용하여 보여주는 다양한 상상력이다.

판자 하나로 무수히 변주되는 장면, 그리고 그 장면을 받쳐주는 무용수들의 고도로 훈련된 움직임. 마치 기계처럼 빠르게 하나하나를 맞춰 가는 그들의 연기는 끊임없이 반복되어야 하는 일상에 대한 슬픔을 선명하게 각인시켜준다. 그들이 코믹하게 연기하면 할수록 그 슬픔은 더욱 깊어진다.

그들 무대 위에 나타나는 대·소도구는 모두 일상의 생활용품들이다. 소파, 신문, 녹음기, 진공청소기, 선반... 그런데 유일하게 일상의 생활용품이 아닌 것이 있다. 그것은 무대 뒤편 높이 나란히 걸려 있는 여러 대의 비디오 모니터이다. 이 비디오 모니터는 공연이 진행되는 동안 끊이 다양한 화면을 보여준다.

그 화면은 공연의 내용과 전혀 관계가 없는 화려한 문양이 대부분이며, 간혹 일상의 장면이 왜곡된 각도에서 찍힌 것들이다. 또 각각의 화면 역시도 서로 연관을 갖고 보여지는 것 같지도 않았다. 아마 안무가는 비디오 모니터의 이미지와 무대 위의 무용수들의 움직임이 주는 이미지의 충돌을 의도하는 듯 보였다. 구체적인 장면 장면의 충돌이 아닌, 신체의 움직임이란 살아 있는 예술 매체와 화려하지만 죽어 굳어버린 예술 매체의 충돌, 그것을 보여주고자 의도한 듯 보였다.

그리하여 무용수들의 불규칙적이고 일회적인 움직임과는 관계없이 의젓하게 차례차례 반복되는 비디오 이미지들. 그 속에서 우리는 또 한번 인간 삶의 비애 같은 것을 느끼게 된다.

'코스모나우텐 거리에서'는 고난도의 움직임과 과감한 영상 이미지의 충돌이 빚어내는 삶의 희로애락을 표현한다. 구체적인 동작과 반대되는 추상적인 비디오 이미지, 즉 무대로 인하여 작품은 그 무용수들의 놀라운 테크닉에 대한 경탄을 훨씬 뛰어넘는 감동을 선사한다. 그것은 바로 그들의 움직임과 전혀 무관하지만 그러나 너무나도 밀접하게 주제에 상응하는 무대의 활용에 있다.

3. 결론

다시 말하지만, 현대무용은 움직임을 통하여 삶에 대한 그 어떤 의미를 표현하는 예술이다. 그리고 그 의미는 안무가의 사상이다. 안무가는 인간과 삶에 대한 자신의 철학이나 발언을 무용수들의 움직임을 통하여 세상에 발언하는 것이다. 이때 무대는 말 그대로, 그들이 그 발언을 가능케 하는 무대가 된다.

그러나 극장의 무대는 이제 춤을 추는 공간을 확보해주는 기능적인 공간이 아니다. 움직임 그 자체가 무용의 대상이 아니듯 무대 역시 상징의 공간인 것이다. 그리고 그 상징의 공간에는 무수히 많은 요소들이 만나서 이뤄진다. 조명, 음향, 장치 이동, 의상, 분장... 등등.

때문에 안무가는 이제 자신의 의도를 정확하게 표현하려면 무대의 모든 요소를 동시에 염두에 두어야 한다. 이미 그 모든 것이 상징으로 해석되기 때문이다. 그리고 그 활용은 작품의 주제를 더욱 강화시킬 수도, 또는 단순하게 약화시킬 수도 있다. 그리하여 어떤 때는 움직임을 적절하게 받쳐주는 '무대 위의 움직임'을, 또 어떤 때는 오히려 움직임을 억압하는 '움직임 위의 무대'가 될 수 있는 것이다.

그러나 주제와 의도, 그리고 형식에 걸맞은 무대 요소의 선택과 활용이란 단순히 물량적인 데 있지 않다. 적게 선택하거나 바로 연관되는 이미지로 구성한다고 해서 '무대 위의 움직임'이 된다는 보장이 없으며, 또 압도적으로 강한 무대 요소를 사용하였다고 해서 꼭 '움직임 위의 무대'가 되는 것은 아니다.

중요한 것은 그 모든 무대 요소들이 얼마나 창조적으로 움직임과 만나 조화를 이루는가 하는 것이다. 그리고 그 창조적인 능력은 안무가의 상상력에서 비롯된다.

강의 깊이는 물에 있지만 모든 예술의 깊이는 상상력에 있다.

미술 탐색

제 3 부

키네틱 아트의 이념과 한계

키네틱 아트란, 움직임을 중시하거나 그것을 주요소로 하는 예술 작품을 말한다. 옵 아트 등의 시각적인 변화를 나타내는 것과는 달리, 작품 그 자체가 움직이거나 또는 움직이는 부분이 조립된 것, 따라서 작품은 거의가 조각의 형태를 취하고 있다.

이러한 경향은 미래주의와 다다이즘에서 파생된 것으로 최초의 작품 예로는 마르셀 뒤샹이 1913년 자전거 바퀴를 써서 제작한 「모빌」이라는 조각을 들 수 있다. 1922년 나움 가보가 「키네틱 조각」이라는 이름의 작품을 발표했으며, 그 후 모를리 나기는 이런 일련의 움직이는 작품을 키네틱 아트라고 불렀다.[1]

미술사상 '움직임'은 그림이나 조각의 한 요소로서 흔히 거론되어

---

1) 「세계미술용어사전」, 중앙일보사, p 403

왔다. 그러나 '움직임 자체'가 작품의 본질로서 설정된 것은 1950년대 이후 본격적으로 대두한 키네틱 아트에 의해서이다. 키네틱 아트가 하나의 집단적 경향으로 확립되기 시작한 것은 1955년 파리 드니즈 르네 화랑에서 열린 「움직임」전과 그 선언문에서부터이다.

그 이후 1965년 뉴욕 현대미술관의 「반응하는 눈」, 1967년 파리 시립 현대미술관에서 열린 「빛과 움직임」 등 많은 국제전이 미국과 유럽 각지에서 열렸다. 키네틱 아트의 집단적 양상은 1972년 영국 에딘버러에서 열린 키네틱 아트 국제전을 고비로 점점 와해되기 시작하였다.

미술에 있어서의 대부분의 집단적 경향 그렇듯이, 키네틱 아트도 일단 하나의 경향으로 인정되자마자 개인적 탐구의 단계로 들어서게 되어 1970년대 이후 현재에까지 개인작업을 통하여 지속되고 있다.

'키네틱 아트'라는 용어는 '움직임'을 의미하는 'Kinesis'라는 그리스어에 그 어원을 두고 있듯이, 움직임을 본질로 하는 미술을 지칭하기 위하여 가장 많이 사용되는 용어이다.

프랑스에서는 역시 같은 어원의 시네티즘(Cinetisme)이라는 용어로 이러한 미술을 지칭한다. 움직임을 본질로 하는 미술은 실제로 움직이는 작품과 실제로 움직이지는 않지만 시각적으로 움직이는 것같이 보이는 작품의 두 가지로 분류할 수 있다.

옵 아트와 지각적 추상은 후자의 경향을 지칭하는 용어로서, 움직임의 시·지각적 현상을 강조하는 용어이다. 키네틱 아트는 주로 실제로 움직이는 작품을 일컫지만, 옵 아트나 지각적 추상이라 불리는 경향까지도 포함하는 가장 포괄적이고 또한 보편적으로 통용되는 용

어이기도 하다.[2]

키네틱 아트는 크게 두 가지 계열로 분류할 수 있다. 하나는 에너지의 근원(주로 바람, 자력, 그리고 관객 자신)에 따라 분류되는 것으로 미래주의와 구성주의에서 유래한 계보이다.

또 하나는 다다이즘과 초현실주의에서 유래한 것으로 작품 제작에 있어서 정신을 중요시하는 방향이다. 여기서 정신이라 함은 동작중인 순수한 형태를 창조하려는 욕망, 또는 풍자나 일시적인 기분을 표현하려는 욕망을 뜻하는데, 때로는 넌센스를 의미하는 수도 있다. 전자는 쟈코모 발라와 포르투나토 데페로 등의 미래주의자들이 그 선구자로서 나움 가보, 콜더, 조지 릭키 등으로 이어지고 있다.

또한 구성주의적 전통 속에서 키네틱 조각을 제작한 모홀기 나기와 토머스 윌프레도도 이 계열에 포함된다. 한편 다다, 초현실주의적 키네틱 아트는 1920년대의 만 레이와 쿠르트 수비터스로부터 시작되어 프랑스의 폴 뷔리와 스위스의 팅겔리, 미국의 로버트·브리어로 이어진다. 이 중 팅게리는 인간의 행동을 풍자적으로 모방한 여러 가지 기괴한 기계들을 만들어냈는데, 그 중 하나가 「뉴욕 찬가」이다.

이는 피아노, 자전거, 선풍기, 인쇄기 등을 모아서 만든 것으로 기묘한 동작을 되풀이하면서 불을 뿜고 소음을 내며 스스로 파괴되도록 고안된 것이었는데, 여기에는 운동보다는 변화가 물체의 본질이라는 팅겔리의 예술관이 반영되고 있다.

---

2) 『키네틱 아트』 (조지 릭키, 열화당)의 역자후기 pp 78-79 요약 정리

1960년대는 키네틱 아트의 황금시대였다. 스톡홀롬의 근대미술관에서 개최된 「예술에 있어서 움직이는 것」 전이 열린 것도 1961년이었는데, 그것은 키네틱 아트의 황금기인 60년대를 예고하는 전시회였다. 키네틱 아트라는 말이 미술계에서 일종의 공용어가 되었던 것도 이 시기였다.

서독의 오토피네, 하이츠 마크, 귄터 웨커의 '제로 그룹'은 새로운 소재의 이용과 자연과 인공의 빛을 이용한 키네틱 아트의 방향을 강조했다. 또 프랑스에서는 운동과 빛에 의한 키네틱 아트의 작가들이 '시각예술 탐구 그룹'을 결성하여 이 두 개의 집단에서 라이트 아트의 계보가 발생한다. 라이트 아트는 미국에서도 미술의 한 분야를 이루었다.

1970년대에 들어오면서 키네틱 아트는 급속히 퇴조한다. 1960년대의 빛, 움직임, 소리로 대표되던 키네틱 아트의 미학적 요소에 의한 구성 대신에 물, 안개, 연기, 불, 생물적 요소를 포함한 일종의 생태학적 방법론 쪽으로 옮겨가기 시작했다. 또 한편으로는 커뮤니케이션 미디어의 재발견이라는 점에서 비디오 아트, 레이저 아트, 홀로그래피 등의 첨단적 기술로 접근해 가는 미술가들도 생겨나고 있다. 이런한 변모에서 특징을 이루고 있는 것은 기계 장치의 운동에 역점을 두었던 키네틱 아트가 1920년에서 1960년까지로 종말을 고하고, 기계의 운동 자체보다는 그 영향에 의한 여러 가지 효과와 결과에 주안점을 두는 키네틱 아트로 옮겨가는 것이다.[3]

---

3) 현대미술용어사전, 중앙일보사, pp. 403-404 요약정리

이러한 키네틱 아트의 미술 활동의 심리적 근저를 이루는 것은 소위 사회적 다원주의라는 낙관론에 근거하고 있다. 그리하여 미술이 거리에서 대중들과 만날 때 그들의 이념이나 정신이 사회에 하나의 메시지로서 충분히 기능할 것이라는 확고한 믿음, 그리고 그 메시지는 대중들과 이우러져 확산될 것이라는 신념이 있었다.

이러한 믿음과 신념은 낭만주의 미학에서 기인한 것으로서, 낭만주의 미학에서는 미적 체험이 집단적으로 이뤄지는 것이며, 그것에 대한 비평이나 분석보다 컬트적인 숭배를 전제로 하는 것이다. 여기서 문제가 되는 것은 대중이 과연 그러한 미적 체험을 하기에 충분할 정도로 사전에 교육되어 있는가였다.

그리하여 이 당시 미학의 과제는 대중에 대한 교육적인 사명감이었다. 그리고 또 그러한 사명감은 예술이 과학을 훨씬 앞질러 존재한다는 확신과 관련되어 있다. 소위 "시가 철학을 대신할 수 있다."고 믿은 낭만주의 시대의 미학은, 그러므로 현실의 차이를 철학이 아닌 예술(시)로서 극복할 수 있다고 믿었다.

이러한 믿음은 시가 종교의 지위를 대신하는 것이나 다름이 없었기에, 이에 대한 비평이나 분석은 가능할 수 없었다. 오로지 숭배와 찬사가 있었을 뿐이었다.

이런 낭만주의적 미학은 근대 이후 대중주의 미학의 근저를 제공하였다. 대중 예술에서 스타 만들기와 그에 대한 팬들의 광란 등으로 이뤄지는 일방적인 미적 체험의 유통경로는 그래서 때로 광신도들의 종교 예식처럼 보여지기조차 한다.

이 정도의 광적인 믿음은 아니더라도 키네틱 아트의 미술가들은 적어도 대중에 대한 교육의 의무, 그리고 미적 체험의 대중화를 통한 아방가르적인 운동의 전파를 믿었던 것 같다. 그리하여 이들은 거리로 나간 것이며, 감상을 위한 대중들의 적극적인 참여(감상자의 운동, 혹은 우연성 등을 통한)를 기대하였던 것이었다.

그러나 키네틱 아트의 미술가들은 현대 예술의 즉흥성이라는 것이 오랜 미적 경험의 결과, 혹은 과정이라는 사실을 망각했다. 즉 과거 예술에서 직관의 단계에만 머물렀던 것이 이제는 직관과 오성이 충돌로 인한 판단과 추론의 과정을 거치는 복잡한 미적 체험의 과정을 거치는 것을 인정하지 않았다.

결국 키네틱 아트의 미술가들은 직접성을 비매개적인 즉흥, 직관으로 오해한 것이다. 이는 칸트가 말한 비개념적이라는 말을 비매개적이라는 말로 생각한 탓이다.

비매개적이란 개념적 매개를 거부한 것이지 하나의 상징적인 매개를 거부한 것이 아니다. 그래서 우리는 비매개적이라고 할 때, 이것은 개념적인 매개를 거부한 것이지 상징적인, 혹은 표상에 의한 매개를 거부한 것이 절대 아니라는 것이다.

결국 예술이라는 것이 궁극에는 예술적 매체를 통한 상징적인 의미를 제시하는 것이라는 극히 기본적인 사실을 키네틱 아트의 미술가들은 잊었던 것이다.

키네틱 아트는 예술적 매체의 특성을 고려한 상징화의 개념을 생각하지 않고 단지 물리적 광학적 효과에만 매달린 까닭에 미적 대상물로서 의미 제시에 실패했으며, 또 시·공간에 대한 의미나 상징에 대해서도 말하지 않았다. 이는 현대미술의 중요한 미학적 명제인 비물질화의 조건으로서 시·공간의 요소를 망각한 것이다. 비물질화의 가능성에 가장 근접한 예술적 전략으로서 키네틱이 오히려 그 점을 소홀히 한 것이야말로 치명적인 약점으로 지적될 수 있을 것이다.

그러나 키네틱 아트는 현대 미술에 있어 대중의 수용이라는 측면에 다소 긍정적인 역할을 수행하였다. 작품 감상자로 하여금 적극적으로 참여하게 한 키네틱 아트의 역할은 이후 현대 미술의 창작에 주요한 미적 태도로 자리잡았다.

이는 수용 미학에서 새로운 전기를 이룬 것이다. 이러한 태도는 네오 다다에서 사회주의 미학에 이르기까지 광범위한 영향을 미쳤던 바, 그들은 예술의 민주화를 정치적 민주화 못지않게 확신하고 있었던 것이었다.

결론적으로 키네틱 아트의 미술가들은 예술적 매체의 특성을 고려한 미적 대상물로서 예술 작품에서 의미 제시에는 실패했다. 이는 비물질화 개념을 이용한 선언으로는 성공했는지는 몰라도, 그들이 정작 이룬 것은 시각적 혹은 이미지에 의한 효과에만 주력한 결과이다. 자신들의 예술적 매체에 대한 진지한 탐구나 특성이 갖는 바 의미에 깊이 천착하지 못함으로서, 이들은 완전한 구현을 이루지 못했다.

문인화에 나타나는 진경(眞景)의 의미

1. 문인화의 일반적인 개념

　문인화는 남종화(南宗畵) 또는 남종문인화(南宗文人畵)라고도 하며, 왕공귀족이나 사대부 또는 벼슬을 하지 않은 선비들이 그리는 그림을 포괄적으로 뜻한다. 그림을 직업적으로 그리지 않는 순수한 문인들의 작품이기 때문에 아마추어적인 경향이 강하며, 외형적인 형태를 꼼꼼하게 그리는 공필(工筆)보다는 마음속의 사상을 표현하는 사의(寫意) 혹은 화의(畵意)에 치중하는 경향이 있다. 이 때문에 중국에서는 일찍부터 문인 특유의 문인화가 발전하게 되었다. 이러한 문인화는 시나 서예와도 밀접한 연관을 가지며 발전하게 되어 시, 서, 화에 모두 뛰어난 이른바 '삼절(三絶)'들을 많이 배출하였다.

　문인화는 수묵과 담채를 즐겨 쓰는 경향이 있고 장식성보다는 그리는 사람의 인품이나 사상을 표현하는 데 주력하기 때문에 자연 격조가 중요시 된다. 우리나라의 경우에는 중국과는 달리 문인화와 남종화가 반드시 동일한 것으로 보기는 어렵다. 오히려 문인이 그린 그림이면 그것이 남종화법을 따른 것이든 아니든 문인화로 분류하는 경향을 띠고 있다. 예를 들면 조선 초기의 강희안은 북종화로 분류되는 남송절파의 회원체 화풍과 명대의 절파 화풍 등을 토대로 그림을 그렸던 인물이지만, 신분이 문인이었기 때문에 문인화가로 간주되고 있다. 또한 조선 후기 남종화법을 따라서 그린 많은 화원들을 절대로 문인화가라고 부르지 않는다. 그러므로 우리나라의 경우 문인화란 어떤 화풍이나 화법을 지칭하기보다는 화가의 신분에 의거하여 부르는 것이 상례로 되어 있다.

2. 문인화의 정신

장언원(張彦遠)은 그의 화론 첫줄에 그림을 그리는 사람은 "교화(敎化)를 이루고 인륜을 도우며 그러기 위해서는 신변(神變)을 따지고 유미(幽微)를 헤아려 육적(六籍)을 통달해야 한다"고 쓰고 있다. 여기서 신변과 유미를 탐구하는 일이 책(經書)을 읽는 것과 같다고 했는데, 신변이나 유미는 모두 음양오행의 진리를 탐구하는 학문이고 그것들이 그릇을 수단으로 행해졌다는 점에서 몇 가지 시사하는 바가 있다고 할 수 있다.

그러나 그 그릇의 학문[道器]은 글[詩]과 별개가 아니라 하나였다는 데 또다른 특수성이 발견된다. 이런 사정을 명쾌하게 드러내주는 것이 조선시대의 문인화이고, 그것은 그들이 신봉했던 성리학에 의해 뒷받침되어 있음을 알 수 있다. 그들은 그릇[祭]과 책의 관계를 그림과 글[詩畵]로 바꾸어 놓았고, 다시 그림을 통해 그릇이 해내던 기(氣)의 세계를 재현해 보려고 했고 글을 통해 이(理)의 세계를 표현하려고 했다.

그림이 묵(墨)으로 시작되고 화제(畵題)가 곁들여졌던 것은 그 단적인 예가 되지만, 점차 그림이 글을 압도하는 독자적인 양식으로 발전하면서 문인화가들은 그림의 방법을 통해 양식적으로 글과 그림이 협업하던 재래의 방식을 타파하고 전적으로 그림 속에서 이(理)와 기(氣)가 하나인 세계를 추구하기 시작했다. 그렇게 해서 화제로 설명되던 것이 그림으로 흡수되어 소위 그림의 뜻[畵意]이 다양한 모습으로 펼쳐졌고 묵필에 의해 저질러지는 방법 속에 기운생동의 신변, 유미의 세계가 흡수 전개되었다. 말하자면 그림만 그려도 책을 읽는 것과 다름없이 자연의 이치를 충분히 이해할 수가 있다는 주장이므로 문인화는 문인들에게 있어 진리를 싣고 다니는 그릇[載道之器]이나 다름없는 것이다.

그러면서도 문인화에서 주로 나타나는 세계의 풍경은 그들이 추구하는 바 현실세계의 질서(성리학을 기반으로 하는 사회 및 정치 세계)와 뚜렷이 다른 모습들을 보여준다. 이것은 문인화의 화의가 단순히 그림의 기운생동의 느낌으로 읽혀지는 인격이나 정신의 의미보다 전혀 다른 세계에 대한 동경을 전체적으로 깔고 있다는 것을 의미한다. 그리고 그것은 그림을 그리는 문인 한 두명에게 관련된 것이 아니라 전체적인 경향과 관련된 것이다.

3. 문인화에 나타나는 진경의 의미

엄밀하게 말하자면 '진경(眞景)'과 '실경(實景)'의 의미는 다르다고 할 수 있다. 실경은 실제로 눈앞에 존재하는 경치를 가리키지만, 진경은 좀더 복잡한 의미를 지닌다고 할 수 있다. 송나라 장군방은 『운급칠첨(雲笈七籤)』에서 '유명생진경(幽冥生眞景)'이라는 말을 했다. 여기서 '유명(幽冥)'이 '유미(幽微)'와 같은 의미라고 생각할 때 진경의 의미는 음양의 미묘한 변화나 징조를 뜻하는 것으로서 천문학이나 지리풍수, 혹은 노·장자사상과 관련되어 해석될 수 있다. 즉 진경산수가 단순히 있는 그대로의 풍경을 그린 것이 아니라 신선이 사는 영원한 낙원사상과 관련되어 있다는 것이다. 이 점은 크라크(Kenneth Clark)가 『풍경화론』에서 말한 "풍경은 상징이며 그것은 동방에서 전래된 파라다이스 사상에서 유래되었다"라고 말한 것과 일치된다.

또 '진(眞)'이라는 글자가 육경(六經)에서는 보이지 않는 글자라는 데서 이것이 의미하는 바가 성리학 혹은 중국문화와 관계가 없는 특수한 문화권에서 건너온 개념일 수 있다는 것을 생각해볼 수 있다. 그리고 그것은 바로 상고시대, 도교, 신선교 등의 개념과 관계가 있는 것이다.

이런 점에서 문인화에서 취급되는 심산유곡의 풍경이나 인물들의 모습은, 그 자체로서 사실 그대로를 그린 것이 아닌, 상징 혹은 의도로서 읽혀져야 한다. 그리고 그것은 단순히 세상 근심을 잊고 살고 싶다는 소박한 소망의 표현 이상의 것이다.

특히 문인화에서 강조되는 극적인 장면의 하나가 '다리 건너기'인데 그것은 다리가 속세와 진경 사이를 연결해 주기도 하고 갈라놓기도 하는 건널목이라는 점에 주목하게 만든다. 『장자』「즉양편(則陽篇)」 "욕심과 악을 털어 버리려면 다리[橋]를 일으켜야 한다."라는 말은 바로 이 건널목의 비유를 상징한 것이다.

이런 의미에서 신잠의 「탐매도(探梅圖)」, 김시의 「동자견려도(童子牽驢圖)」 강희안의 「고사도교도(高士渡橋圖)」 등의 그림에서 시선이 뒤를 향하거나 안 건너려고 하는 것 등이 갖는 바 의미는 자못 깊다고 할 수 있다. 그리고 이러한 소재를 다루면서 신잠, 심사정, 전기 등의 작가가 모두 매화라는 화제를 달고 있는 것도 주목할 필요가 있다고 보겠다. 즉 매화를 '찾는다', '묻는다'라는 말은 바로 「십우도」의 의미와 어느 정도 일치한다고 볼 수 있겠고, 또 「십우도」의 그림에서 실제 매화와 관련한 그림이 등장하기도 한다.

그리고 다리를 건너 도달한 진경의 풍경은 세속의 정경과 완연하게 다르다. 화제에 자주 등장하는 '려(廬)'라는 글자의 의미가 허름한 초막을 나타내는 것이면서 동시에 깊은 산 속의 은둔거사들의 거처로 통하게 되는데, 이는 곧 '빈 집'이라는 탈속한 의미로 사용되게 된다. 또 이곳에 등장하는 인물들이 하는 일, 독보(獨步), 낮잠, 낚시, 탁족, 경치 감상 등의 풍경은 확실히 세속과 분리된 한가로움의 극치를 보여주는 장면들로 이루어져 있다. 이러한 풍경은 곧 자기를 완전히 비우고 자연과 하나가 되는 이른바 무위자연의 경지를 보여 주는 것이다.

4. 문인화의 진경에 담긴 도교적 사상

이것은 단순히 편안한 삶을 소망하는 소박한 소망의 표현이 아닌, 좀더 깊고 광범위한 사상을 바탕으로 하였음을 알 수 있다. 그리고 문인화라는 기본적인 성격이 그 공필보다는 화의가 중요하다고 하였을 때 그 화의가 정말로 무엇인가를 아는 것은 참으로 중요하다. 또한 두 명의 문인도 아닌 일반적인 경향으로 드러날 때, 그 의미는 더욱 그렇다.

이런 관점에서 그 화의는 크게 보아 속세를 떠나서[渡橋] 이상에 걸맞는 진경으로 들어가고 싶다는 소망의 표현인 바, 이것은 소위 말하는 진경, 그 세계에 대한 동경으로 해석되는 것이다. 이 진경에서 그들은 자연의 비법을 깨닫고, 세상사 번잡한 일로부터 탈속하여 유유자적한 삶을 보낼 수 있다고 믿었던 것이었다. 이것은 바로 도교적인 사상인 바, 이러한 의미에서 우리는 문인화를 그리는 사람들이 성리학의 신봉자이면서도 의외로 도교적인 사상을 그 바탕에 깔고 있음을 엿보게 된다.

고려불화와 아미타신앙

Ⅰ. 들어가며

현재 알려진 고려불화(탱화)는 대략 135점이다. 이 중 대부분이 일본에 있고 극히 제한된 숫자가 한국, 미국, 프랑스 등에 소재하고 있다. 그리고 이 고려불화들 중 52점이 아미타신앙과 관련한 것이다.

아미타불에 대한 것이 47점이고 관경변상도가 5점이다. 현재 밝혀진 것만으로 판단하여 볼 때 아미타신앙과 관련한 고려불화가 가장 많은 것이다.

왜 이렇게 아미타신앙과 관련한 불화가 가장 많이 남아 있을까? 당시 고려의 불교는 대체로 선교통합적인 기운이 강하였지만 대체로 귀족들에게 적합한 교종 중심의 교리인 화엄종, 천태종, 법상종이 절대 우위를 차지하고 있었음에도, 일반 서민 대중들에게 사랑받던 정토사상의 대표적인 주불인 아미타불이 다른 부처보다 많은 이유를,

정토사상의 반영이라는 기준하에 생각해보고자 한다.

II. 본론

1. 고려시대 불교의 흐름

고려는 불교에 의해 나라가 세워지고 불교에 의해 운영된 우리 역사상 유일한 나라였다.(918~1391) 고려의 불교는 건국의 이념이 되었고 국교로 공인되었기 때문에 특히 관료 귀족사회에 절대적인 영향을 미쳤다. 그렇기 때문에 고려의 불교는 초기의 선종과 교종의 백중세에서 점차 화엄종, 법상종, 그리고 천태종 중심의 교종 우위의 흐름을 형성했다.

그러나 교종 우위라 할지라도 기본적으로 고려 초기부터 형성된 선교통합의 정신에 입각하여, 그 두 개의 정신이 합일된 형태로 형성되어 있다고 보는 것이 옳을 것이다.

이것은 신라의 원효로부터 의천, 지눌에 의해 이뤄진 통불교운동에 영향을 받은 것이라고 할 수 있다. 또 한 가지 중요한 사실은 고려의 불교가 순수한 불교 교리에 의해서만 흘러온 것이 아니라는 점이다. 이미 태조의 훈요십조 제2조에 도선이 정한 곳 이외에는 함부로 사찰을 세우지 말 것을 당부한 것으로 보아 지리도참사상의 흔적과 부처에게 복을 비는 타력신앙의 자취를 역력하게 볼 수 있다.

그러나 어쨌든 고려는 불교의 교리와 철학에 의해 운영되고 이룩

된 불교국가이다. 때문에 국가의 변란 때에도 불교의 힘으로 이것이 극복되기를 기원했고, 또 일반 민중들 역시 자신들의 안녕과 복락도 불교의 힘에 의해 이뤄지기를 바랐다.

그런 결과 고려의 불교는 날로 그 영향력을 확대해 갔고, 특히 불교미술(건축, 불화, 석탑... 등)은 고려시대가 갖는 귀족적인 특성과 결합되어 섬세하면서도 화려한 미의 세계를 열었다.

2. 고려불화의 현황 (탱화를 중심으로)

불화는 대략 벽화, 탱화, 경화, 판화 등의 종류가 있으나 판화의 경우 순수 미술로 간주되지 않는 까닭에 불화라고 하면 보통 벽화, 탱화, 경화, 이 세 가지를 일컫는다.

고려불화의 경우는 벽화에 대한 기록이 몇 군데 있으나 전해지는 것이 없고, 경화의 경우 직접 쓴 경전에 직접 그린 사경화가 몇 가지 전해지고 있다.

고려 탱화(이하, 고려불화)의 경우 현재 약 135여점[1]이 발견되어 고려 시대 회화사 연구에 많은 도움을 주고 있다. 이들 불화의 종류를 주존의 인물에 따라 나눠 보면 다음과 같다.[2]

---

1) 『고려시대의 불화』 (한국미술연구소 기획, 시공사, 1997)의 기준에 의거한 숫자임.
2) 고려불화의 분류는 정우택의 「고려불화의 도상과 아름다움」 (『고려시대의 불화』, 시공사)에 의거한 분류임. 각 부분의 통계 숫자는 위의 책에 나온 불화를 기준으로 필자가 직접 셈한 것임. (*표는 분류에 없는 것을 추가한 것임.)

1) 비로나자불도 : 3

    가. 화엄경변상도 : 1

    나. 비로나자삼존도 : 1

    다. 비로나자불도 : 1 *

2) 석가여래도 : 3 *

3) 아미타여래도 : 52

    가. 관경변상도 : 5

      – 관경서품변상도 : 2

      – 관경16관변상도 : 3

    나. 아미타여래도 : 47

      – 설법도 형식 : 21

        가) 독존도 : 3

        나) 아미타삼존도 : 8

        다) 아미타8대보살도(아미타9존도) : 10

      – 내영도 형식 : 26

        가) 독존내영도 : 8

        나) 아미타삼존내영도 : 14

        다) 아미타8대보살내영도 : 4

4) 약사여래도 : 4

5) 미륵여래도 : 2

6) 수월관음도 : 34

7) 지장보살도 : 20
   가. 독존도 : 10
   나. 지장시왕도 : 8
   다. 관음, 지장보살병립도 : 2

8) 나한도 : 11

9) 기타 : 6

위에서 보는 바와 같이 총 135점 중 52점이 아미타불에 관한 것이다.(약 38.5%) 아미타불은 서방극락정토를 주재하는 부처로서 정토사상 중에서도 가장 대표적인 존재다.

다음으로 많은 것이 수월관음도(34점, 25.1%)인데, 관음보살은 자비를 상징하는 보살로 여러 가지 모습으로 변화하여 나타나 중생들을 제도하고 고난에서 구제하여 주면 안락의 세계로 이끌어주는, 즉 현세이익과 내세구제의 성격을 지니고 있다.

고려의 관음보살도상은 『화엄경』의 입법계품을 기본으로 하여 그려진 것이 대부분이다. 그 다음으로 많은 것이 지장보살도(20점 11.8%)인데, 지장보살은 고대인도 바라문교의 지신인 대지의 덕을 의인화하여 불교에서 수용한 보살이다. 그 역할은 석가여래가 입멸한 후 미륵부처가 출현할 때까지 무불세계에서 지옥, 축생, 아귀, 아수라, 인간, 천상의 육도를 윤회하는 중생을 해탈시키며, 특히 지옥으로부터의 구원을 석가여래로부터 의뢰받은 보살이고 한다. 다음이 나한도(11점, 8.1%)가 많이 남아 있나.

현존하는 불화만으로 고려 불교의 성격을 규정하는 것은 다소 무리이겠지만, 주목할 점은 대체로 정토사상과 현세이익과 관련한 불화가 압도적으로 많다는 것이다.

아미타불, 지장보살, 미륵보살이 정토사상과 관련한 그 예이며, 약사여래, 수월관음도와 같은 것이 현세이익과 관련한 그 예다. 그런 까닭에 석가모니불에 관한 불화가 절대적으로 적고, 또 화엄 세계의 주존인 비로나자불보다 수월관음도가 압도적으로 많다.

이러한 점은 불상에서 석가모니불과 비로나자불이 비교적 많이 봉안되고 모셔졌던 것과 비교하여, 탱화가 갖는 바 근본적인 성격을 생각하게 한다.

3. 아미타신앙

아미타신앙이란 아미타불(아미타여래 혹은 미타)을 신봉하는 대승불교의 한 형태로서 아미타불의 본원력에 의지하여 극락왕생하고자 하는 타력신앙의 대표적인 신앙 형태다. 이와 같은 아미타신앙은 소위 지상에서 정토를 이룬다는 미륵사상과 더불어 정토사상이라고 부른다. 지옥에서 인간을 해탈시킨다는 지장보살 역시 정토사상과 깊

은 관련이 있다.[3]

1). 정토사상의 내용

정토사상은 인도 용수(龍樹), 무착(無着), 세친(世親)에서 시작되어 중국 담란(曇鸞), 혜원(慧遠), 도작(道綽), 선도(善導)를 거쳐 우리나라로 들어왔다. 우리나라에서는 삼국시대 중 신라의 원효, 경흥, 현일, 의적, 태현, 신방 등에 의하여 정토사상이 전개되었으며, 특히 원효는 이 정토사상을 우리나라에 뿌리내리게 한 대표적인 사상가이다.

그러나 정토사상은 "법에 의지하지 말고 자신에 의지하라"는 불교의 기본적인 사상과는 다른 점을 드러낸다. 아마도 이는 원시불교에 스며든 힌두교적인 유신론의 영향을 받은 것으로 알려져 있다.

정토사상은 인간의 극한상황을 염두에 두고 발전한 것으로 여겨지는 바, 이러한 내용은 소위 정토삼부경 중 하나인 『관무량수경』에서 설법 대상이 아사세(阿闍世)라는 불효막심한 아들 때문에 고통받는 빈비사라왕의 왕비 위데희(韋提希)라는 사실에서도 알 수 있다. 그리고 이러한 생각은 경전에서 뿐만 아니라 많은 정토사상가들의 인식에서도 드러나 있다. 즉 정토사상은 극한 상황에 처하여 자신의 힘으로 깨달음을 얻을 수 없는 나약하고 죄 많은 범부를 의식하고 발전한 대승불교의 독특한 하나의 모양이다.

---

3) 「고려불화의 도상과 아름다움」(『고려시대의 불화』), 정우택, 시공사, 1997, p26

정토사상의 중심 과제는 정토와 왕생에 있다. 정토란 부정잡예가 사라진 청정한 불국토로, 즐거움만이 충만한 극락세계를 가리킨다. 경전에는 아미타불의 서방정토 외에 미륵보살의 도솔토와 약사여래불의 유리광정 등이 있으나 그 중에서 최고로 치는 것이 바로 아미타불의 서방정토이다.

서방정토는 황금과 칠보로 되어있고 마음만 먹으면 되지 않는 것이 없는 곳으로, 모든 유혹과 번뇌가 끊어진 곳이다. 아미타불은 바로 이 서방정토를 주재하는 주불이며, 왕생이란 바로 속세인 예토에서 정토로 다시 태어나는 것을 의미한다. 여기서 방위의 개념이 비롯되고 일반적으로 아미타불은 서쪽에서 동쪽을 향해 앉아 있는 것이다.

이처럼 정토사상은 사후의 세계를 염두에 둔 것으로서 극한 상황에 처하거나 죄많은 사람들 누구라도 죽어서 극락세계에 다시 태어날 수 있다는 불교의 기본교리와 어긋난 내용이 많다.

그리하여 일부 정토사상가들은 이러한 모순을 해결하고자 노력하기도 하였다. 그러나 기본적으로 정토사상은 '나무아미타불' 만 외워도 미타의 본원력으로 정토왕생할 수 있다는 단순한 논리로서 수많은 민중들에게 확산되었다. 그리고 정토사상은 극한상황을 전제로 한 것이므로 사회가 혼란할수록, 삶이 곤궁할수록 그 영향력이 컸다.

2). 아미타여래불(阿彌陀如來佛)

아미타여래불은 줄여서 아미타불, 혹은 미타불로 불려지는 대승불교에서 가장 널리 신봉되는 부처를 일컫는다. 아미타불이라는 이름은 인도에서 아미타유스(amitayus : 무량한 수명을 가진 자, 無量壽.), 아미타브하(amitabhas : 한량없는 광명을 가진 자, 無量光) 라고 하는 두 가지 범어로 표현되어졌던 것이었지만, 중국으로 전해지면서 모두 '아미타' 라는 소리로 전해지게 되었다.

그래서 아미타라는 말속에는 이 두 가지 의미가 다 포함되었다고 볼 수 있다. 그래서 때로 아미타불은 무량수불(無量壽佛)로 불리기도 한다.

아미타불은 일찍이 세자재왕불(世自在往佛)이 이 세상에 있을 때 법장(法藏)이라는 이름의 보살이었다. 그는 최상의 깨달음을 얻으려고 뜻을 세우고 살아 있는 모든 자를 구제하고자 48원(願)을 세웠다. 오랜 기간의 수행을 거쳐 그는 본원을 성취하고 부처가 되었는데, 그때가 지금부터 10겁(劫) 전의 일이다.

그 뒤 아미타불은 사바세계에서 서쪽으로 십만억불토를 지나서 있는 극락세계에 머물면서 현재까지 설법을 하고 있다. 이 극락세계는 고통이 전혀 없고 즐거움만 있는 이상적인 세계로서, 대승불교에서는 정토의 대표적인 장소로 삼았다. 그리고 뭇 생명 있는 자들은 '나무아미타불' 염불을 통하여 극락세계에 왕생하여 깨달음에 도달할 수 있다고 되어 있는데, 이 모두가 아미타불의 본원에 근거한 것이다.

우리나라에서는 그 어떤 신앙보다도 이 아미타불에게 관한 신앙이 큰 비중을 차지하였다. 6, 7세기경부터 우리나라에서는 미타신앙이 대중의 생활 속에 자리잡아 신라시대에는 집집마다 염불소리가 끊이

지 않았다고 한다. 특히 이 미타염불을 널리 권장한 공로자로는 원효를 들 수 있다.

그는 정토교의 보급을 위하여 신라의 각처를 다니면서 미타염불을 권하였고, 이를 뒷받침하는 각종 저서들을 남겼다. 원효 이후의 많은 신라 교학승들도 미타신앙의 전파를 위해서 많은 노력을 기울였다.

아미타불을 찾는 염불과 선이 둘이 아니라는 선정불이(禪淨不二)의 전통은 원효가 "오직 마음이 정토요, 성품은 아미타불과 같다. (唯心淨土同性彌陀)"를 천명한 이래 지눌, 보우, 나옹, 기화, 휴정 등으로 이어져서 지금까지도 그 전통은 계승되고 있다. 그리고 고려 고종 때의 요세(了世)가 설립한 만덕산의 백련사와 조선시대의 각 사찰에서 결성한 만일염불회에서 고성염불을 통하여 아미타불의 극락정토에 나기를 기원하고 침체된 교계에 신앙의 등불을 밝히려 한 것도 우리나라 미타신앙의 또다른 면모라 할 수 있다.

현재 우리나라의 사찰에는 대부분 극락전(極樂殿)이라는 법당을 갖추고 그 속에 아미타불을 봉안하고 있다. 이때 아미타불은 9종의 미타정인(彌陀定印) 중에서 한 가지를 취하거나 묘관찰인(妙觀察印)을 위하게 되며 좌우의 협시보살로는 관세음보살과 대세지보살, 또는 관세음보살과 지장보살을 두고 있다.

3). 정토3부경

(1) 아미타경(阿彌陀經)

아미타경은 우리나라 정토신앙의 근본 경전이다. 일반 불교신자들

사이에 가장 많이 유포되어 독송되었던 경전 가운데 하나이다. 이 경은 아미타불과 극락정토의 장엄을 설하고, 그러한 정토에 왕생하는 길이 아미타불을 칭명염불(稱名念佛)하는 데 있다는 것을 취지로 하고 있다.

이 경의 한역본은 3종이 있으나, 우리나라에서는 간결유려한 구마라습의 번역본이 널리 독송되고 있다. 이 경은 『무량수경』을 간략히 한 것으로, 대부분의 경전이 제자들의 간청에 의하여 석가모니가 설법한 것인데 비하여 석가모니가 자진해서 설한 무문자설경(無文字說經)이라는 특징을 가지고 있다.

이 경의 내용은 ① 극락세계의 아름다운 모습과 삼악도(三惡道)가 없음을 설하고, ② 이곳 부처님의 광명과 수명의 무량함, 그리고 그곳에 있는 사람은 죽음이 없으며, ③ 만약 사람들이 아미타불의 명호를 듣고 1일 내지 7일 동안 일심으로 염불하면 임종할 때에 아미타불의 영접을 받아 극락세계에 왕생할 수 있음을 설하고 있다. 이 경에 관한 주석서는 원효의 『아미타경소(阿彌陀經疏)』 외에 수많이 것이 있다.

(2) 무량수경(無量壽經)

『대무량수경』 또는 『대경』이라고도 한다. 서기 100년경 북인도에서 만들어졌으며, 우리나라에 유포된 것은 421년 경 중국 동진의 각현과 보운이 한역한 것이다. "나는 이렇게 들었다"로 시작되는 기록풍으로, 축봉산에서 어느 때 석가모니가 정토사상을 주제로 설법한 내용을 기록하는 형식을 취했다.

경의 내용은 대체로 세 부분으로 나뉘어진다.

첫 번째 부분은 극락세계의 성립과 아미타불인 무량수무량광불이 출현하게 된 인연을 밝힌다. 인간의 사고를 초월한 태고의 세자재왕여래의 시대에 법장비구가 있었다.

그는 부처님들과 같은 깨달음을 얻고 낙유정토를 성취히여 일체의 중생을 불도로 인도할 것을 결심하는 48대원을 세웠고, 그 대원을 취하는 방법을 세자재왕여래로보터 계시 받는다. 5겁 동안의 오랜 세월에 걸친 보살의 수행을 쌓아 48대원을 완성시킴으로써 법장비구는 아미타불이 되었고 극락세계는 생겨난다.

그것은 지금부터 10겁 이전의 일로서, 현재 아미타불은 서쪽으로 10억만 개의 나라를 지나간 뒤에 나타나는 극락세계에 머무르면서 진리를 설하고 계심을 서술하고 있다.

두 번째 부분은 이 극락세계에 있는 보수(保守), 음악, 강당, 연못 등의 훌륭한 모습과 그곳에 살고 있는 보살들의 뛰어난 공덕을 묘사하고 있다. 극락의 집이나 나무들은 칠보로 되어 있고 바닥에 금모래가 깔려 있는 연못은 그윽한 향기를 풍기며 음악과 같은 흐름을 지니는데, 그 속에는 여러 가지 색깔을 지닌 수련과 연꽃들이 아름답게 피어 있으며, 모든 부처의 화신인 아름다운 온갖 새들은 하늘 높이 날며 노래한다.

이곳에 사는 자들은 아미타불과 동등한 깨달음을 얻을 수 있고 청정한 마음에 죽음이 없는 생명으로 항상 선행만을 닦으며 마음대로 무엇이나 얻을 수 있고 행동할 수 있다.

더없이 즐겁고 행복에 넘쳐 있는 이들에게는 마음과 몸의 고통이 전혀 없기 때문에 이 세계는 즐거움과 행복만이 있는 극락세계하고 설한다.

세 번째 부분은 극락에 갈 수 있는 이는 보살행(菩薩行)을 닦은 이와 아미타불을 믿고 귀의하는 사람이다. 그것을 경전에서는 "그 세계에 도달하는 데에는 믿음이 근본인(根本姻)이 된다."라고 서술하고 있다.

중생은 염불 등 여러 가지 실천 수행에 의해서 이 극락세계에 왕생하여 깨달음을 얻을 수 있으며, 그들이 임종에 이르면 아미타불이 영접하려 나타난다는 것이다.

(3) 관무량수경(觀無量壽經)

『관무량수불경』 또는 『십육관경』, 『관경』이라고도 불린다. 내용은 인도 마가다국의 태자 아자세가 부왕인 빈비사라를 가두고 왕위를 찬탈하려 하므로 모후인 위제희 왕후가 몰래 왕에게 음식을 가져다 주어 목숨을 연명하게 하였다. 왕후는 석가모니가 있는 곳을 향하여 지성으로 예배하고 교화해주기를 빌었다.

이에 석가모니는 극락세계를 보여주고 16관법을 일러주어 왕비와 시녀를 깨닫게 하고 빈비사라왕을 구제하였다. 왕비는 16관법 등의 법문을 듣고 생사를 초월한 무생인의 경지에 이르렀으며, 5백인의 시녀들도 극락에 왕생하고자 하는 마음을 일으켰다고 한다.

4. 고려불화에서 아미타신앙과 관련한 불화가 많은 이유

1) 통불교적인 신앙체계이다

고려 때의 정토사상은 독립된 연구나 발전은 없었으나 의천에 의하여 개장된 천태종이나 지눌에 의하여 부흥된 선종과 밀교(密敎)에 의하여 전개되었다. 천태종계 정토사상가로는 요세, 천인, 천책, 운묵 등을 들 수 있으며 선종계로서는 지물과 보우, 혜근, 나옹 등이 대표적인 인물이다.

또 밀교적 입장에서 정토사상을 수용한 원참이 있다. 이들은 각각 천태종과 선종의 범위 안에서 정토사상을 수용하였던 바, 이는 정토사상이 지니고 있는 범부의식과 극한 상황에 대한 극복이라는 신앙적 장점을 받아들인 것으로 보여진다.

더욱이 고려는 국가의 기강이 흐려질 때마다 원효 이래 계속된 선교통합운동의 정신으로 불교통합운동이 계속되었던 바, 고려 초기 광종 때 법상종이 선종의 입장에서 교종과 노장사상, 여기에 정토사상까지 포함하는 사상체계의 성립 이후 통불교운동이 지속적으로 영향을 미쳤다.

이는 고려 후기 선종계인 임제종의 나옹의 염불관과 정토관에도 마찬가지 경우로 영향을 미쳤다. 이처럼 아미타신앙은 선교통합운동보다 항상 우선적으로 통불교운동의 자연스런 대상이 되었다.

이처럼 정토사상, 특히 아미타신앙은 고려시대 내내 어떤 종파에도 쏠림이 없이 그 영향력을 유지하고 있었다. 그런 까닭에 어떤 종파에 속하든 불사에 참여할 때 아미타불을 봉안하거나 불화를 그릴 수 있는 기본 밑바탕으로 자리잡았다고 볼 수 있다.

2) 시주자들의 현세 이익에 부합되었다

현존하는 고려불화 중 아미타불화계 52점 중 명문이 있는 것은 모두 13점이 된다. 이 중 도상 설명에 관한 4점과 발원 내용을 알 수 없는 3점을 뺀 나머지 7점의 내용을 정리하면 다음과 같다.

① 아미타여래도

(대덕 10년(충렬왕 32, 1306) 일본 根津美術館 소장)

– 원나라에 가 있던 왕과 태자 그리고 태자비의 빠른 환국을 기원

② 아미타삼존도

(지대 2년(충선왕 원년, 1309) 일본 上杉神社 소장)

– 서씨 집안의 안녕과 극락왕생을 기원

③ 아미타삼존도

(천역 3년(충혜왕 즉위년, 1330), 일본 法恩寺 소장)

– 신앙 결사단체의 발원

④ 아미타팔대보살도

(연우 7년(충숙왕 7년, 1320), 일본 松尾寺 소장)

－ 특별한 내용 없음, 단지 '安養寺主持大師□□'라는 내용으로
  보아 단순 불사용으로 추측됨.

⑤ 아미타팔대보살도(연대없음, 일본 大念佛寺 소장)
 － '淸訓 願成'이란 네 자의 명문을 볼 때 청훈이라는 사람이 성
  공을 기원하는 듯함.

⑥ 아미타팔대보살도
  (대덕 11년(충렬왕 33년, 1307), 한국 국립중앙박물관 소장)
 － '願福得付'라는 글을 볼 때 복과 이익을 구하는 듯함.

⑦. 아미타여래도
  (지원 23년(충렬왕 12년, 1286) 일본 島津家 소장)
 － 충렬왕과 원성공주의 복수(福壽)를 빌고, 극락왕생을 기원함.

이상의 내용을 정리하면 개인이나 왕실의 복락과 극락왕생을 비는
것 5, 단순 불사를 위한 것 1, 신앙 정진을 위한 것 1 등이다.
불과 7점으로 현존하는 52점의 아미타불화의 성격, 나아가 고려
시대 아미타불화의 성격을 논하는 것이 무리이겠지만, 대체로 내용
이 현세의 복락과 극락왕생이라는 점, 그리고 그 내용이 아미타신앙
과 일치한다는 점에 비추어 볼 때, 고려시대 아미타불화는 분명 현세
의 이익과 부합되어 그 어느 불화보다 많이 봉안되었을 것으로 판단
된다.

3) 당시 일본의 불교와 관계

현재 전해지고 있는 고려불화는 대체로 12세기에서 14세기의 것이다. 이 불화들은 거의다 당시 일본 왜구들에 의해 노략질당해 일본으로 건너 간 것으로서 오랫동안 일본의 신사나 절 등에 보관되어 오다가 최근에 들어서야 세상에 알려지게 되었다. 고려 시대 내내 많은 불화가 제작되었겠지만 유독 이 시기에 집중된 것은 이 시기에 왜구의 활동이 그 어느 때보다 왕성했다는 점과도 관계가 있다고 봐야 할 것이다. 12세기말 일본 무사정권의 효시가 된 가마쿠라 막부가 성립된 이후, 일본에는 무사 문화가 형성되기 시작하였고, 이 시기 지방의 무사들이 배를 타고 바다를 건너기 시작한 것이다.

또 이때 일본에는 유럽의 종교개혁에 버금갈 정도의 불교의 큰 변화가 일어났다. 그것은 호넨(法然)이 세운 정토종이다. 이 정토종은 무사계급의 발흥으로 인한 전란과 천재지변 속에서 급속히 퍼져나갔다. 말세적인 극한 상황에서 '나무아미타불' 만 외우면 극락왕생할 수 있다는 정토종의 사상은 일반 대중 중심으로 무사와 상인들에게 열렬한 지지를 받았다. 구불교 세력에게 탄압을 받았지만 이 정토종은 그 세력이 급속히 퍼져, 마침내 귀족 중심의 구불교 세력 내에서조차 어설픈 수법(修法)보다는 염불에 몰두하는 편이 낫다는 생각을 갖게끔 되었다.[4]

---

4) 『이야기 일본사』, 김희영, 청아출판사, pp 130-131

이 점에 비추어, 당시 일본 내 지방 무사였던 왜구들이 고려에서 노략질을 할 때 소지하기 쉬운 탱화, 그 중에서도 자신들이 새롭게 신봉하기 시작한 정토종의 주존인 아미타불화 종류를 집중 강탈하여 갔으리라는 것은 분명하다.

또 이 불화를 시주받은 일본의 절들이 당시에는 정토종이 사이비로 몰리는 와중이었으므로 비밀리 모셔두었을 가능성도 배제할 수 없다. 그런 까닭에 유독 아미타불화들이 그렇게 오랜 세월 동안 잘 보관되었을 것이다.

4) 전사(轉寫)와 모사(模寫)가 많았다

고려불화의 중요한 특징 중 하나가 도상의 전승 혹은 계승이다. 이는 어떤 원본을 두고 채색을 하거나 아니면 그대로 보고 그렸다는 것을 의미한다. 그런 까닭에 고려불화는 형식과 화면 구성에서 동일한 것이 많이 나타난다. 아미타여래도의 경우, 知恩院本과 禪林寺本, 그리고 프랑스 국립박물관본의 것이 대표적이다.

이들 그림 모두 아미타여래가 오른 팔을 내려 앞으로 뻗고 왼팔은 어깨 높이로 들고 약간 오른쪽 측면을 향하여 연화대좌 위에 서 있다. 색채는 주로 적, 녹청, 군청을 사용하였다. 아미타삼존도의 경우에도 그런 경우가 많다. 14세기 후반에 올수록 형식화의 경향을 보이기는 하지만, 대체로 그 화면 구성이나 색상의 사용이 일치하고 있다.

전사와 모사가 많았다는 것은 비단 아미타불화에 국한된 것이 아니겠지만, 아미타불의 경우 민중들에게 사랑을 받았던 정토사상의 대표적 부처이기 때문에 그 만큼 화공이나 화승들에게 모사나 전사를 위한 원본이 많았던 것으로 추측된다. 이는 비교적 민중들에게 가깝게 느껴졌던 관음보살, 지장보살 등의 불화가 많이 남아 있는 것에 비추어서도 미루어 짐작할 수 있다.

III. 결론

섬세하면서도 화려한 귀족취향의 고려불화는 분명 우리나라 미술사에서 독특한 위치를 차지하고 있다. 또한 고려불화는 우리나라 불교사에서도 중요한 연구거리를 주고 있다. 신라 말에 시작하여 지금까지 전해 내려오는 기복신앙적인 아미타신앙이 어떻게 민중 속에 자리잡았고, 또 그 영향이 귀족계급에까지 영향을 미쳤는가는 굳이 고려 시대에 국한하지 않더라도 종교와 인간, 그리고 사회에 대한 많은 생각거리를 준다.

귀족사회였던 고려 시대에 제작된 불화 중에서 압도적으로 많이 남아 있는 아미타불화는 이 점에서 다음과 같은 몇 가지 시사점을 주고 있다.

첫째, 종교적 교리가 어떻게 변화하더라도 민중들에게 쉽게 이해되고 신봉되는 기복신앙적인 아미타신앙이 그 어떤 교리보다 가장 일반적으로 숭상 받았다. 그것은 단순히 무지한 민중에 의해서 뿐만 아니라 귀족계급에까지 공통된 현상이었다.

둘째, 종교의 관념적 교리보다 현세에 대한 이익이나 내세에 대한 소망이 민중들에게는 더욱더 시급한 문제였다. 교종이니 선종이니 교리논쟁보다 민중의 관심은 언제나 현세이익과 극락왕생이었다.

그 점은 나라가 혼란해지고 생활이 궁핍해질수록 더욱더 강해졌는데, 고려말의 정치상황을 고려해봤을 때, 그 점은 더욱 뚜렷해진다. 셋째, 그 당시 일본의 상황 역시 국가적 대변혁기였고, 이런 중에 급속히 퍼진 정토종의 영향으로 인해 아미타불화에 대한 우선적인 강탈이 성행했을 것이라는 것이다.

앞으로 더 많은 고려불화가 발견될 가능성이 있으므로 속단하기는 어려우나 분명 고려불화는 우리나라 회화사에 빛나는 대표적인 작품으로서 뿐만 아니라 당시의 정치, 사회, 종교, 문화를 이해하는 중요한 단서가 될 것이며, 나아가 당시 일본의 정치, 사회, 종교를 이해하는 데에도 중요한 역할을 할 것이다.

지역문화 탐색

제 4 부

비엔나 커피의 의미

1

이태리에 이태리 타올이 없듯이 비엔나에는 비엔나 커피가 없다. 에스프레소 커피의 일종이 일본을 통해 한국에 들어오면서 그 명칭이 '비엔나 커피'가 되었다. 크림 거품 혹은 아이스크림을 살짝 올려놓고, 계피 가루를 살짝 뿌린(혹은 뿌리지 않는...) 비엔나 커피는 일종의 카푸치노의 한 종류라고 볼 수 있다. 그래서 비엔나 커피를 만드는 법을 인터넷으로 살펴보면 사람마다 조금씩 다른 의견을 가진 것을 확인할 수 있다.

그러나 중요한 것은 우리나라 사람들이 비엔나 커피를 즐기는 데에는 그 커피의 맛보다는 '비엔나' 혹은 '빈'이라는 도시의 이미지 때문이 아닌가 생각된다. 왠지 달콤하면서 우아한 품격, 혹은 고전적이면서 세련된 현대적 미감에 젖어드는 듯한 이름, 그것이 '비엔나'

이고 '빈'이다.

사람들은 그 이미지에 홀려 도시로 여행을 가고, 그 이미지를 확인하고 다짐하며 도시를 떠난다. 찬란한 햇살과 풍요로운 자연 풍광 속으로 향하는 여행의 마음가짐과는 전혀 다르다. 도시로 가는 여행객의 마음속에는 이미, 각인된 그 도시의 이미지가 있다.

현대 도시마케팅의 가장 중요한 포인트는 바로 여기에 있다. 도시의 이름(브랜드)이 가지는 이미지는 장 보드리야르가 지적한 과실재(hyperreality)이며 가상현실인 셈이다. 흔히 관광개발을 전공하는 전공학자들이 내놓는 관광개발전략을 보면, 그 대다수가 도시 인프라나 역사문화유적 정비사업 등의 열거가 많다. 그러한 개발은 난개발을 부추길 뿐 실효가 없다. 오늘날 대한민국의 관광지라는 관광지마다 가꿔지고 정비된 곳을 보라. 정붙일만한 곳이 어디 있는가? 이러한 측면에서 최근 각 도시에서 개최되는 축제나 이벤트는 도시 이미지 개선에 일정 부분 효과가 있을 것이다. 지역의 정체성과 하드웨어(상품)에 부합되는 문화적인 접근이야말로 현대 마케팅의 중요한 도구(SP) 중 하나이기 때문이다

2

다시, 비엔나 커피 이야기로 돌아오자. 비엔나에 비엔나 커피는 없어도 오페라는 있다. 2차 대전 이후 공습으로 인하여 파괴된 시청사, 국회의사당, 오페라하우스 등의 건설 순위를 두고 국민 투표를 벌인

적이 있었는데, 오스트리아 국민 80%가 최우선적으로 오페라하우스 재건을 선택했다. 국회의 중요한 결정은 나무 그늘에서 해도 되지만, 오페라만은 그렇게 해서는 안 된다는 것이었다. 그리하여 1776년 궁정극장으로 건립되어, 화재로 붕괴된 것을 다시 1869년에 재건립되었던 빈 오페라하우스는 2차대전 종전 후 독일과 함께 패전국의 신세가 된 오스트리아 국민의 자존심 차원에서 시청사나 국회의사당보다 최우선적으로 재건축되어, 현재와 같은 르네상스식의 화려한 오페라하우스로 건립되어 오늘에 이르고 있다.

이곳에서는 짤스부르크 음악축제가 열리는 여름 7, 8월을 제외하고 쉬지 않고 세계 최정상급의 오페라와 발레가 공연되고 있다. 2004/2005년 겨울 시즌에는 과거 빈 오페라하우스에거 공연되었던 최상의 오페라 레퍼토리들이 선별되어 공연되었다. 이미 오페라계의 전설이 된 세계적인 오페라 연출가인 프랑코 제피렐리(Franco Zeffirellis)가 1972년에 연출한 모차르트의 "돈 지오바니(Don Giovani)" 외 다수의 모차르트 작품과 바그너의 작품들이 매일 번갈아 공연되었다. 필자가 찾아갔던 2005년 1월 19일에는 위에서 언급한 "돈 지오바니", 20일에는 세계적인 오페라 연출가인 시모네(Simone)가 연출한 모차르트의 "여자는 다 그래(Cosi Fan Tute)", 21일에는 바그너의 "파르지팔(Parzival)", 그리고 23일에는 역시 세계적인 연출가인 뽀넬리(Ponnelle)가 연출한 모차르트의 "피가로의 결혼(Le nozze di Figaro)"이 공연되었다. 이와 같이 큰 규모의 오페라가 매일 그 레퍼토리를 바꿔가면서 공연할 수 있는 것은 이미 오랜 세월 동안 다져온 고정 레퍼토리라는 점도 있겠지만, 궁극적으로는 비엔나를 찾는 관광객들에게 늘 새로운 공연을 보여줌으로써 그들로 하여금 며칠 동안 더 머물게 할 수 있다는 전략이 담겨있다. 좌석마다 설치된 개인용 자막기는 이태리어 뿐만 아니라 영어, 독일어, 프랑스어 중에서 자신에게 맞는 언어를 선택하여 볼 수 있도록 했다는 점에서도 알 수 있다.

이 외에도 비엔나에서는 매일밤 다양한 공연이 수많은 극장에서 공연되는데 오페라 전용극장으로서는 오페라하우스(Staatsoper) 외에 일반 서민 대중을 위해 건립된 오페라하우스(Volks Oper)가 있다. 이곳에서는 오스트리아 국민들이 사용하는 언어인 독일어권 오페라들이 많이 공연되는데 금년 시즌에는 플로토우의 "마르타(Martha)"와 리하르트 스트라우스의 "살로메(Salome)"가 번갈아 공연되고 있었다.

필자는 이곳 오페라 대중극장에서 24일 "마르타"를 관람할 수 있었는데, 결국 비엔나 머무는 7일 동안 5편의 오페라를 관람할 수 있었다는 것이다. 이는 통상적인 관광의 경우, 비엔나에 머무는 기간이 2일 정도에 그치는 것에 비하여, 오페라라는 공연으로 인하여 늘 새롭고 놀라운 경험을 7일에 걸쳐 체험할 수 있었다는 것을 의미한다. 이는 지상의 베니스라고 불리는 체코 프라하에서 볼만한 오페라 공연이 없어서 이틀만 머물고 떠났던 것에 비하면 시사하는 바가 자못 크다.

3

비엔나에 체류하면서 놀란 것은 Staatsoper든 Volks Oper든 평균 2,000석이 넘는 오페라극장에 관객들로 꽉 차있다는 것이었다. 심시어는 좌석이 없어서 3, 4층 스탠딩 좌석까지 관객들로 가득 차있었다. 그들 관객들 다수가 오스트리아 국민들이었지만, 그러나 상당수가 외국인 관광객들이었다. 한국, 중국, 일본 등 동양계 관광객뿐만 아니라 미국, 독일 등에서 온 서양 관광객들도 상당수 있었다. 이는 매일 오후 2시경 실시되는 극장 내부 견학(Back stage tour)의 대다수 관람객들이 서양계 관광객인 것만으로도 확인할 수 있다.

일본인 여성 관람객들이 기모노를 입고 종종 걸음으로 오페라 하우스로 들어서는 모습은 이제 낯설은 풍경이 아니다. 아마 일본의 깃발 관광의 나이트 투어는 오페라 하우스인 것으로 비춰졌다. 젊은 여성의 깃발을 따라 몰려 다니는 일본 관광객들의 낯익은 풍경도 이제 유럽의 거의 모든 오페라 하우스에서 볼 수 있는 풍경이 되었고, 유럽의 많은 오페라 하우스도 그러한 일본인들을 위한 안내판을 설치하기 시작했다. 즉 유럽의 오페라는 이제 단순한 공연예술이 아니라 국가의 이미지를 생산해내고, 실질적으로 수익을 창출해내는 도구로 적극 활용되고 있다.

그러나 아무리 외국의 관광객들이 오페라 관람을 많이 온다고 해도, 그것이 가져다 주는 실질적인 경제 효과는 미약하다. 오페라 제작의 상당 부분을 국가 예산이나 시정부 예산으로 충당해야 한다는 점이 바로 그것을 의미한다. 그러나 유럽 대다수의 국가가 그렇게 많은 예산을 들여서라도 오페라 하우스를 유지하고, 오페라 제작을 지원하는 것은, 오페라 자체 제작에 의한 경제적 효과보다는 그로 파생되는 문화적 이미지를 획득하기 위해서다.

오스트리아의 경우, 중세부터 근대에 이르기까지 신성로마제국의 황제국으로서 서구 유럽 문화의 중심지였으며, 그리하여 하이든, 모차르트, 베토벤 등 수많은 음악가들이 활동한 곳이다. 그러한 자부심이 음악에 대한 국민적 관심과 국가 지원으로 나타나고 있는 바, 흔히 말하듯, 비엔나에서는 부는 바람조차 왈츠와 같다는 말이 나올 정도로 음악과는 떨어져 생각할 수 없는 도시다.

4

최근 한국에서도 오페라 바람이 불고 있다. 수백 억원을 투자하는 야외오페라들이 연속으로 기획되는가 하면, 대구에서 최초로 오페라 전용극장이 세워진 이래, 일산 등 지방도시에서도 경쟁적으로 지어지고 있거나 계획되고 있다. 최근 서울시가 한강의 노들섬에 오페라 하우스를 건립하겠다는 발표도 그 연장선상에 있다.

그러나 다시 한번 되새겨봐야 할 점이 있는 듯 하다. 비엔나 커피에 붙은 '비엔나'라는 이름은 그 도시에 오페라 하우스라든가 극장 등의 문화시설이 많아서만이 아니다. 그 도시에 살고 있는 사람들의 삶이 음악과 오페라 속에 녹아들어 있기 때문이고, 그런 과정 속에 형성된 비엔나만의 긍정적인 이미지가 있기 때문이다.

오늘날 문화를 통해 도시 이미지를 구축하고자 할 때, 놓쳐서는 안 되는 것은 바로 이러한 지점, 문화시설의 건립과 병행하여 지역민의 문화적 삶의 질을 향상시키기 위한 부단한 노력과 정책이 있어야 한 다는 것이다. 그리고 문화를 통한 직접적인 결실보다는 그로 파생되 는 긍정적 도시 이미지가 경쟁력의 기본임을 깨달아야 할 것이다.

그래서 앞으로 문화정책은 사람들이 비엔나 커피를 마실 때, 커피 를 마시는 것이 아니라, '비엔나' 를 음미하는 것이라는, 그 지점을 지향해야 한다.

문화 민주주의를 위한 제언
- 지역문화정책을 통한 지역문화 육성 방안 -

새로운 화두 - Glocalization

2002년 5월, 한국문화정책개발원은 '세계는 어떤 문화정책을 준비하고 있나'라는 국제 심포지엄을 한국프레스센터에서 개최하였다. 이 자리에서 서울대 사회학과 김경동 명예교수는 한국 문화정책 수립의 원칙으로 다음과 같은 세 가지를 제시하였다. 첫째, 조건부 자유방임의 원칙 둘째, 문화발전에 있어서 지역 자율성의 원칙 셋째, 문화정책에 있어서 인간의 중요성이다. 여기서 주목할만한 것은 두 번째로 제시한 '지역 자율성의 원칙'이라는 부분인데, 김 교수는 여기서 "지역 사회는 중앙 센터를 뛰어넘어 세계 다른 지역과 연계를 도모할 수 있게 되고 있다. 소위 전지구지방화(glocalization)가 진행 중이고, 이런 상황에서 지역 문화와 밀접한 연계를 가진, 진정으로 자율적인 지역 개발은 다양한 방법으로 이루어질 수 있게 되었다"라고 주장하였다.

이 말은 '세계화' 혹은 '지구화'라는 globalization와 '지방화'라는 localization, 그리고 '문화의 세기'라는 세 개의 화두가 만나서 이루어진 단순 합성어를 뛰어넘어, 오늘날 우리가 지향하고 추구해야 할 중요한 과제임을 함축적으로 나타낸다. 곧 지역의 독특힘과 정체성이 세계 속에서 차별화될 수 있는 유효한 전략이며, 그 전략의 출발은 문화적인 요소에서 시작된다는 것이다. 그리고 그러한 지역단위 정체성의 총합이 이루어낼 성과는 한 마디로 선진문화국가로의 도달이다. 그리고 그것은 이제 충분히 가능태로 우리에게 나타나 있다는 것이다.

현재의 상황 – 지역적 문화 독재주의

오늘날 주요 선진국의 문화정책의 동향은 '예술을 위한 정책에서 문화 전반을 위한 정책'으로 확대되고 있다. 기존의 주요 축이었던 예술가와 예술단체의 창작활동의 장려 및 지원이라는 것 이외에 일반인의 문화활동에 대한 참가 기회 확대, 지역문화육성, 문화 분야의 인재 양성과 교육, 문화재의 보존과 활용, 문화의 국제교류와 국제협력, 그리고 문화시설과 문화에 관한 제도 및 기반시설 정비 등이 새로운 축으로 자리잡고 있다. 우리나라 역시 이러한 흐름에서 크게 벗어나지 않고 있다. 그러나 문제는 아직까지 지역문화육성 부분이 크게 부각되지 못하고 있다는 점이며, 아울러 이 부분의 강화야말로 21세기 국가 경쟁력의 핵심 요소가 될 것이라는 중요성을 인식하지 못하고 있다는 점이다.

　지나간 개발독재시대로부터 민주화 투쟁시기를 거쳐 현재에 이르기까지, 우리나라는 정치나 경제 민주주의 분야에서는 어느 정도 성과를 이루었다고 할 수 있다. 그러나 문화 민주주의 분야에 있어서는 전혀 진척된 바가 없다. 모든 문화의 창조/향수에 있어서 공공성이 배제되어 있는 상황인 바, 자본과 문화가 결합된 독점적 상황이 급팽창하고 있다. 수 십 억이 들어가는 연극 한 편에는 각종 매스컴과 홍보 매체가 잇따르고, 그에 상응하는 수 십 만원 입장료를 기꺼이 지불할 수 있는 문화 부르조아들이 몰려들어, 엄청난 수익을 창출하는 반면, 대학로 소극장 연극에는 제작비도, 언론의 관심도, 그리고 관객도 없는 상황이 동시에 벌어지고 있다. 산동네 서민은 잠시 뛸 달리기 공간도 없는데, 국토의 산이란 산마다 대규모 골프장이 들어서고 있는 상황이다.

　그러나 정작 더욱 큰 문제는, 지역간 문화적 불평등이 심각해지고 있다는 것이다. 이 점은 지난 11월, 한국민족예술총연합회와 민족문학작가회의가 마련한 '국민의 정부 문화정책 평가토론회'에서 여실히 증명되었다. 이 당시 문화예술인 139명을 대상으로 실시한 설문조사에서 문화정책 중 실책으로 꼽은 첫 번째가 지역문화 불균등 발전(27.4%)이었다. 이러한 점은 대통령 선거 공약에서도 뚜렷하게 나타나고 있는데, 후보로 나선 유력 후보들의 문화정책에 대한 구체성이나 전문성 뿐만 아니라 후보간 차별성도 드러나지 않는다는 것이 〈문화개혁을 위한 시민연대〉의 분석이고, 동시에 유력 후보 누구도 지역문화에 대한 관심을 보이지 않았다.

서울을 중심으로 한 수도권에 몰려있는 각종 문화시설 및 언론 매체, 그리고 예산을 배정할 수 있는 권력 기관들, 그들을 중심으로 두텁게 에워싸고 있는 문화예술 관계자, 그것이 지역적 문화 독재주의이며, 그것이 지금의 현실이다. 지방에는 문화의 창조/향수자도 없고, 이들을 지원하고 후원해줄 재단이나 관련 기관조차 없다. 오직 관할 관청의 담당 부서만이 겨우 있을 뿐이다.

문화정책 – 지역에서 중앙으로

한국문화의 원형이 어디에 있는가? 서울을 중심으로 하는 현재의 상황이 한국문화의 모든 것이라고 말할 수 있을까? 현재 그들이 한국문화의 대표자들로 온갖 혜택을 다 누리고 있지만, 영남의 유교와 불교문화, 그리고 호남의 풍류정신 등이 없이 오늘의 한국문화가 형성될 수 있었을까? 오랜 시간 속에 자연스럽게 형성된 각 지역의 독특한 문화가 모이고 모여 오늘의 한국문화라고 지칭할 수 있는 형태가 생겨난 건 아닐까? 서울에서 활동하는 대다수 예술가들이 지방 출신임을 생각할 때, 그들의 정신적 원류가 어디에 있는가도 명확하다. 이와 같이 문화는 그 뿌리를 고향이라고 지칭할 수 있는 지역을 기반으로 하며, 그러한 문화적 동질성과 이질성이 도시에서 부딪쳐 오늘날 한국의 현대문화를 형성한다. 이런 차원에서 지역의 문화가 고갈될 때, 한국문화의 샘물도 고갈된다.

1998년 8월, 일본의 문화청은 「문화진흥 마스터 플랜 – 문화입국

실현을 위하여-」라는 보고서를 발표하였다. 이 보고서에서 언급된 바, 문화입국의 필요성으로 지적한 중요한 두 개의 축은, 첫째 경제 발전과 정보화에 따른 국민의 문화적 요구, 둘째, 지역의 독자적이고 주체적인 문화 진흥이다. 이러한 필요성은 다름아닌 보다 높은 차원의 경제사회로의 전환을 촉진할 뿐만 아니라, 경제 활동의 자양분이 된다는 실질적인 필요성과 긴밀하게 연결되어 있음을 동시에 언급하고 있다. 여기에서 그들이 주목한 것 역시, '전지구지방화(glocalization)'가 아니었을까? 지역의 독특한 문화가 세계화를 풀어갈 수 있는 중요 과제이며, 이것을 통해 문화입국을 달성하고, 또 그 문화입국이야말로 미래 일본의 발전을 도모할 수 있는 핵심 전략이 될 수 있다는 것이다. 문화를 정치나 경제의 눈으로 보는 것이 아니라, 오히려 정치나 경제를 문화의 눈으로 보는 것이 필요하며, 그 눈이 되는 문화의 원천은 바로 지역에 있다.

지역 문화정책의 목표 – 지역적 문화 민주주의

역설적으로, 지역에 대한 문화정책 측면에서의 관심은 군사독재가 가장 악랄했던 1981년 「1980년대 새문화정책」과 1983년 「지방문화 중흥 5개년 계획」에 시작된 바 있다. 그 이후에는 주요 정책과제 혹은 종합계획과 같은 형식으로 추진되었는 바, 94년에 「새문화·체육·청소년 진흥 5개년 계획」과 96년에 추진된 「문화도시 건설과 지역문화 활성화」라는 정책의제가 바로 그것이다.

각 지역에 종합문화예술회관들이 건립된 것이 5공화국과 6공화국

시기임을 감안할 때, 오히려 독재정권하에서는 지역 문화에 대한 민주적 배분이 어느 정도 이뤄졌는가 하면, 오히려 민주화 추진 세력에 의한 집권시기에는 중앙에 의한 문화 독재주의가 심화되었다.

이러한 측면에서 이제 문화정책의 목표는 지역적 문화 민주주의가 되어야 할 것이며, 지역적 문화 민주주의라 함은 지역적 문화 독재주의와 상반되는 개념으로서, 서울을 중심으로 하는 수도권에 몰려 있는 각종 문화적 요소, 예를 들어, 시설, 인원, 매체, 예산, 의사 결정 구조, 교류 프로그램, 지원기관... 등의 배분을 통한 중앙과 지역간의 불균등을 해소하는 것이다.

최근 발표된 각종 보고서 및 정책, 즉 문예진흥원이 제시한 『문화비전 2000』, 문화관광부가 발간한 『문화정책백서 2001』과 「순수예술 진흥 종합계획」... 등 어디를 봐도 지역에 관한 관심이 부족하다. 만약 이러한 계획대로 문화와 문화예술에 대한 실천이 이루어진다면, 지역적 문화 독재주의는 더욱 심화될 것이다. 왜냐하면 이러한 계획 대부분이 중앙을 거점으로 한 문화정책들이기 때문이다. 이런 까닭에 새로운 정부에서 제일 먼저 검토해야 할 상황은, 기존의 문화정책에 대한 철저한 분석 및 해체, 그리고 지역 민주주의 차원에서 재수립해야 할 것이다.

지역문화정책을 통한 지역문화 육성 방안

지역 문화를 육성하기 위한 첫 번째 단추는 「문화비전 2000」에 버금가는 「지역문화 육성을 위한 종합계획」을 수립하는 것이다. 지역 문화는 일부 지방에 국한된 것이 아니라, 수도권을 제외한 우리나라 전체의 문제이며, 나아가 21세기 국가발전과 관련된 사항이다. 지방 분권 10대 의제가 아직 20세기적인 발상을 벗어나지 못하고 있는 이 때, 문화적 마인드로 지방분권의 문제를 해결하고자 접근하는 것이 필요하다. 그것이 21세기다운 지방분권이다.

「지역문화 육성을 위한 종합계획」의 추진을 위해서는 정부 부처와 별개로 추진 주체를 설립할 필요가 있고, 그 설립 주체는 각 지역의 단위별 독립 주체와 수평적으로 연결될 필요가 있다. 대통령 공약 중 하나였던 대통령 직속 문화예술자문위원회의 성격을 '자문'이 아닌 '추진' 체제로 전환을 적극 검토할 필요가 있다. 그리고 그 위원회는, 흔히 보는 위원회처럼 중앙의 명망가 중심이 아닌, 실질적인 인사로 구성해야 하며, 동시에 각 지역의 인사들도 관을 통한 구성이 아닌, 관과 민간이 공동으로 선임한 인사들로 구성해야 한다. 이들을 중심으로 각종 국책 연구기관과 문화 관련 연구소 뿐만 아니라, 정치, 경제, 산업, IT 관련 연구자들과 공동으로 구성할 필요가 있다. 그럼으로써 지역문화 육성이, 단지 지역의 문화예술 진흥의 차원이 아닌, 국가 미래가 달린 주요 과제임을 국민 모두에게 인식시킬 필요가 있다.

지역문화 육성의 중요한 방향은 H/W나 S/W가 아닌 Contents Ware, 즉 C/W 중심으로 추진될 필요가 있다. 지역 문화의 독특함과 정체성을 담아낸 작품, 시민문화 프로그램, 문화유산 관리 체계 등이 그것이다. 그리고 그것은 지역의 관광 산업과 문화 산업의 정책과 연결되어야 하며, 동시에 지역의 장기 발전 계획에 부응해야 한다. 즉, 정책적으로 문화예술에 대한 시혜를 베푸는 문화정책이 아닌, 각 지역의 발전 계획을 '문화'라는 21세기 화두를 통해 재구성하는 것이다. 이러한 도전만이 21세기 무한경쟁사회에서 도약할 수 있는 국가비전이자, 지역 발전의 탈출구이다. 만약 국가 발전에 대한 비전이 임기 5년에 국한된 것이라면, 각 지역의 낙후된 산업 구조를 개편하고 개선하는데 선심성 예산을 쏟아부을 것이며, 만약 국가 발전에 대한 비전이 몇 십 년을 내다보는 것이라면, 그러한 선심성 예산의 일부라도 지역문화 육성에 투입해야 한다.

이제 각 기초자치단체가 움직여야 한다. 종전에 지역문화 혹은 예술 진흥의 중심지는 광역 단체였다. 문예진흥 기금이나 정부 보조금 등이 광역자치단체를 통해 이루어졌기 때문이다. 그리하여 각 기초단체마다 문화회관이나 복지회관 등이 설치되었지만, 그 공간을 채울 수 있는 예산의 부족으로 일 년 내내 제 역할을 수행하지 못한 채, 운영에 따른 인건비 및 관리비 예산만 소비하며, 방치되는 경향이 많았다. 일부 기초자치단체의 경우, 단체장의 의지에 따라 기획성 문화예술행사 및 시민 대상 프로그램이 운영되기는 하지만, 대다수 기초단체는 그러지 못한다. 특히 지방의 기초단체의 경우는 더욱 심하다. 생활 속에서 문화를 즐기고 참여할 수 있는 최선의 방법은 주민들을 직접 접촉하는 최소 공공 단위에서 이뤄지는 것이 좋을 것이며, 참여 문화예술인 역시 해당 지역에 거주하는 사람을 대상으로 하는 것이 좋을 것이다. 서로 가까이 사는 일반인과 예술가가 만나는 것, 그 자체로 문화 이벤트가 아닌가? 이 기회에 광역자치단체의 역할과 기초자치단체의 역할을 재조정하는 것이 바람직하며, 이것에 대한 새로운 중앙 정부 단위의 예산 배정이 필요하다.

또 하나, 조심스럽게 재검토해야 하는 사항이 있다. 요즘 시도되고 있는 공공 문화시설에 대한 민영화 방향이 그것이다. 문화예술의 전문성을 살리기 위한 민영화가, 정확히 어떤 결과를 빚고 있는지 객관적으로 재분석할 필요가 있다는 것이다. 민영화로 인한 공공성의 기능을 해치고 있지는 않은지? 또 시설의 운영 성과를 위해 지나치게 상업주의적 경향으로 흐르고 있지나 않은지? 또 일부 관변단체 혹은 예술인들 몇몇에게 자리를 만들어주기로 가는 것은 아닌지, 냉정하게 검토해야 한다. 이 점에 관해서는 최근 논의되고 있는 '사회화'를 적극 검토할 필요가 있다. 국공립 기관의 형식은 유지하면서 공공성을 높이고, 동시에 공공예산의 효율성 증대를 위한 전문가와 민간의 참여 방식을 개발함으로써, 공공성과 참신성을 제고하는 것이다. 공무원들의 행정 능력과 전문가들의 전문성이 조화와 균형을 이룰 수 있는 방안이 절대 필요하다. 현재 행정 분야에 외부 전문가들이 많이 영입되고는 있으나, 공무원 기존 조직체계 속으로 편입됨으로써 조직 논리에 갇히는 경향이 있음을 주목하고, 외부 전문가에 대한 권리와 책임을 명확히 한, 독립적인 역할을 찾아야 한다. 이 점에 있어서는 유럽식 예술감독제와 프로젝트별 책임감독제를 참고할 필요가 있을 것이다.

결론 – 문화 민주주의 만세

　지역적 문화 민주주의를 강조한다고 해서, 서울을 비롯한 수도권의 문화 일체를 폄하하려는 것은 아니다. 어쩌면 중앙의 문화에 대한 입지 강화가 될 수가 있다. 어떤 분야든 그 대표성은 인정해야 하고, 또 필요하다. 그런 측면에서 중앙의 문화는 그 대표성을 여전히 유지해야 한다. 그리고 더욱 발전해야 한다.

　그러나 그 대표성을 건강하게 유지하기 위해서는 기초가 튼튼해야 하는 법, 그 기초는 바로 지방의 문화, 즉 각 지역의 문화에 있음을 인식해야 한다는 것이다. 이는 단지 중앙과 지역간의 외형적 불균등의 편차를 해소해야 한다는 차원이 아니라, 한국문화의 독특함과 정체성이, 바로 지방에 있음을 확인하고, 그 바탕 위에 새로운 한국문화 창출이 필요하다는 것을 각성해야 한다는 것이다. 그것이 이루어질 때, 비로소 지역적 문화 민주주의를 뛰어넘는, 문화 민주주의가 성취되는 것이다.

　이런 차원에서 '전지구지방화(glocalization)', 그 의미를 깨닫고 내용을 실천하는 것이 필요하다. 21세기 새로운 패러다임의 발전 방향이 문화에 있다는 일차원적인 구호에 멈추지 말고, 그 명제를 실천할 구체적인 방안이 바로 '지역문화의 육성'이라는 절대적인 인식이 요구된다.

몰표현상과 대구 오페라

1.

　선거 전문가들의 지적에 의하면, 대구만큼 '몰표현상'이 심한 곳은 없다고 한다. 몰표현상이라 함은 지지하는 정당 혹은 출마자에게 일방적으로 표가 몰리는 현상으로써, 소신투표보다는 사표(死票)를 두려워하는 현상이다. 이는 자신이 주변과 동류항으로 묶이는 것을 원하는 심리적 현상이며, 결코 튀는 행동을 하지 않는 예의바른 행실(?)의 연장선상에 있는 것이기도 하다.

　또 이와 같은 현상은 바람과 지역정서에 지배되고, '우리가 남이가' 하는 동류의식이 강한 지역의 특성을 반영하기도 한다. 흔히 말하는, 보수적이고 폐쇄적이라는 지적은, 대구가 그 어느 지역보다 '기면 기고 아이면 아이다' 하는 극단의 한 단면을 나타내는 문화현상이기도 하다. 세상의 변화와 관계없이 우리와 맞지 않으면 거부하

고, 우리와 맞다고 판단되면 과격하다고 할만큼 저돌적이다. 그것은
바로, 대구가 실리보다는 명분을 중요시하는 역사적 맥락과도 일치
한다.

그러나 명분이란 항상 상대석 오류 가능성을 품고 있다. 한 개인의
삶의 가치가 주관적인 것과 마찬가지로, 그러한 개인들의 집합체인
사회 집단은 자기 중심적인 상대적 오류 가능성이 있고, 또 타 집단
에 견주어 지극히 주관적일 수 있다. 그래서 건전한 사회일수록 집단
내에 존재하는 소수 의견에 귀기울이는 것이고, 반대 의견에조차 그
에 상응하는 대접을 하는 것이다. 그것은 바로 개인이나 집단이 가질
수 있는 상대적 오류의 가능성을 최대한 축소하려는 무의식적/의식
적 노력이다.

대구가 보수적이고 폐쇄적이라 함은, 바로 이와 같은 무의식적/의
식적 노력이 부족하다는 것을 의미한다. 동참하지 않으면 배제되는
풍토가 엄존한다는 것이다. 그러한 집단의식은 다양성의 가능성을
막는 것이며, 점진적인 변화를 억제하는 것이다. 오로지 집단적 급변
만이 있을 뿐이다. 그런 기질이 선거로 통해 극명하는 드러나는데,
앞에서 이야기한 '몰표현상' 이 바로 그것이다.

그러나 그런 현상이 가장 영향을 미치는 분야는 문화다. 문화라는
자체가 다양성을 전제로 존재하는 것이기 때문이다. 창조라는 것이
그런 것이 아닌가. 기존의 미학이 늘 새로운 미학에 의하여 깨지고
부서지는 것, 그 언제나 새롭고 참신한 시도와 해석이 절대 가치가

되는 것을 가리켜 창조라 하는 것이고, 그런 창조의 역동적인 집합체가 예술문화이며, 그것이 사회적 보편성으로 정착될 때 사회문화가 되는 것이다. 그런 면에서 대구는 의견을 달리하는 예술가들이 부족하다. 대구예술계 전분야에서 공통으로 지적되는 문제 "비평이 없다"는 것이 바로 그러한 점을 극명하게 드러낸다.

한 명의 스승을 따르는 약간의 제자, 그리고 다시 그 제자들을 스승으로 삼는 또 다른 제자들... 그들에게 큰스승의 예술관과 미학은 한 치의 수정도 없이 계승된다. 이 과정 중 예술에 국한된 의견 뿐만 아니라 인간과 사회를 보는 사회적 관점조차도 계승된다. 그 대열에서 이탈했을 때, 대구에서 독자적인 예술활동을 하기란, 만주에서 독립운동하는 것 이상으로 힘들다.

2.

그러나 위에서 말한 지역의 집단의식이 의외의 결과를 빚어낼 때가 있다. 과거 대구시립무용단의 안은미가 안무자로 선임되었을 때, 서울의 대다수 무용인들은 안은미와 같은 파격적인 춤세계를 가진 사람이 폐쇄적이고 보수적인 대구에서 적응하기 어려울 것이라고 예상했었다. 그러나 결과는 어떤가? 안은미 본인도 놀라리 만치 대구의 관객들이 그를 좋아했고, 또 대다수 문화계 원로들도 그의 도발적인 춤세계에 대하여 호의적인 태도를 취했다. 결국 도발적인 것이 좋으냐 나쁘냐가 아니라, 그러한 춤을 인정하는 분위기, 그 대세가 형성되었다는 것이며, 그러한 대세가 형성된 이상 가치 판단의 문제는 더 이상 대두되지 않는 것이다. 그 내용에 설사 반대한다 하더라도 혹시 뒤에 숨어서 불만을 표할 수는 있어도 모두가 찬성표를 던지는 분위기에서 감히 반대표를 드러내고 던지지 못한다.

또 하나의 걸과가 오페라인 듯 보인다. 이제 오페라가 대구를 대표하는, 혹은 대표할 수 있는 예술장르인가 하는 질문은 유효하지 않다. 또 과연 대구가 오페라 도시로 태어날 수 있는가, 혹은 그 가능성은 어떤 방식으로 가능한가 하는 진지한 검토조차 무의미하게 여겨진다. 목표는 정해졌고, 또 대세는 결정되었다. 이제 대구의 모든 역량은 '오페라 도시, 대구' 라는 목표를 향해 달려가는 것이다.

2003년 7월 1일 개관이래 7편의 오페라 공연에 삼만 명이 넘는 관객이 대구오페라하우스에서 오페라를 관람했다. (11월 27일 대구오페라하우스 집계) 이와 같은 숫자는 과거 대구 오페라 공연에서는 볼 수 없는 관객수이다. 물론 초기 오페라하우스 개관에 따른 특수(?)도 작용했을 것이며, 2003대구하계유니버시아드대회 문화행사 후폭풍도 작용했을 것이다. 그러나 3시간이 넘는 순수예술인 오페라를 관람하기 위해 그 많은 사람들이 몰려들었다는 것은, 이미 대구의 많은 사람들이 대구 오페라에 대한 광범위한 지지를 보냈다는 반증이다.

대구국제오페라축제도 마찬가지다. 과거 행사성 예산에 1억 정도만 들어가도 '낭비', 혹은 '소비' 라는 단어를 빠트리지 않던 관료 및 시의회 의원들이, 지금은 앞장서서 예산 확보에 앞장서고 있다. 프레

오페라축제였던 올해 3억, 2004년에 10억 정도의 예산을 투입한 후, 본격적인 국제오페라축제로 추진되는 2007년 경에는 약 50억 이상의 예산을 계획하고 있다. 이와 같은 규모는 과거 대구에서는 전대미문의 일로써, 그 파격적인 투자는 불과 몇 해 전에는 상상할 수 없었던 일이었다. 이로써 대구는 대구 특유의 '몰표현상' 을 오페라라는 예술장르에서 보여주고 있는 것이다.

3.

나는 오페라에서 나타난 몰표현상을 반대하고자 하는 것이 아니다. 설사 소가 뒤로 가다가 쥐를 잡았든 고양이를 잡았든, 중요한 것은 대구의 사회문화적 현상이 문화예술계로 다가왔다는 것이다. 그 동안 정치 주변에 머물렀던 관심이 대구예술계로 온 이상, 대구에서 문화예술 활동을 하고 있는 사람의 입장에서 최대한 그 관심과 힘을 좀더 오래, 그리고 지속적으로 유지하고 싶다는 것이 솔직한 심정이다. 그것이 비록 오페라라고 하는 특정 장르에 국한된 것이긴 하여도, 오페라라는 장르의 특징이 모든 예술을 아우르는 것이므로, 그 장르를 통하여 대구 예술계 전반이 활성화될 것이라는 기대가 있다.

그러기 위해서는 전방위적인 노력이 필요하다. 몰표현상이란 갑자기 몰려오는 것이기도 하지만 또 갑자기 사라질 수도 있는 것이기도 하기 때문이다. 양질의 공연을 지속적으로 제작하는 것이 최우선이 될 수 있겠지만, 그보다는 시민들의 문화의식을 높이는 것이 중요하다. 특히 오페라에 대한 이해와 수준을 높이는 것이다. 흔히 아는 것만큼 보인다고 하지 않는가? 알고 이해할 때만이 진정한 애정이 싹트는 것이고, 그러한 애정이 바탕에 깔려 있을 때, 위험한 실험과 새로운 시도를 도모할 수 있을 것이다. 세계 속에서 오페라 도시가 된다는 것은 서구 오페라 문법을 그대로 답습하는 데에 있지 않기 때문이다. 대구 특유의 오페라 문법과 형식이 정착되어야 한다.

그러기 위해서는 시민들을 대상으로 하는 오페라 프로그램이 활성화되어야 한다. 결코 오페라 창작자를 중심으로 하는 지원에서만 머물러서는 안 된다. 그러한 프로그램은 아마추어 합창단 활동을 하는 사람들로부터 시작할 수 있을 것이다. 또 교육청을 통하여 지역의 청소년들에게 오페라 아리아를 필수적으로 익히게 하는 것도 필요하다. 그 외 우리가 고민해야 할 것은 무궁무진하다.

몰표현상을 진정한 문화적 트랜드로 전환시키는 것은 비단 오페라 분야의 사람들만의 노력으로 한정시킬 수 없다. 지역에서 문화예술계 활동을 하는 모든 사람들의 몫이며, 나아가 지역민 모두의 몫이기도 하다. 왜냐하면 오페라를 통하여 문화적 감성이 길러질 때, 문화가 갖는 바 특유의 특성, 다양성에 대한 마인드가 확산될 수 있고, 그것을 기반으로 하여 지역의 보수성과 폐쇄성을 탈피할 수 있기 때문이다. 또한 그와 같은 다양성이 자리잡을 때, 흔히 21세기 문화코드라고 할 수 있는 '세계화', '신유목', '전지구지방화(Glocalization)'의 시대로 나아갈 수 있을 것이다.

공연예술의 부익부 빈익빈

 '관객들이 지역 공연을 외면하고 외부 유명 공연에만 몰리는 현상'을 어떻게 봐야 할까. 중앙의 공연이라고 무조건 관객이 몰리는 것도 아니고, 또 지역 공연이라고 무조건 외면받은 것은 아니라는 것이 필자의 생각이다. 오히려 문제는 관객이 몰리는 공연의 경우, 대체로 중앙에서 내려온 유명 공연이긴 하지만, 지역의 공연을 포함하여 보았을 때, 주로 화려한 볼거리가 많은 대형 공연이었다는 것이다.

 뮤지컬 『갬블러』, 『명성황후』, 퍼포먼스 『난타』, 오페라 『투란도트』, 무용 『성냥팔이 소녀』 등 공연예술 각 장르별 최다 관객을 모은 작품들을 생각해보면 금방 알 수 있다. 이들의 공통된 특징은 우선 해당 장르에서 상대적으로 많은 투자 예산을 기반으로, 화려한 무대와 의상, 그리고 우수한 연기자를 확보하였다는 것이며, 동시에 그것에 상응할만한 충분한 홍보와 화제를 불러일으켜, 관객들의 호기심을 자극했다는 것을 들 수 있다. 그리하여 관객이 몰리는 공연은 '외부 유명공연'이 아니라, 내·외부를 가릴 것 없이, 유명하거나 유명해진, 즉 많이 홍보된 대형공연이라는 점이다.

이러한 현상이 시사하는 비, 그 의미는 자못 깊고 크다. 이는 굳이 지역으로만 국한시켜 생각할 것이 아니다. 공연예술의 완성이 관객과 만나는 그 현장에서 완성된다는 점, 그리고 관객에 따라 공연의 질적 편차가 발생할 수도 있다는 점을 고려하였을 때, 더욱 그렇다. 그리고 기획과 제작의 측면에서도 역시 그렇다. 많은 관객의 확보가 가능한 공연과 공연자, 혹은 단체에는 기획과 제작의 기회가 더욱 많아지지만, 그렇지 못하는 경우에는 그러한 기회가 점점 줄어든다. 대체로 지역의 소극장 연극 공연들이 도대체 침체를 벗어나지 못하는 것이 이러한 경우에 해당되는데, 자본의 열악한 환경으로 우수한 연기자와 공연 여건을 확보하지 못한 공연이기에 관객이 줄어들고, 관객이 줄어들수록 제작 여건은 더욱더 악화되어, 좋은 공연을 만들어 내기가 점점 힘들어지고 있다. 이제 연극 정신, 혹은 도전적인 실험 정신만으로는 연극을 만들기 어렵고, 관객들도 용납하여 주지 않는다. 결론적으로 공연예술의 부익부 빈익빈 현상이 점점 더 고착화되어 가고 있다.

물론 대형공연이라고 무조건 나쁘다는 것은 옳지 않다. 그러나 문제는 이러한 부익부 빈익빈 현상을 그저 바라다 볼 수만은 없다는 것이다. 문제의 심각성을 깊이 인식하고, 어떤 방식이 되든 총체적인 타파 노력을 기울여야 한다. 그러한 인식의 필요성은 예술의 기본적인 기능인 인간과 사회에 대한 성찰보다는 볼거리와 흥미 위주의 상업적 오락거리로 전락할 것이라는 우려 때문이기도 하다. 최근의 몇몇 연극들이 인간과 사회에 대한 깊이있는 해석과 전망을 보여주기보다 텔레비전 프로그램 중 하나인 개그 콘서트 수준으로 변질된 것이 바로 그 실증적인 예다. 연극의 재미와 텔레비전 코메디의 재미와는 구분되어야 한다. 극중에서 연기자가 난데없이 코메디언 흉내를 내는 것은, 많은 관객을 끌어모으기 위한 고육지책으로 보이지만, 그것이 가지는 바 위험성은 연극 그 자체의 존재 의미를 훼손시키는 것이다.

공연예술의 부익부 빈익빈 현상의 원인으로는, 대체로 두 개의 방향에서 찾아볼 수 있다. 그리고 그 두 개의 방향은 결국 하나의 원인으로부터 시작한다. 두 개의 방향은 예술의 창작자/향수자의 방향이고, 하나의 원인은 현대사회의 사회적 분위기이다. 창작자이든 향수자이든, 오늘날과 같이, 감각적이고 순간적인 사회 분위기로부터 자유로울 수 없다. 또한 후기 산업사회의 경제적 구조로부터도 자유로울 수 없다. 그들은 모두 현대사회가 만들어낸 소비문화에 똑같이 노출되어 있다. 자동차를 타고 다니며, 핸드폰으로 대화한다. 아파트에서 살면서 각종 매스컴에 세뇌당한다. 인터넷을 사용하고, 유흥업소를 출입한다. 정도에 차이만 있을 뿐, 이와 같은 소비문화에 젖어 있는 것은 모두 같다. 순간적이고 찰나적인 광고 카피에 자극받고, 소비한다. 이러한 사회에서 커져 가는 건, '가짜욕망'의 신기루일 뿐이다.

그런데 오늘날 창작자들 중 많은 사람들이 이러한 가짜욕망의 재생산 구조에 편입되어 있다는 것이다. 청학동이나 문명이 닿지 않는 곳에서 살지 않을 바에야 이러한 사회 구조를 외면할 수는 없는 노릇, 그러나 저어도 예술가라면, 그러한 사회 구조가 만들어내는 가짜욕망의 실체를 꿰뚫어볼 수 있어야 한다. 그리고 실제 삶이든 예술작품을 통해 스스로 그러한 허위의식으로부터 벗어나고자 노력하여야 한다. 그러나 많은 수가 예술가로서의 자부심과 자존심보다는 부조리한 사회 현상에 영합함으로써 자신의 가짜욕망을 충족시키고자 한다. 그런 결과, 진지한 고민이 없는 볼거리 중심의 화려한 무대를 만들어 질펀한 성적 농담과 저질 개그 콘서트를 남발한다.

역시 같은 현상을 향수자인 관객으로부터도 찾을 수 있다. 오늘날 관객 대다수를 차지하는 영상세대는 과거 문자세대와 달리 순간적인 자극을 통해 자신의 문화적 욕구를 충족시킨다. 이들에게 인간이라는 본질, 그리고 사회 현상의 부조리함은 관심거리가 아니다. 짧은 20초 광고에 익숙한 이들의 문화 코드는 긴 호흡의 순수예술과는 거리가 있다. 객관식 문제에서 정답찾기에 익숙한 이들 영상세대들은 자신들 앞에 전개되는 공연에서 자신이 좋아하는 정답을 찾지 못하면, 스스로 불안해 하거나 거부한다. 곱씹어 생각하지 않는다. 또 스스로 논리를 세워 풀어보는 주관적 해석도 시도하지도 않는다. 이러한 관객들을 위해서는 결국, 즉각적인 해석과 정답을 제공하는, 직설적인 재미로 가득한 볼거리 중심의 공연이 만들어질 수밖에 없다.

결국 창작자/향수자의 공통된 욕구에 의하여 최근의 공연예술의 흐름은 볼거리 중심의 화려한 대형공연으로 흘러가고, 그러한 현상은 비단 대구 뿐만 아니라 서울을 포함한 대다수 지역에서 나타나고 있다. 서울에서도 이제 대학로 소극장 연극보다는 수 십 억이 들어가는 뮤지컬이나 오페레타 형식으로 제작되는 경향이 바로 그것을 증명하지 않는가.

공연예술의 부익부 빈익빈, 그 현상은 갈수록 더욱 심화될 것이 분명하다. 몇 푼 안 되는 국가단체의 지원금으로는 해결될 수 있는 사안이 아니다. 그보다는 사회 전반적인 문화의식 제고이며, 그 중에서도 특히, 문화예술인들의 철저한 자기 반성을 기초로 한, 진지한 예술적 고뇌이다.

문화 '산업'과 '문화' 산업
- 문화산업과 순수예술의 조화로운 만남 -

1

　신자유주의 파고가 문화의 영역을 넘보고 있다. 요즘 한창 이야기
되고 있는 '문화산업'은 신자유주의 맥락에서 읽어야 한다. 아무리
유네스코가 '문화의 다양성'을 이야기해도, 문화가 돈이 되는 한,
미국은 포기하지 않을 것이며, 미국의 그늘 아래 살 수밖에 없는 우
리나라 역시 벗어나지 못할 것이다. 더욱이 우리나라 역사 이래 최
초의 '아시아 침공'이라는 한류의 열풍을 즐기고 있는 문화산업 담
당자들로서는 그 달콤한 유혹을 저버릴 수 없을 것이다. 저작권 보
호를 통하여 한류의 산업화라는 수출역군으로서의 숨길 수 없는 본
능 말이다.

　2004년 문화산업통계 기준 2003년 10개 분야 문화산업 매출은
약 44조, 수출과 수입은 약 6억불인 것으로 발표되었다. 이와 같은

수치는 매년 5% 이상 성장하고 있는 세계문화산업 시장의 증가율을 훨씬 뛰어넘는 21.1%에 해당된다. 이런 상황에서 어찌 문화산업을 소홀히 여길 수 있겠는가? 차세대 국가 성장동력이라는 거창한 구호가 단순히 수사(修辭)만은 아닐 것이다.

그러나 문제는 문화 '산업'이 각광을 받고 있는 사이, '문화' 산업은 나날이 죽어가고 있다는 엄연한 현실이 외면당하고 있다는 것이다. 지난 해 정부는 『창의한국』, 『예술의 힘』을 통해 중장기 문화발전 방향을 밝혔고, 여기서 기초예술로서 순수예술에 대한 지원을 약속했다. 특히 복권기금 약 400억원을 문화 분야로 배정하기도 했다. 그러나 문화시장에서 소비되고 유통되지 못한 순수예술이 정부나 기관의 지원으로 살아날 수는 없다. 문화를 가지고 '사업'은 할 수는 있어도, '문화'를 사업하지 않는 상황 속에서는 순수예술이 살아 날 수 없다.

예를 들어보자. 연극판에서 길러진 배우 없이도 오늘날과 같은 한국영화의 도약이 있을 수 있었을까? 그러나 연극판의 배우를 곶감 빼먹듯 빼어간 매니지먼트 회사나 영화사는 연극판에 투자하지 않는다. 2004년 9월 한국연극협회가 전국의 연극배우 693명을 대상으로 한 설문조사 결과, 조사 당시 연극배우의 월평균 소득은 23만원 정도였다. 무엇보다 심각한 것은 사회안전망 제도인 4대보험(고용, 산재, 의료, 국민연금) 혜택을 거의 받지 못하는 것으로 나타났다. 의료보험 정도만 60% 정도 가입했을 뿐, 고용이나 산재의 경우, 가입율이 8% 미만이었다. 즉 '직업은 있으되 직장이 없는' 신세다.

2

    사업은 돈의 논리고 문화는 상상력과 다양성의 논리다. 사업은 돈이 되고 안 되고를 따지고, 문화는 새롭고 참신한 것을 따진다. 문화는 옳고 그르다거나, 권력을 지향하지 않는다. 서로 다른 각자가 수평으로 펼쳐져 조화를 이루는 세계를 추구한다. 그래서 21세기를 문화의 세기라고 한다. 지식기반사회가 도래하면서 세계 각국은 자국민의 문화적 역량을 확대하기 위한 갖가지 정책을 펼치고 있다. 미국의『크리에티브 아메리카』, 영국의『크리에티브 브리튼』, 일본의『문화진흥 마스터 플랜』등이 바로 그것이다. 그 중에서『크리에티브 브리튼』의 다음과 같은 글은 왜 문화가 21세기에 중요한 화두인가를 명백하게 보여준다.

    "한 국가가 보유한 가장 위대한 자원은 국민의 상상력이다. 상상력은 발명, 경제적 이익, 과학적 발견, 기술적 진보, 더 나은 행정, 직업, 공동체, 보다 안전한 사회에 자양분을 제공해준다. 그리고 예술은 상상력의 중요한 트레이너다."

    결국 순수과학이 있어야 응용과학이 발전할 수 있듯, 순수예술이 있어야 문화산업도 가능하다는 것이다. 문화예술이라는 트레이너의 조련을 받지 못한 패션 디자이너, 영화배우, 뮤지컬 연기자, 출판업자가 있을 수 있겠는가? 이와 같은 시각은 순수예술에 종사하는 사람 뿐만 아니라, 문화산업 현장에 있는 사람들에게도 공통적으로 적용되는 인식이다. 2002년 문화콘텐츠진흥원이 문화콘텐츠업계 CEO 101명을 대상으로 한 설문조사에서 94.1%가 현장에서 문화예술 인력이 매우 필요 혹은 필요하다는 의견을 제시했다는 점이 이를 증명한다.

결국 문제는 순수예술이 문화산업 혹은 문화콘텐츠업계와 어떻게 조화를 이룰 것이냐, 하는 문제로 귀결된다. 그리고 문제 해결의 단초들은 쌍방향을 지향하는 지점에서 출발해야 할 것이다. 순수예술계가 준비하고 갖춰야 하는 것, 문화산업계가 수용하고 해결해야 하는 것들이다.

이에 대한 논의는 이미 2002년 6월 문화콘텐츠진흥원이 주최한 '순수문화예술과 문화콘텐츠산업, 그 조우와 성장을 위하여' 라는 세미나에서 다뤄진 바 있다. 이 당시 한국예술종합학교의 김세형 교수는 문화예술인력의 현장 적합도 부족은 문화예술교육의 제도적인 결함에서 기인한 것으로써, 대학교육의 내실화와 첨단인력배출 프로그램 등을 통한 현장 적응도가 높은 인력을 배출해야 한다는 점을 지적했다. 즉 인문학 계열 출신임에도 기획서나 제안서를 한 장을 쓰지 못하는 졸업생, 공연예술 계열 출신임에도 무대 매커니즘에 대한 이해가 전혀 없는 졸업생들을 배출하는 것이 현재 우리나라 대학교육의 실태다.

같은 날 최영섭 산업연구원 연구원 등 토론자들은 문화산업 현장에서 지속적인 재교육 환경을 제공해야 하고, 산학 협동, 학제간 연계, 다양한 인턴십 과정 등의 대안을 제시했다. 특히 주목할만한 의견으로는 문화산업 관련 업계에서 오히려 순수예술 진흥을 위한 연구소나 교육기관의 설립 등을 제시한 점이고, 이를 위하여 제도적으로 지원정책이 수립되어야 한다는 지적이었다. 즉 게임업체 직원들을 위한 음악이나 미술교육이 업무능력 배양에 도움이 될 것이며, 동시에 순수예술인들에 대한 지원방안도 된다는 것이다. 이런 시스템이 기존의 기초예술 지원방안과 다른 점은 일방적인 지원이 아닌 상호보완적인 측면, 즉 시장에서 소비되고 유통되는 주체로서 순수문화예술인이 설 수 있다는 점이다.

결론적으로, 현실적이고 현장 적합도가 높은 문화예술교육 시스템의 정착과 문화산업계의 상상력 제고를 위한 순수예술인의 활용이 제도적인 틀에서 만나야 한다. 이를 위하여 순수예술인의 발상과 자세도 바뀌어야 하고, 문화산업 종사자들의 경영 마인드도 바뀌어야 한다. 왜냐하면 상상력이야말로 가장 위대한 자원이고, 그 상상력은 문화예술이라는 트레이너의 지도를 받아야 하기 때문이다.

3

이와 같은 논의를 우리 지역 대구에 적용해보자. 현재 대구시는 문화산업 중심도시를 지향하고 있다. 그러한 노력 중 하나로 구 계명대학교 부지를 활용한 문화산업클러스터를 조성하고 있다. 또한 국제게임연구소, 게임전문교육기관, 문화산업 펀드 등의 다양한 계획을 추진하고 있다.

그러나 이와 같은 계획과 추진이 왠지 공허하게 느껴지는 것은, 과거 섬유패션도시를 지향하면서 6천 억원에 가까운 자금을 투자한 밀라노 프로젝트 진행과정을 보아온 때문이기도 하다. 당시에도 창조적 상상력을 배제한 기술적 측면에만 투자한 개발시대 논리에 급급했다. 그런데 현재 대구의 문화산업 진흥을 위한 프로젝트 어디에도 창조적 상상력을 키우기 위한 노력이 보이지 않는다. 문화콘텐츠(C/W)를 도모하면서 하드웨어(H/W)와 소프트웨어(S/W)에만 급급한 것이 아닐까? 만약에 그렇다면 또 다른 형태의 20세기식 개발논리인 셈이다.

주민 참여형 축제의 가능성

축제가 넘친다

온통 축제다. 대통령 후보를 뽑는 것에서 길거리 응원까지. 신나는 축제다. 사람들이 모여 신나게 즐기고 노는 것이 축제가 아니고 무엇이겠는가. 더구나 축제의 기본이라 할 수 있는 제사의 기능까지 갖추고 있지 않은가? 자기가 원하는 후보가 대통령이 되어서 나라와 개인이 잘 되기 바라는 것으로부터 한국 축구가 이겨서 16강이나 혹은 4강으로 진출하기 바라는 것으로부터, 이것이 제사나 기원이 아니고 무엇이겠는가? 그러니 축제다. 이렇듯 축제는 생활 전반에 깔려 있다. '달구벌축제'니 '눈꽃축제'니 라고 꼭 '축제'라는 말을 붙이지 않아도 우리 생활 도처에서 벌어지고 있는 일이 축제의 원형을 고스란히 간직하고 있다. 백일잔치, 돌잔치, 입학식, 졸업식, 결혼식, 회갑연... 등등. 축제가 아닌 것이 없다.

축제는 회식이다

축제의 특징으로 하비 콕스는 세 가지를 들었다. 고의적 과잉, 낙관주의, 또 다른 일상[對局性]이 그것이다. 축제를 통해 사람들은 의도적으로 오버한다. 이상하게 옷을 입고, 많이 먹고, 많이 취하고, 많이 떠들고, 아무하고 친하게 지낸다. 또 축제를 통하여 사람들은 한정없이 낙관한다. 근심 걱정은 사라지고 희망과 만족이 그득해진다. 기분이 좋아지고 세상의 모든 사람들은 선량하고 착하게 느껴진다. 스치는 모든 사람들이 다 친구처럼 보인다. 나와 세계는 서로를 충족시킨 채, 진보한다고 믿어진다. 축제를 통하여 또 사람들은 일상으로부터 일탈한다. 해방된다. 상하질서가 무너지고, 일상의 법칙과 규칙이 적용되지 아니한다. 오히려 뒤바뀌기조차 한다. 생활 습관으로부터 조직의 체제조차 딴판이 된다.

우리는 이러한 축제의 특징을 현실에서 그대로 확인할 수 있다. 직장 내 회식을 떠올리면 된다. 회식을 하면서 점잖게 적당한 양의 식사를 하고 윗사람의 덕담을 듣고 평소의 습관대로 귀가한다면, 대다수 사람들이 그건 회식을 했다고 느끼지 못할 것이다. 회식을 한다면, 왠지 식사도 푸짐해지고 안 마시던 술도 마시게 된다. 그리고 회사의 발전과 단합을 위한 건배도 하고, 각자의 건강과 행운을 빌어주기도 한다. 그러다 자리를 옮기게 되면, 본격적인 여흥이 벌어지게 되는데, 이 자리에서는 아랫사람이 윗사람에게 농담을 하거나 심지어 반말을 하기도 한다. 그래도 서로 용납해주고 웃어넘긴다. 근엄하던 윗사람도 넥타이를 풀고 수저를 흔들기도 하고 귀엽게 춤을 추는 등 파격적인 모습을 보여주면서 서로의 벽을 허문다. 그러한 난장의 하룻밤을 보낸 다음 날, 출근을 하면 다시 원래의 위치로 돌아왔으되, 어쩐지 전과는 달리 친근한 동료애를 더욱 느끼게 된다. 이런 것이 축제가 주는 공동체 의식의 확인이며 풍년을 기원하는 소망인 셈이다. 그래서 회식은 마치 통과의례처럼 새로운 인사 발령이 있거나, 한 해를 마무리할 때마다 갖게 되는 것이며, 그러한 무의식적인 상하 전복, 고의적 과잉 등의 카오스를 통해 오히려 공고한 로고스를 확보하게 되는 것이다.

이렇게 인간사 일반에 뿌리박힌 축제의 전통은 오늘날과 같이 복잡다단하게 사는 현대 도시 단위에서도 여전히 유효하다. 수많은 이유로 현대 도시 축제에서 지역 주민 모두가 동참하거나, 적어도 동의라도 할 수 있는 축제의 형태를 찾기는 어려워졌지만, 그 필요성과 필연성이 사라진 것이 아니다. 오히려 삭막해지고 고독해질수록 인간사회에서 축제에 대한 열망은 더욱더 뜨겁게 내재화된다고 볼 수 있다. 그러한 열망이 주로 스포츠나 연예 오락으로 해소되는 경향이 있지만, 지역 단위의 건강성을 확보하기 위해서는 진정한 의미의 주민참여형 지역축제 개발과 발전이 시급한 형편이다.

질서정연한 축제?

여기서 한 가지 꼭 짚어야 할 것이 있다. 축제에 대한 언론의 보도 태도다. 축제에 대한 언론의 보도에서 흔히 사용되는 말이 '썰렁', '난장판', '먹자판' 등이다. 그럼 어쩌란 말인가? 축제에서 먹고 마시고 놀고가 안 되면 어쩌자는 것인가? 그러다 사람이 몰리지 않으면, '썰렁' 하고 시민들이 '외면' 한 축제라 하지 않는가? 아마 언론이 원하는 축제는 많은 사람들이 몰리긴 하되, 줄도 잘 서고 차례를 기다려 먹을 것 먹고, 기계처럼 즐기다 가라는 말처럼 들린다. 다시 한 번 말하자면, 축제는 로고스를 지향하는 '카오스'이다. '카오스' 그 자체도 아니고 '로고스' 그 자체도 아니다.

너 잘 되고 나 잘 되는 것이 무엇인가?

공동체 의식이란, 쉽게 말해, 너도 잘 되고 나도 잘 되는 것에 대한 관심이다. 그 옛날 농사를 지을 때는 비가 오건 안 오건 모두의 관심사였다. 그리고 공통의 이익이거나 불이익이었다. 한 마을에 우산 장수와 나막신 장수가 공존하는 것이 아니었다. 농촌에서 농사가 잘 되면 모두가 좋았고, 어촌에서 고기가 잘 잡히면 모두가 좋았다. 그렇기에 그 옛날 축제는 당제가 되었든 탈춤놀이가 되었든, 경제 활동의 비수기에, 그 경제 활동이 잘 되기를 기원하는 마음에서 행해진 특별한 의식행위인 것이다.

이런 원형을 살리는 것이 현대 도시 축제가 활성화 될 수 있는 가장 기본적인 단서다. 거칠게 정리해서, 약령시 발전을 기원하는 약령시 축제, 동성로 상가 발전을 기원하는 동성로 축제 등에 관련 주민들의 참여는 비교적 적극적이지만, 대구 시민의 화합과 단결을 위한 달구벌 축제에서 대구 시민이나 관련 기관의 참여를 유도해내기 어려운 것은, 그 기원하는 바에 대한 시민과 단체의 이익이 서로 다르기 때문이다.

이런 차원에서 우리는 도시의 정체성를 찾는 일이 시급하다. 시민 모두가 동의하는 도시 정체성을 축제의 주제이자 소재로 삼아야 한다는 것이다. 만약 그 정체성이 뚜렷하지 못할 경우, 오히려 축제를 통하여 전파시키고 결집시켜야 한다. 현재 대구시가 주구하는 바, '섬유·패션의 도시'가 대구시를 결정할 수 있는 정체성이라면, 현재 대구시가 주최하고 있는 '섬유·패션 축제'를 시민 중심으로 바꿔나가야 한다. 지금처럼 관계 기관 및 단체 중심의 작품 발표에 머문다면 시민의 동의를 얻기가 어렵다. 과감하게 달구벌축제와 섬유패션축제를 통합하여 섬유패션의 기술 수준을 보여주는 축제가 아니라 대구 시민들이 섬유와 패션을 체험하고, 값싸게 물건을 구입할 수 있는 기회를 제공하는, 그리고 이익을 얻을 수 있는 시민축제로 바꿔어야 할 것이다. 대구 섬유·패션의 수준을 보이고 홍보하는 것은 이제 대구섬유박람회(PID)가 있으니 족하다. 오히려 섬유패션 축제에서는 시민들이 직접 옷을 만들거나, 염색을 하고, 또 전문가들의 도움으로 코디를 받는 기회가 되어야 한다. 또 유명 디자이너의 옷이나 옷감을 파격적인 가격으로 구입할 수 있는 기회의 장으로 만들어야 한다.

노세, 노세, 노는 날에 밤드리 노세

그 옛날 축제일은 농사 혹은 종교의 절기와 관계가 깊었다. 그저 아무 때가 축제판을 벌이는 것이 아니었다. 새해가 시작되거나, 본격적으로 농사철이 시작되거나, 추수가 이뤄진 뒤거나 하는, 일종의 경제 활동의 비수기에 이루어졌다. 결국 일하느라 정신없을 때는 축제판을 벌이지 않았다는 것이다. 그러기에 누구나 부담없이 축제를 즐길 수 있었다. 그러나 현대에 있어 특별한 경제 활동의 비수기가 없다. 어느 때 하더라도 일상적인 경제 활동에 침해를 받을 수밖에 없다. 비교적 할 일 없는 노인네들이 축제장에 많이 모이는 것과 관계가 깊다. 그러므로 현대 도시 축제에서 축제일의 선택은 인위적으로 만들어 볼 필요가 있다. 즉 '지역 공휴일제'를 실시하는 것이다. 흔히 남들도 노는 토, 일요일이 아니라 어느 특정일을 기해 그 지역 전체가 동시에 휴일을 갖는 것이다. 왜, 회사 창립일이나 근로자의 날과 같은 날에만 쉬는 것인가? '대구시민의 날'에 대구 시민이 쉬는 것이 안 되는 것인가? 이러한 특별한 공휴일을 기해 축제를 벌인다면, 축제가 주는 해방감과 기쁨은 더욱 남다를 것이다.

외국의 성공한 축제 대다수는 밤축제다. 과거 우리의 축제도 밤에 이뤄지는 것이 대다수였다. 밤이 주는 은밀함과 익명성은 카오스를 만끽하는 축제의 즐거움과 일맥 상통하는 면이 있다. 현대 도시 축제 대다수가 대낮에 벌어지고, 야간에는 약간의 공연행사가 있어 주로 아홉시 정도가 되면 모두 끝난다. 왜 그런가? 국민 모두가 아홉시 뉴스를 봐야 하기 때문인가? 축제의 주요 행사들이 밤 열 두시를 넘어까지 진행된다면, 더욱 많은 사람들이 더욱 열광적으로 참여할 수 있을 것이다. 혹자는 말하리라. 고성방가하며 밤늦게까지 노는 것은 건전한 일이 아니라고. 그러나 그 하루 이틀이, 나머지 건전한 나날들을 더욱 공고히 해주는 힘으로 작용할 수 있다는 것을 알아야 한다. 그 옛날, 탈춤판에서 노비나 천민들이 양반에게 욕설을 퍼붓고 난잡하게 놀 때, 오히려 양반들이 그 놀이판의 뒷돈을 대준 이유를 생각해봐야 할 것이다.

금기를 풀어라

해방감, 축제를 즐기는 사람들의 기본적인 마음이다. 일상의 굴레를 벗어난 자유로운 마음과 몸이 축제를 온몸으로 받아들일 수 있는 가장 기본적인 상태인데, 과거에는 신분과 계급, 그리고 노동으로부터 해방이 중요한 대상이었다. 그러면 오늘날에는 어떤 해방감이 제공되어야 할까? 첫째 생각해볼 수 있는 것이 도로다. 길이면서도 사람이 다닐 수 없는 차도, 이곳에서 축제장을 펼칠 때, 사람들이 느끼는 해방감은 이루 말할 수 없다. 여전히 차안에 앉아있는 사람들에게는 엄청난 짜증을 불러일으키겠지만, 도로를 점거하고 활보하는 사람들에게 주는 행복함과 편안함은 바로, 일상의 굴레 - 자신들이 다닐 수 없는 금기의 구역 -를 벗어난 해방감에서 기인한다. 둘째로 생각해볼 수 있는 것은, 앞에서 이미 이야기한 '지역공휴일'과 '밤축제'다. 노동이 신성하다고는 하지만, 옛날이나 지금이나 현실을 옭아매고 있는 가장 큰 굴레임은 틀림없다. 그곳에서 인간은 계급과 서열 속에 갇혀있고, 창조적 존재이기보다 기능적 존재이며, 개인의 가치보다 조직의 이익 속에 복무하는 부속품에 지나지 않는다. 그러므로 인간은 일을 하면서 늙어가고, 늙어가면서 회한한다. 그러므로 그런 사람들에게 일시적이나마 노동으로부터 탈피시켜주는 것, 그 선택된 축제일이 주는 해방감이란 이루 말할 수 없는 것이다. 더구나 그 축제의 즐거움에 밤이 주는 익명성과 열정이 가미된다면, 더욱더 축제는 풍성해질 것이다.

노는 데도 명분이 필요하다

축제라는 말에는 '祝' 이라는 오락적 기능과 '祭' 라는 제의적 기능이 동시에 있다. 흔히 축제라는 현대적 의미에는 이 오락적 기능에 더 무게가 실려 있는 듯 하다. 그러나 의미가 약해졌다고는 하나 제의적 기능을 무시할 수는 없다. 그 옛날 농사를 잠시 멈추고 놀 때, 그냥 논 것이 아니라, 어디까지나 풍요를 비는 명분을 앞세우고 놀았던 것을 상기하여 봤을 때, 현대 도시 축제에서도 많은 사람들이 참여하기 위해서는 그 제의적 기능, 즉 명분을 앞세워야 할 것이다. 흔히 내세우는 '화합과 단결' 도 좋고 '지역의 발전' 을 내세워도 좋다. 그러나 그런 피상적이고 관념적인 명분으로는 보다 많은 사람들의 참여나 동의를 얻어내기 어렵다.

지난 월드컵 경기 때 수많은 사람들이 거리로 쏟아져 나와 거리응원을 한 것을 두고 많은 논의가 있었는데, 그 논의 중 하나가 축제였다는 것이었다. 그 열기와 함성은 분명 즐겁고 신명나는 것이기도 하였지만, 그 많은 사람들을 하나로 묶은 힘, 그것은 '한국축구의 16강 진출', '승리에 대한 기원' 이라는 제의적 요소였다. 축제에서는 이와 같이 그 많은 사람들의 마음을 하나로 묶는 구심점이 있어야 한다. 그래야만 일상을 일탈한 고의적 과잉을 서로 용납할 수 있는 사회적 묵인이 형성되는 것이다.

현대 도시 축제에서 제의적 기능을 살려낼 수 있는 방법은 참으로 쉽지 않다. 각자의 경제적 토대가 다르고, 정치·사회적 입장이 다른 까닭에 더욱 그렇다. 그러나 다수의 주민을 참여시키기 위해서는 그 명분을 앞세우지 않고서는 성공하기 힘들다. 만약 지역 주민 모두가 동의할 수 있는 지역의 정체성이 뚜렷하다면 쉬울 수 있으나, 대구와 같이 명확한 정체성을 규명할 수 없을 경우에는 최대한 공약수를 명분으로 삼을 수밖에 없다. 그 한 예로, '섬유·패션의 발전'도 좋고 '국채보상운동'이나 '2·28의거'와 같은 역사적 사실을 재연하는 방법도 좋을 것이다. 또는 장차 지향하고자 하는 미래 비전을 축제의 명분으로 내세울 수도 있다. 영남의 중심이었던 과거 전통과 물류의 중심이라는 현재적 상황을 연결하여, '경상감사 행차'와 '영남문화의 재연'을 축제의 중심축으로 둘 수도 있다. 또 그린시티라는 점을 내세워 '환경과 자연'을 염두에 둔 자연 친화적 축제를 선택할 수도 있다. 그러나 그 명분이 어떤 것이 되든, 가장 많은 시민들이 동의할 수 있는 정체성과 명분을 찾아내어, 그것을 축제의 지향점으로 삼는 테마형 축제가 될 때 성공적인 현대 도시 축제를 담보할 수 있을 것이다.

축제, 넉넉함으로 감싸라

축제가 인간의 본능임을 들어, 흔히 '축제적 인간(homofest)'이라는 말을 쓴다. 이 말은 특히 한국인에게 어울릴 것 같다. 예로부터 음주가무를 즐긴 민족으로서 한국인에게 축제는 일상생활 곳곳에 뿌리 박혀 있다. 이미 앞에서 밝혔듯이 백일, 돌잔치, 결혼, 회갑연, 입학식, 졸업식... 등등이 바로 그것이다. 이러한 축제적 일상을 통하여 한국인은 자신의 정체성을 확인하고, 단합을 꾀하고, 발전을 도모하였다. 그렇기에 과거 일제는 한국인의 각종 축제 행사를 금지시켰으며, 그것은 과거 독재 시절에도 그러하였다.

축제가 없는 사회는 백야(白夜)의 삶이다. 밤이 주는 달콤한 휴식과 은밀한 교류가 없는 인간의 삶이 어찌 행복할 수 있을까? 문제는 그러한 인간의 본능이 건강하고 공동체 삶에 자양분으로 자리잡을 수 있도록 물꼬를 터주는 일이다. 그러한 안내가 없을 때, 인간은 오히려 건강하지 못한 유혹에 탐닉하고 공동체는 파괴된다. 모두가 동의하고 기꺼이 참여하는 축제는, 인간을 안정시켜주고 사회를 건강하게 만든다. 그리고 그러한 축제를 오늘날, 이 복잡한 현대 도시 축제에서 되살릴 수 있는 방안은 어렵기도 하지만, 또 쉽기도 하다. 그건 바로, 과거 축제가 지녔던 원형을 현대적으로 재해석하여 적용하는 것이다. 간단히 정리하여 정체성, 오락성, 제의성(명분)을 현대적 의미를 제공하는 일이다. 그러나 이것보다 더욱 중요한 것은 축제의 모든 혼돈이, 혼돈 그 자체를 지향하는 것이 아닌, 질서를 더욱 공고히 하고자 하는 무의식적인 인간 행위임을 이해하고 넉넉하게 품을 수 있는 사회적 성숙함일 것이다.

지역축제를 통한 지역문화 발전

문화관광축제와 예술축제

문화관광부는 우리나라 축제를 대체로 2개 분야로 나누고 있다. 대한민국 대표축제로 지정된 안동탈춤축제와 보령머드축제 등은 문화관광축제이고 서울국제공연예술제나 대구오페라축제와 같은 축제는 예술축제이다. 문화관광축제는 축제를 통하여 지역의 사회적/경제적 발전을 도모하는 것이고 예술축제는 축제를 통하여 지역의 문화예술의 발전과 동시에 지역의 이미지 상승효과를 도모하는 것이다. 그러나 그러한 목적이 명확한 것은 아니어서 문화관광축제에서도 다소 문화예술의 발전을 도모할 수 있고, 예술축제에서도 지역의 사회적/경제적 발전을 도모할 수 있다. 이에 본고는 두 종류의 축제를 나누어 각각 축제와 문화의 상관관계를 알아보고자 한다.

문화관광축제와 지역문화

문화관광축제는 일반적으로 지역의 특성 혹은 특산품을 컨셉으로 하여 개최된다. 대한민국 대표축제인 안동탈춤축제는 안동이 하회탈춤의 본산지라는 특성을 기반으로 한 것이고, 보령머드축제의 경우에는 보령이 가지고 있는 많은 갯벌지역을 기반으로 한 것이다. 대구의 경우 약령시축제가 그에 해당된다. 문화관광부가 지정한 최우수축제 8개를 보면 그와 같은 특성이 뚜렷하게 드러난다. 즉 금산인삼축제는 인삼의 산지라는 점, 천안흥타령축제는 천안 지역의 민요 천안 삼거리타령, 김제의 김제지평선축제는 김제의 드넓은 평야지역, 강진청자문화제는 강진이 과거 고려청자의 산지라는 점, 함평나비축제는 함평의 깨끗한 자연환경, 다만 춘천국제마임축제만이 의도적으로 만들어진 컨셉을 기반으로 하고 있을 뿐이다.

문화관광축제의 특성이 이와 같기 때문에 다소 지역문화와 관계가 적다. 더욱이 최근의 경향이 축제의 컨셉에 충실한 행사 중심으로 축제를 구성하기 때문에 더더욱 순수 문화예술이 축제에 참여하기 어려운 점이 있다. 그리고 행사의 특성도 단순 관람형 중심에서 참여 혹은 체험 중심으로 전환하는 과정에 있으므로, 문화예술 전문가들이 축제에 직접 참여하기 어려운 상황이다.

이런 점에서 보면, 일반적으로 문화관광축제에서 지역의 문화 혹은 문화예술인이 발전할 수 있는 기회를 확보하기는 어렵다. 일부 있다고 하더라도, 제한적일 수밖에 없다. 예를 들면 축제의 기획과 집행과정에 예술인이 참여하여 역할을 수행함으로써 다양한 경험을 축적한다거나 예술 지망생들이 일반인 대상 이벤트에 자원봉사자로 참여하여 발표의 기회를 확보하는 정도이다.

그러나 예술 전문가들이 축제에 직접 참여하지 못한다고 해서 문화관광축제가 지역문화에 기여하지 않는다고 볼 수 없다. 왜냐하면 오늘날 문화는 '인간 사고와 표현의 정수'가 아닌 '일상생활의 텍스트 및 실천행위들이 교류하는 데서 만들어진 평범한 사람들의 살아있는 경험'을 문화라 정의하기 때문이다. 이와 같은 민주적 정의를 적용한다면 문화관광축제에서 관람객들이 경험하는 모든 것이 문화가 될 수 있다. 즉 새로운 문화와 접촉하고 즐기는 기회가 되는 셈이다. 예를 들어 도자기 체험행사에 흙으로 도자기를 만드는 청소년이나 노래자랑에 참여한 중장년 모두가 자신들만의 문화를 향유하고 즐기는 것이 된다.

이와 같은 문화에 대한 경험은 삶의 이완이며 여유가 되고, 나아가 삶의 활력으로 작용한다. 또한 위에서 언급한 것처럼 축제가 지역의 특성이나 특산품에 기반을 둔 축제라면 일반 관람객은 축제에 참여함으로써 지역의 아이덴티티를 경험하는 것이기 때문에 지역에 대한 이해나 자긍심을 제고하는 효과를 거두게 되는 것이다. 이와 같은 효과가 바로 축제의 본질이기도 하다.

결과적으로 문화관광축제는 문화예술 전문가를 통하여 지역문화에 직접적으로 기여하지 못하지만, 광범위한 문화의 개념에서 본다면 일반인들의 문화체험을 통한 지역문화 발전에 기여하고 있는 셈이다.

예술축제와 지역문화

 예술축제는 예술 그 자체를 축제의 컨셉으로 삼고 있다. 전국 각지에서 벌어지고 있는 각종 예술제, 예를 들면 서울연극제, 진주개천예술제, 통영현대음악제… 등이 예술축제라고 할 수 있다. 대구의 경우 대구연극제, 대구무용제 등의 예술 장르에 기반한 예술축제가 있고, 대구국제오페라축제, 대구국제뮤지컬축제와 같은 특정 장르에 국한하여 펼쳐지는 축제가 있다. 또 대구국제호러공연예술제와 같은 지역 특성을 예술 장르와 연관시켜 전개되는 축제도 있다.

 예술축제의 이와 같은 특성 때문에 축제는 지역의 문화예술과 예술인에게 직접적으로 영향을 미친다. 축제를 통하여 작품을 발표하거나 상호 교류하는 기회를 가짐으로써 예술의 발전은 물론 다양한 경험을 축적할 수 있다. 또한 타인의 작품과 비교하는 자리가 되므로 예술가들에게 긍정적인 자극을 주는 기회가 되기도 한다. 동시에 이와 같은 축제 대부분이 공공자금에 의하여 개최되기 때문에 예술인들에 대한 경제적인 지원 효과도 있다.

 동시에 이러한 예술축제를 통하여 지역의 시민들은 값싸고 편안하게 예술작품을 접할 수 있는 기회를 제공받는다. 때문에 예술축제는 시민들에게 문화 향수 기회를 제공하는 효과뿐 아니라, 나아가 문화소비시장의 기반을 공고히 하는 효과도 제공한다. 이와 같은 효과는 시민들의 문화수준을 향상시킴으로써 결과적으로 지역의 문화적 수준을 제고하는 결과를 낳는다. 이와 같은 결과는 현대가 국가 마케팅이 아닌 도시 마케팅의 시대라는 점을 고려하였을 때, 도시 경쟁력을 키우는 역할을 하기도 한다. 왜냐하면 21세기가 문화의 시대라는 것은 사회와 경제 전반에 문화적 마인드를 요구하는 경향을 의미하기 때문이다. 즉 시민들의 문화적 마인드란 단순히 특정 예술 장르를 소비하는 것을 뛰어넘어 일상생활 전반에 시배하는 생활태도를 의미한다.

결과적으로 예술축제는 지역문화에 직접적인 영향을 미친다. 예술가에게는 발표의 기회와 상호 비교를 통한 자극의 계기가 되므로 예술발전에 도움을 준다. 동시에 일반시민에게는 문화예술의 향수 기회를 제공받음으로 문화 마인드 형성에 도움을 준다.

지역축제와 지역문화

이제 지역축제는 단순히 놀고 소비하는 낭비적이고 일회적인 행사가 아니다. 일반인들에게 21세기 문화의 세기를 살아갈 문화적 마인드를 제고하고, 예술가들에게는 창조와 자극의 계기를 제공하는 살아있는 문화장터의 기능을 하고 있는 셈이다. 그러므로 이제 지역축제는 문화관광축제이든 예술축제이든 지역축제는 21세기 문화의 세기를 살아가는 모든 이에게 삶의 활력은 물론 문화적 삶을 풍성하게 하고 지역문화를 살찌우는 필수적인 수단이 되고 있다.